拼多多直播带货

开播设置+运营推广+涨粉引流+引爆订单

徐茜◎编著

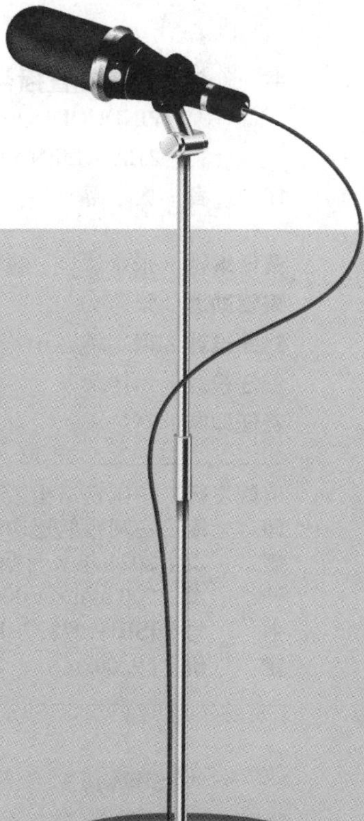

中国铁道出版社有限公司
CHINA RAILWAY PUBLISHING HOUSE CO., LTD.

内 容 简 介

本书从“开播设置＋运营推广＋涨粉引流＋引爆订单”4个维度出发，剖析了拼多多直播带货的操作技巧，具体内容包括直播准备、电脑直播、手机直播、直播脚本、直播推广、直播运营、吸粉引流、互动玩法、带货以及销售技巧等，帮助商家一键开启直播带货，快速提高产品销量，赚取“真金和白银”。

本书具有很强的实用性和可操作性，适合广大拼多多创业者、个人主播、高手买家及相关从业者阅读，也可供有一定经验的拼多多商家或机构主播学习借鉴，同时也可作为培训机构和职业院校相关专业的教材。

图书在版编目（CIP）数据

拼多多直播带货：开播设置+运营推广+涨粉引流+引爆订单 / 徐茜编著. —北京：中国铁道出版社有限公司，2021.8

ISBN 978-7-113-27970-7

Ⅰ.①拼… Ⅱ.①徐… Ⅲ.①网络营销 Ⅳ.①F713.365.2

中国版本图书馆CIP数据核字(2021)第090451号

书　　名：**拼多多直播带货：开播设置＋运营推广＋涨粉引流＋引爆订单**
PINDUODUO ZHIBO DAIHUO: KAIBO SHEZHI + YUNYING TUIGUANG + ZHANGFEN YINLIU + YINBAO DINGDAN

作　　者：徐　茜

责任编辑：张亚慧　　**编辑部电话**：（010）51873035　　**邮箱**：lampard@vip. 163. com

编辑助理：张秀文

封面设计：宿　萌

责任校对：焦桂荣

责任印制：赵星辰

出版发行：中国铁道出版社有限公司（100054，北京市西城区右安门西街8号）

印　　刷：三河市航远印刷有限公司

版　　次：2021年8月第1版　2021年8月第1次印刷

开　　本：700 mm×1 000 mm　1/16　印张：16.25　字数：230千

书　　号：ISBN 978-7-113-27970-7

定　　价：69.00元

前　言

直播带货是指通过互联网平台使用直播技术进行商品的线上展示、互动答疑、导购销售的新型电商销售方式，这种方式可以由商家自己搭建直播间进行，也可以由职业主播联合进行推荐。

直播带货相较于传统的电商销售而言具有多方面的优势：一是互动性更强，买家可以实时跟主播或商家进行沟通交流；二是直播带货的商品价格比较低廉，它节省了很多中间环节，使商品可以和买家直接对接。

拼多多的商家为什么要做直播呢？主要有以下几点原因。

（1）快速增粉：拼多多的直播间可以一键分享到微信和QQ等社交网络，能够快速实现精准客户的裂变。

（2）提升转化：直播可以将产品更加真实、客观地展示出来，其转化率比图文和短视频更高。

（3）全店动销：商家创建直播间后，可以同时添加店铺中的多款商品，而且可以为店铺集中引流，高效实现全店动销，不再依赖单一爆款。

（4）提升复购率：直播带货的用户黏性更高，粉丝复购的可能性更大。

（5）高效打造爆款：直播带货可以提升消费体验，为产品打开新的销售渠道，更加快速、高效地打造爆款。

由此可见，传统电商中的很多问题，如产品流量低、信息对接效率低以及店铺爆款数量少等问题，都可以通过直播有效解决。当然，直播虽然可以帮助商家解决这些问题，但商家在进行直播时，还需要不断提升以下这些方面的实力。

（1）精准引流：配合直播引流工具和付费推广等方式，为直播间带来精准的用户流量。

（2）快速裂变：利用高忠诚度的粉丝，引导他/她们积极分享直播间，实现快速裂变引流。

（3）提升留存：通过精彩的直播内容，延长观众的停留时间，吸引他/她们关注直播间或收藏产品，沉淀精准客户。

（4）高效转化：通过直播运营和互动方式，引导直播间观众成交。

（5）提升客单价：通过合理的产品组合和活动方案，让利润空间得到提升。

如今，拼多多直播带货并不缺技术，思路反而更加重要！只有了解了平台的直播"玩法"，带货才能够更加得心应手。本书将为你打开拼多多的运营思路，帮助大家快速掌握各种直播带货新"玩法"，教你用最小成本截获最大流量！

本书的主要内容和特色亮点如下。

（1）四大内容模块，全方位分析。通过"开播设置＋运营推广＋涨粉引流＋引爆订单"四大内容模块，帮助读者高效学习，快速掌握拼多多的全新直播带货"玩法"，让你在竞争中时刻保持领先优势，迅速提升你的店铺竞争力，效果立竿见影。

（2）十大课程体系，细致化学习。本书具体内容包括直播准备、电脑直播、手机直播、直播脚本、直播推广、直播运营、吸粉引流、互动玩法、带货技巧以及销售技巧等，揭秘拼多多直播带货的思维、策略、方法与技巧。

（3）干货技巧，一体化讲解。书中有大量的图示案例，内容环环相扣，而且每讲到一种拼多多直播的设置方法都配有具体、细致的操作步骤，方便读者深层次地理解书中的内容并执行操作。

在众多的拼多多直播间中，那些能够坚持下来而且还能盈利的商家或主播，他/她们无不在持续地升级自己的直播工具和思路策略。因此，不管你选择在哪个直播平台带货、卖货，都需要用心经营，不断地提升自己的软实力，而本书正是帮助你成长的"一剂良方"。

特别提示：本书在编写时，是基于当前拼多多平台相关的直播软件和后台界面截的实际操作图片，但本书从编辑到出版需要一段时间，在这段时间里，软件界面与功能可能会有调整与变化，比如有的内容删除了，有的内容增加了，这是平台做的更新，请在阅读时，根据书中的思路，举一反三，进行学习。

本书由徐茜编著，参与编写的人员还有苏高、胡杨等，在此一并表示感谢。由于作者知识水平有限，书中难免有错误和疏漏之处，恳请广大读者批评、指正，沟通和交流请联系微信：2633228153。

编　者

2021年5月

目 录

第1章

直播准备：搭建专业带货直播间

要想在拼多多开直播，商家首先要做好一些必要的准备工作，包括直播空间、背景装饰、网络设备、灯光设备、摄像工具、耳麦设备、声卡设备、商品摆放、隔音装置以及人员分工等，这些都是搭建专业带货直播间的基础元素。

1.1 打造直播：直播间布置九大要素

优秀的直播间能够促进买家下单。本节主要介绍布置拼多多直播间的一些基本要素，帮助商家做好直播的准备工作，为之后的直播打好基础。

1.1.1 直播空间：选择合适的直播场地

直播空间主要包括房间面积和直播角度两个部分：

1. 房间面积

直播间的房间面积不宜过小或过大，通常为20～50 m^2，这样不仅能够容纳直播设备和主播，而且还可以摆放足够多的商品。

（1）房间面积过小：直播间会显得非常杂乱拥挤。

（2）房间面积过大：不仅直播间的装修费用更高，而且整个空间会显得太空旷，同时麦克风也容易产生回音，影响观众的观看体验。

2. 直播角度

主播在直播时，主要包括坐姿和站姿，不同的姿势可以选择不同的直播角度，如图1-1所示。

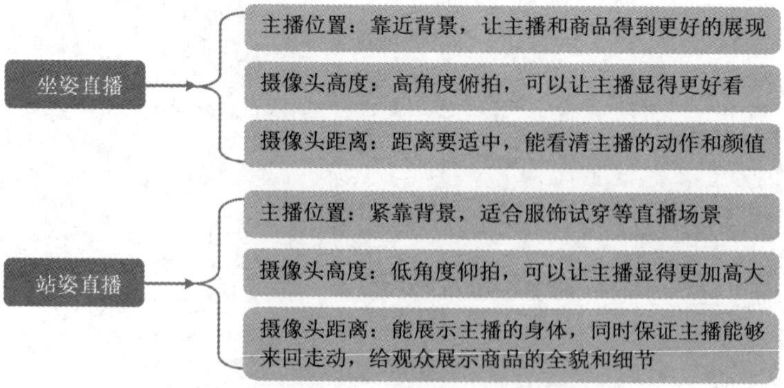

图1-1　坐姿和站姿的直播角度设置方法

1.1.2　背景装饰：提升观众的注意力

商家在选择直播间的墙纸或墙漆等背景装饰物时，需要注意以下事项，如图1-2所示。

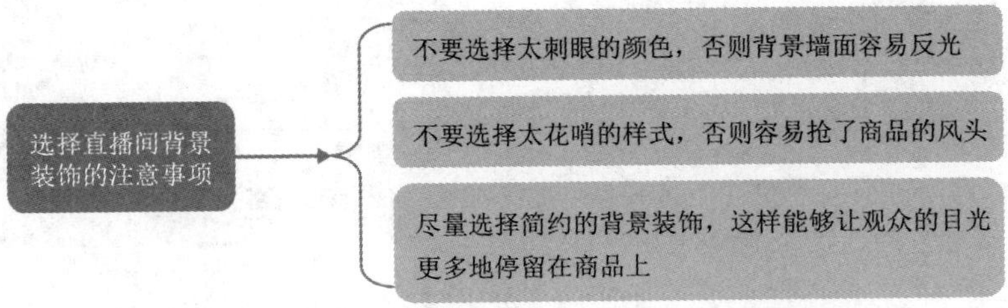

图1-2　选择直播间背景装饰的注意事项

另外，直播间的背景墙如果是白色的墙壁，则商家要尽量用墙漆、墙纸或背景布重新装饰一下，提升直播间的视觉效果。

（1）墙漆或墙纸：尽量选择饱和度较低的纯色墙漆或墙纸，如莫兰迪色系就是非常好的选择，如图1-3所示。另外，商家也可以在墙纸上印上品牌的Logo或名称，增强观众对品牌的记忆。

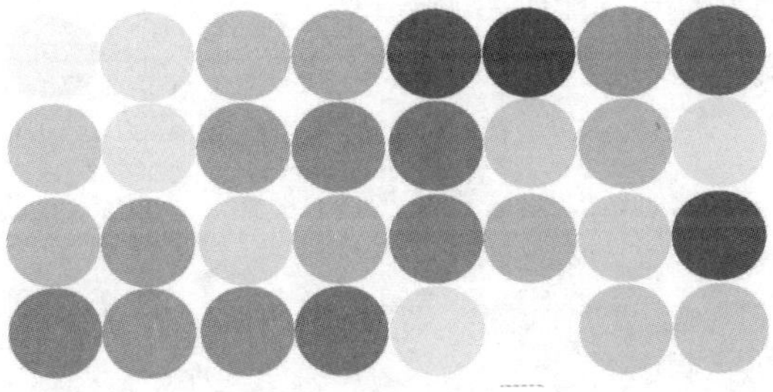

图1-3　莫兰迪色系

（2）背景布：背景布最大的优势是更换比较方便，而且成本也比墙漆或墙纸更低，非常适合新手商家、主播和短视频创作者使用。

> ◆ **专家提醒：**
> 商家可以定制一些背景布，让厂家做成品牌墙或者漂亮的3D图案墙等，增强直播间的创意性，如图1-4所示。

图1-4　3D图案墙

1.1.3　网络设备：确保直播时不卡顿

直播离不开网络，室内直播主要使用宽带或Wi-Fi等连网方式，户外直播则需要使用无线网卡设备，手机直播还可以使用手机卡自带的流量。

不管是哪种连网方式，都需要确保直播时的网络顺畅，建议上传速度保持在20 MB/s左右，这样直播才不会出现卡顿的情况。商家可以使用测速软件来查看自己的网速是否达到要求，如图1-5所示。

图1-5　网速测试

1.1.4　灯光设备：增强产品的吸引力

直播间的布光要求相较于拍摄短视频来说稍低一些，通常只需一盏顶灯和两盏补光灯即可，当然这也是最基本的搭配方案。

1. 顶灯

顶灯通常安装在直播间的房顶上，位置最好处于主播的头顶上方2 m左右，作为整个直接间的主光源，起到照亮主播、商品和环境的作用。商家在选择顶灯设备时，可以挑选一些有主灯和多个小灯的套装，这样能够从不同角度照射到主播，让其脸部清晰明亮，同时消除身后的背影，以确保商品不会产生色差，如图1–6所示。

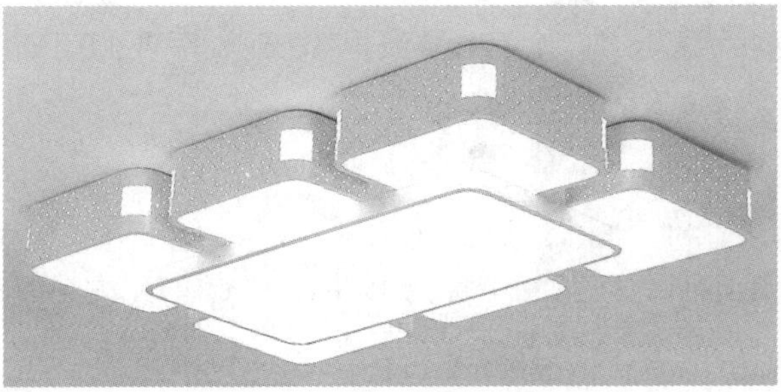

图1–6　顶灯套装设备

顶灯的功率大小主要根据直播间的面积来选择，如20~30 m^2的直播间选择50 W左右的LED吸顶灯套装，不仅节能，而且还可以更好地控制光线的亮度。

2. 补光灯

直播间通常会用到两盏补光灯，即LED环形灯和柔光灯箱，两者搭配使用来增强主播和商品的直播效果，如图1–7所示。

LED环形灯通常放置在主播的前方，将色温调节为冷色调，能够消除顶灯产生的阴影，更好地展现主播的妆容造型，以及提升产品的轮廓质感。柔光灯箱则通常是成对购买的，放在主播或商品的两侧，其光线均匀柔和，色彩饱和度更好，层次感更丰富。

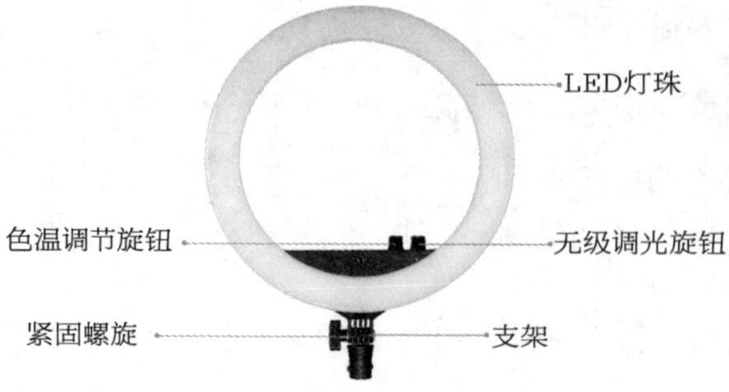

图1-7　LED环形灯（左）和柔光灯箱（右）

1.1.5　摄像工具：采集画面增加美感

摄像工具主要用于采集直播画面，是决定直播效果的关键设备。拼多多直播对于摄像工具要求不是特别高，不像游戏直播那样，需要购买高配置的手机或电脑，基本要求为确保直播时的画面清晰且不卡顿即可。

1. 电脑

如果商家使用电脑进行直播带货，则只需买个CPU和内存好一点儿的电脑即可，尽量选择品牌机或者质量过硬的组装机，避免直播过程中产生问题，如图1-8所示。

电脑直播还需购买一款动态捕捉能力强大的摄像头，能够在直播画面中实时展现主播的动作。例如，罗技C920摄像头拥有1 500万像素，分辨率可以达到1 920×1 080，可视角度为78°，能够带来清晰流畅的直播画面效果，如图1-9所示。

图1-8　电脑设备

图1-9　罗技C920摄像头

2. 手机

手机直播时主要用到前置摄像头，要求能够达到1 600万以上的像素，同时手机运行内存建议达到8 GB以上，如图1–10所示。另外，使用手机直播时，通常还需搭配一个手机支架，确保直播时的画面足够稳定，如图1–11所示。

图1–10　手机前置摄像头

图1–11　手机支架

1.1.6　耳麦设备：采集声音更加清晰

主播在使用笔记本电脑进行直播时，如果是品牌较好的笔记本电脑，则直接用自带的麦克风进行直播。如果是一般的台式电脑，或其他杂牌笔记本电脑，则自带的麦克风效果可能会比较差，不仅声音小，而且还可能有杂音，不推荐使用。

手机的麦克风通常比电脑要好，不仅可以采集到清晰的声音，而且声音的输出也比较稳定、清晰，但是也只能满足基本的直播要求，适合比较安静的环境下使用。

因此，不管是用电脑还是用手机直播，建议商家购买一个独立的麦克风，能够让直播中的声音效果更加甜美，如图1–12所示。

独立麦克风一般包括动圈麦克风和电容麦克风两种类型，两者的主要优缺点如图1–13所示。

图1–12　独立麦克风

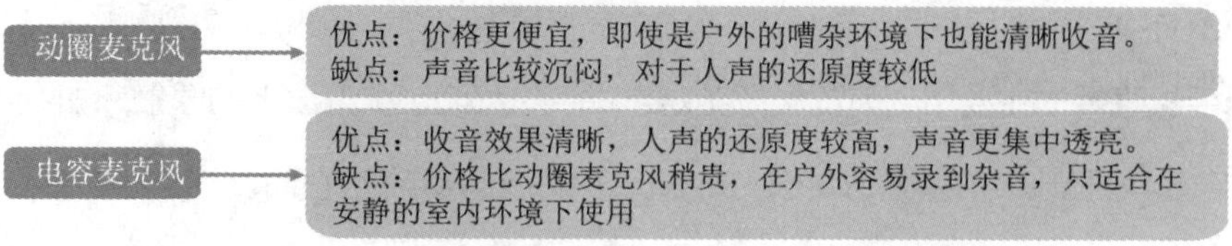

图1-13　动圈麦克风和电容麦克风的优缺点

1.1.7 声卡设备：让声音效果更好听

麦克风主要是用来采集声音，而声卡主要用来处理声音，可以把麦克风收录的声音传输到电脑或手机上，同时能够让主播的声音更好听。

1. 手机声卡

市面上比较好的声卡品牌非常多，如RME、雅马哈、森然、富克斯特、艾肯、莱维特以及得胜等，其中RME、得胜、莱维特和森然等品牌比较适合手机直播。图1–14所示为森然（Seeknature）播吧四代（简称播吧Ⅳ）直播声卡的连接方式。

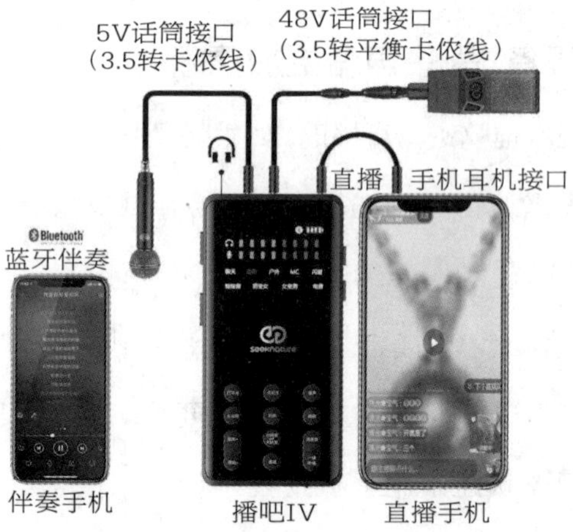

图1–14　播吧Ⅳ的连接方式

手机声卡的主要优势在于性价比较高，内置大容量电池，能够实现长期续航，而且兼容各种App和直播平台。

2. 电脑声卡

电脑声卡主要包括内置声卡和外置声卡两种类型。

（1）内置声卡：通常是电脑主板自带的，或者另外安装的PCI-E接口声卡，价格都非常便宜，音质效果也比较纯净。图1-15所示为创新（Creative）AE-9内置声卡。

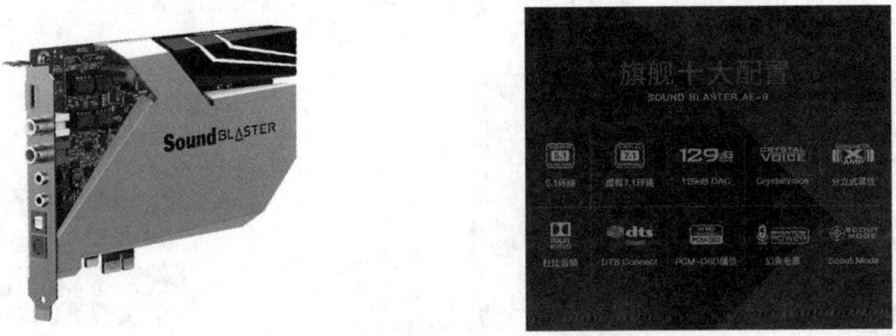

图1-15　创新（Creative）AE-9内置声卡

（2）外置声卡：外置声卡拥有更加丰富的接口和强大的扩展功能，但价格通常也比较昂贵，具有更好的声音品质以及多样化的变音效果和场景音效。图1-16所示为艾肯（iCON）4nano外置声卡。

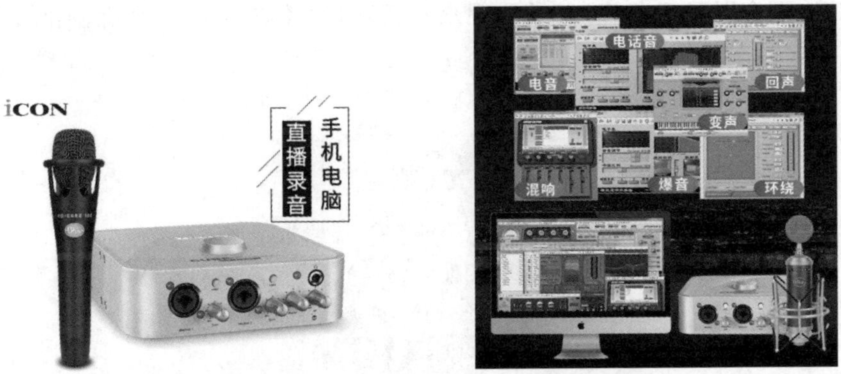

图1-16　艾肯（iCON）4nano外置声卡

1.1.8　商品摆放：依据产品类目选择

电商直播离不开商品，通常主播会同时介绍多个商品，而且同一个商品也有很多不同的款式，因此在直播间摆放商品也非常有讲究，商家需要根据直播的产品和类目来选择合理的摆放方式。

1. 货架摆放

货架摆放是指将商品置于货架上，放在主播身后，比较适合鞋子、化妆品、零食、包包以及书籍等小商品，如图1-17所示。

使用货架摆放商品时，需要注意以下事项，如图1-18所示。

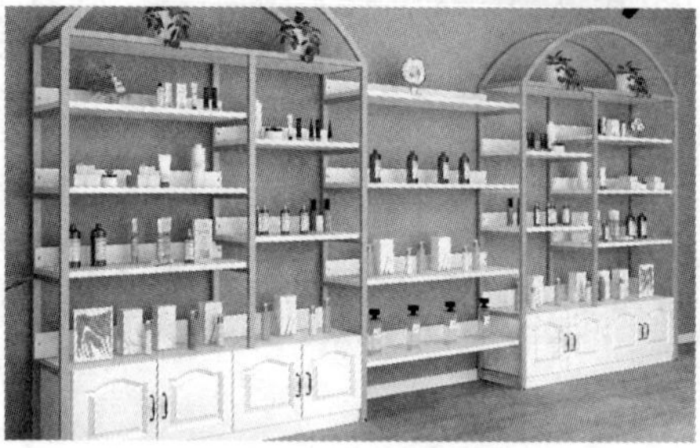

图1-17　货架摆放

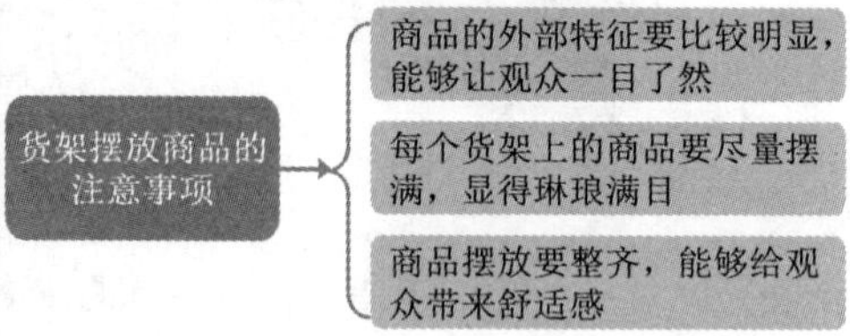

图1-18　货架摆放商品的注意事项

2. 悬挂摆放

悬挂摆放是指用架子将商品悬挂起来，比较适合易于悬挂的商品，例如衣服、裤子、雨伞以及毛巾等，能够让观众对商品的整体效果有一个比较直观的了解，如图1-19所示。

图1-19　悬挂摆放

3. 桌面摆放

桌面摆放是指将商品直接摆在桌子上，放在主播的前面，比较适合美食生鲜、美妆护肤以及珠宝饰品等类目的商品。当然，不同类目的商品，摆放方式也有所差别，相关技巧如下：

（1）美食生鲜：可以在桌面上多摆放一些商品，同时主播可以拿出一些食品进行试吃，显得更加美味诱人，如图1–20所示。

（2）美妆护肤：对于护肤品或化妆品等商品来说，可以按产品系列类进行分类摆放，突出产品的丰富程度，如图1–21所示。

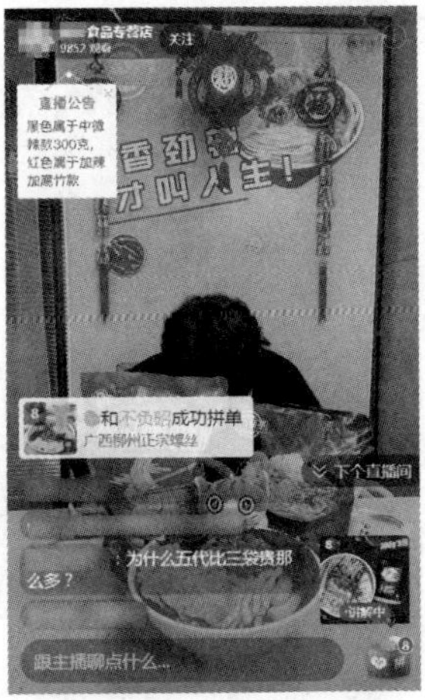

图1–20　美食生鲜类商品的摆放示例

图1–21　美妆护肤类商品的摆放示例

（3）珠宝饰品：一次不要摆放太多商品，尽量摆放得整齐一些，同时可以用包装盒进行收纳衬托，如图1–22所示。

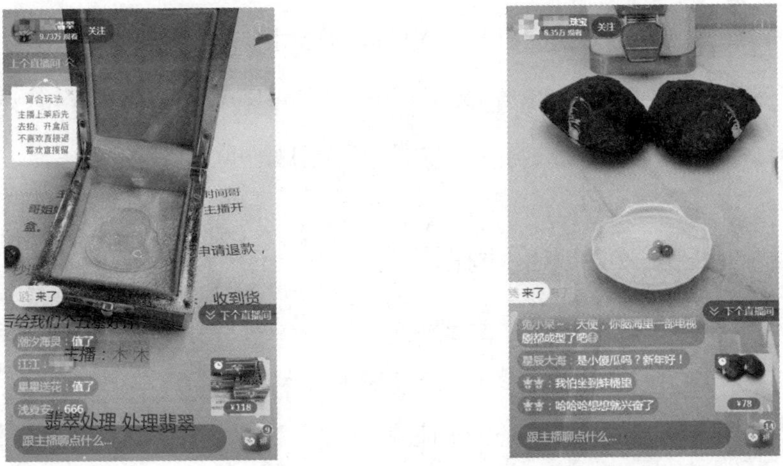

图1–22　珠宝饰品类商品的摆放示例

1.1.9 隔音装置：避免其他声音干扰

拼多多直播主要是通过画面和声音来打动观众，促使他/她们下单购买商品。因此，商家需要选择一个比较安静的直播场所以及做好直播间的隔音处理。如果直播间本身隔音效果不好，商家可以购买隔音海绵或者防风胶条，将其贴到门窗的缝隙上，也可以直接贴在墙上，避免附近的杂音干扰，如图1-23所示。

另外，商家还可以在直播间的地面安装地板，并铺上隔音地毯或地垫，这样能够很好地减弱麦克风带来的回声，如图1-24所示。

图1-23 隔音海绵（左）和防风胶条（右）

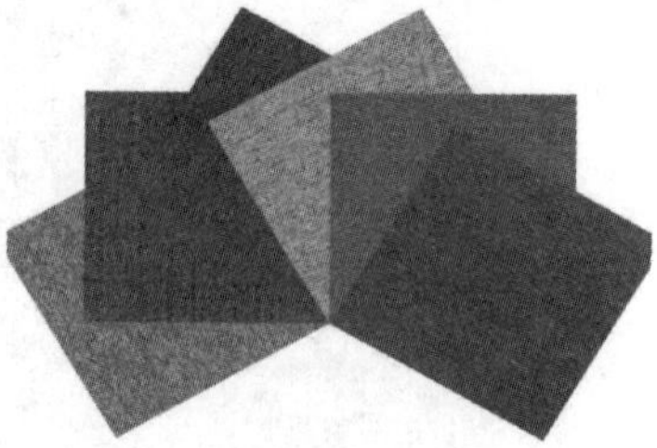

图1-24 隔音地毯

1.2 直播分工：减轻成本，提高效率

通常情况下，一个完整的拼多多直播间包括主播、助播、运营、场控、数据分析以及客服等工作人员。当然，有能力的商家也可以身兼数职，但同样需要理清这些直播角色的功能，这样你才能事半功倍，提升直播间的带货效率。

1.2.1 主播：气质和店铺相互契合

拼多多直播不同于抖音和快手等短视频电商直播，抖音和快手主播可能会经常跨品牌和类目进行带货，而拼多多则要求主播要深入了解自己所带货的商品。商家在选择主播时，或者将自己打造为店铺主播时，还有一些基本要求，如图1-25所示。

例如，对于服装产品来说，主播的颜值就要高一些，同时要有好的身材和口才，这样不仅能穿出漂亮的服装效果，而且还能把服装的优势讲出来。再如，在各种数码产品的直播间，观众都比较喜欢提各类问题，则主播要将自己打造成一个专家的形象，能够快速回复观众的问题，同时能够将产品优势有条不紊地说出来，从而增强观众的信任度，如图1–26所示。

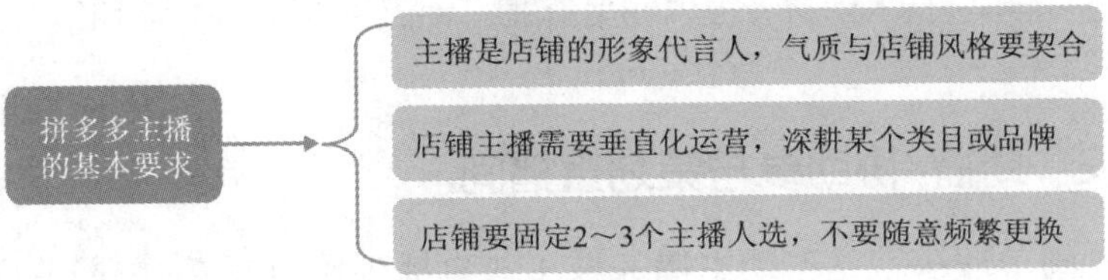

图1–25　拼多多主播的基本要求

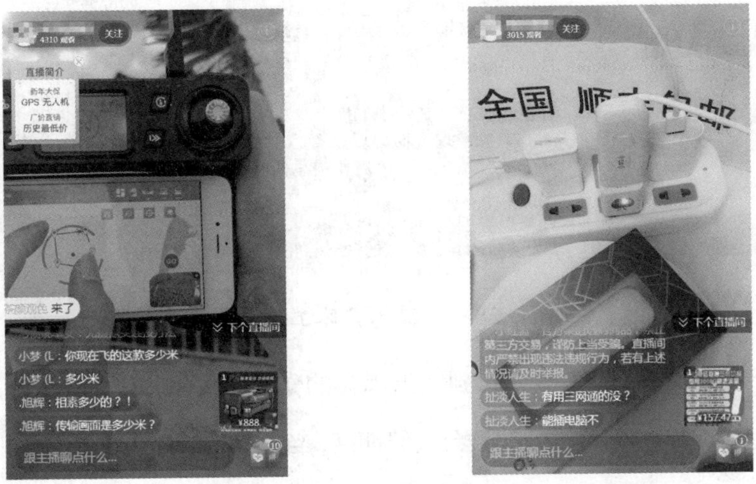

图1–26　数码产品的直播间观众非常喜欢提各类问题

确定好店铺的主播人选后，商家应该如何寻找主播呢？在拼多多平台上，通常有以下4种途径，如图1–27所示。

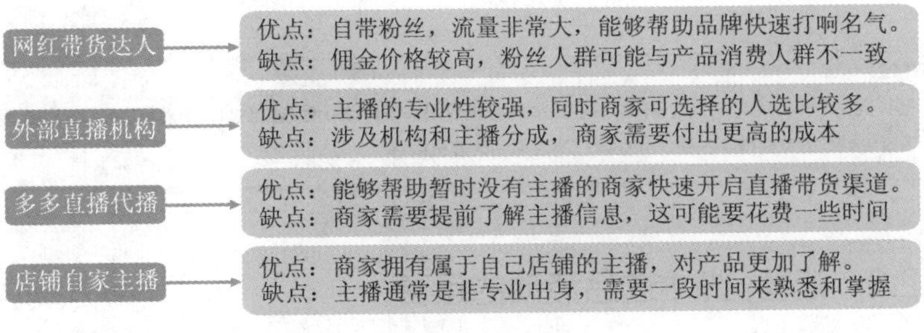

图1–27　寻找主播的4种途径

由于多多直播推出的时间并不长，平台上的主播也较少，因此很多店铺可能一时无法找到合适的主播。此时，商家可以试着自己开播，因为只有商家才是最了解自己店铺商品的人。笔者认为，电商直播不同于以往的秀场直播，即使主播没有好的身材和颜值，但只要你能够坚持为消费者提供物美价廉的商品，成功也将唾手可得。

1.2.2　助播：协助参与策划直播间

助播，简单理解就是帮助主播完成一些直播工作，也称为主播助理，具体工作内容如图1-28所示。

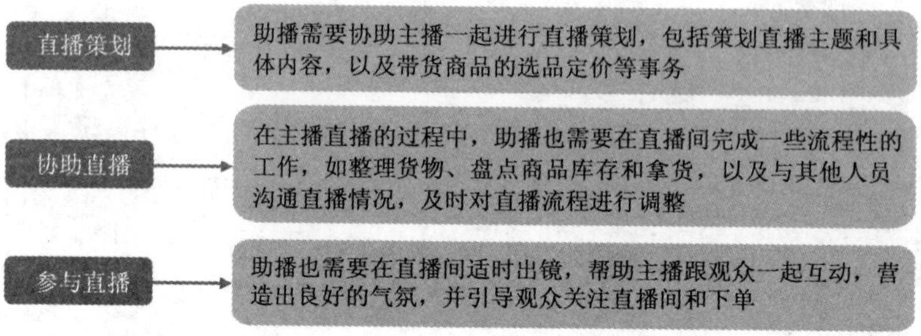

图1-28　助播的具体工作内容

对于主播来说，助播能够起到锦上添花的作用，一主一辅相互配合，彼此是一种相互依赖的关系。例如，在平台大促期间，当主播的嗓子已经喊哑的时候，助播就要说更多的话，告诉观众怎样领券下单，分担主播的压力。

如果主播的粉丝量非常大，达到几十万以上，而且粉丝的活跃度也非常高，此时就需要增加助播人数了。当然，一个助播每天也可以协助多个主播来延长自己的工作时间，从而获得更多收入。

> ◆ **专家提醒：**
>
> 助播其实是培养自我的一个职业，能够在直播间身兼数职，很有发展潜力。例如，助播可以发展成为运营主管，培养更多定位精准的专业型小主播，成立自己的直播团队或机构等。

1.2.3　运营：脚本选品活动的运营

直播间运营是一个非常重要的岗位，主要工作任务都在直播前期的策划上，包括直播脚本、活动以及选品等，如图1-29所示。

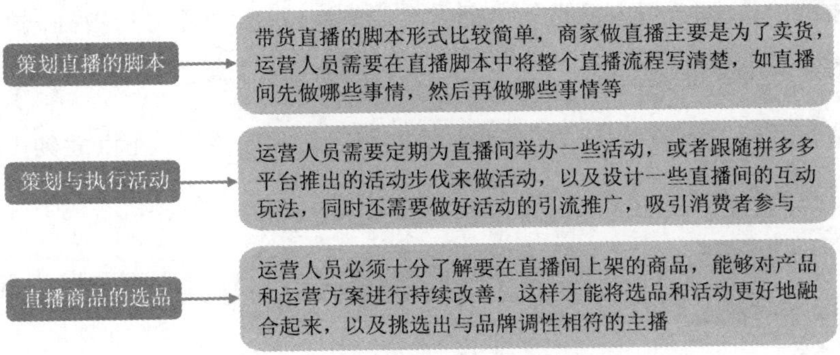

图1-29 运营的具体工作内容

通常情况下，直播间运营都具有一定的成本及营销意识，能够通过一系列的运营策划把直播间做得更好。对于大商家来说，可以多设置一些运营岗位，如内容策划运营、渠道宣传运营以及选品对接运营等，这样做能够更好地提升直播运营数据。

1.2.4 场控：控制直播间流程进度

对于主播来说，直播间的场控是一个炒热气氛的重要岗位，不仅可以帮助主播控制直播间的节奏，解决一些突发状况，而且还可以引导粉丝互动。直播间场控的具体要求如图1-30所示。

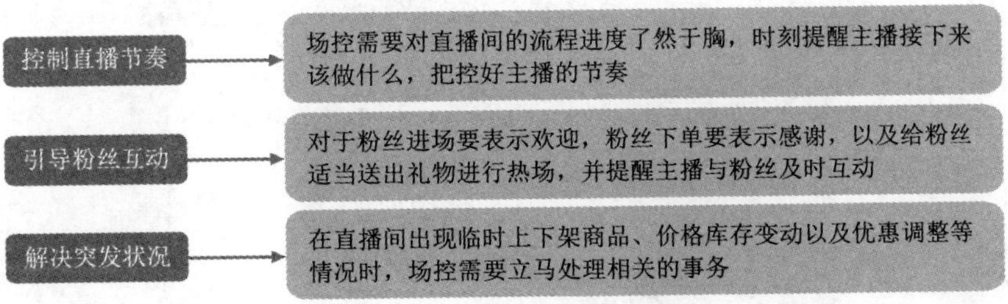

图1-30 场控的具体要求

对于一些小商家来说，如果运营人员的时间足够多，同时能力也比较强，也可以由运营来兼任直播间场控一职。

1.2.5 数据：数据分析并把控全局

直播间的数据分析人员是一个把控全局的岗位，要善于分析数据，做好直播间的总结和复盘，推爆款商品，并为下一场直播做好准备。

数据分析人员可以进入“多多直播”网页版的后台主页，在直播列表中单击“操作”栏中的“数据详情”按钮，如图1-31所示。

图1-31 单击“数据详情”按钮

即可进入直播详情页面，上方可以看到直播标题、直播时长、全部评论、全部商品和全部想看等信息，如图1-32所示。

图 1-32 直播详情页面

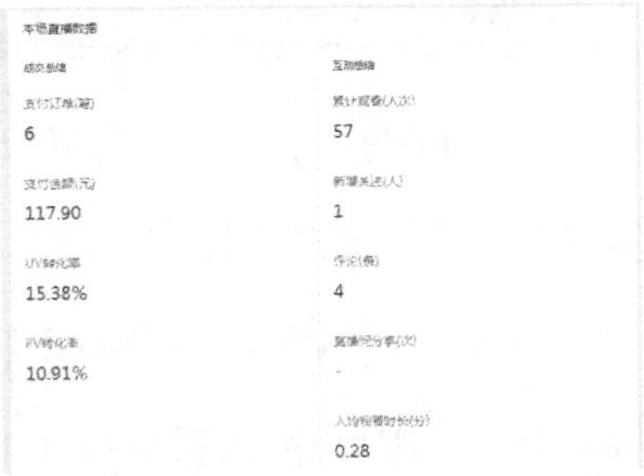

图1-33　查看本场直播数据

在该页面下方的“本场直播数据”选项区中分为“成交总结”和“互动总结”两个板块，列出本场直播的所有数据，如图1-33所示。

（1）“互动总结”板块：包括累计观看（人次）、新增关注（人）、评论（条）、直播间分享（次）以及人均观看时长（分）等数据。这些数据可以反映主播的口才与亲和度等互动能力，数据越高，代表主播的粉丝黏性越高，越能在直播间留住观众，下单的可能性也就越大。

（2）“成交总结”板块：包括支付订单（笔）、支付金额（元）、UV转化率以及PV转化率等核心数据。商家可以将这些数据与整个店铺的数据进行对比，查看直播带货的GMV占整个店铺的比例，以及分析售出商品数、客单价和利润比等指标。

商家可以进入拼多多商家后台的“数据中心→交易数据”页面，查看店铺的成交数据情况，如图1-34所示。数据分析人员可以根据直播间的每次数据波动情况来优化和调整下一次直播内容。

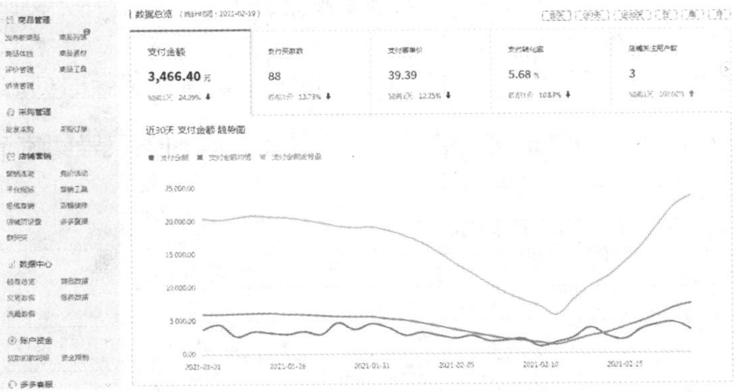

图1-34　查看店铺的成交数据情况

◆ **专家提醒：**

PV是Page View的缩写，即页面浏览量的意思，在直播间是指累计观看（人次）数据。UV是Unique Visitor的缩写，一般指独立访客，即有多少买家进入直播间（重复进入的买家不算）。GMV是Gross Merchandise Volume的缩写，主要是指网站的成交金额。

1.2.6 客服：扩大直播间的转化率

直播间的客服主要工作是引导买家观看直播和下单，同时解决观众在直播间提出的问题，促进直播间的成交转化率。

商家可以进入拼多多商家后台的“多多客服→客服工具→分流设置”页面，完善店铺的售前和售后客服分工，提升客服团队的接待效率和买家咨询体验，进而提升店铺的转化率，如图1–35所示。

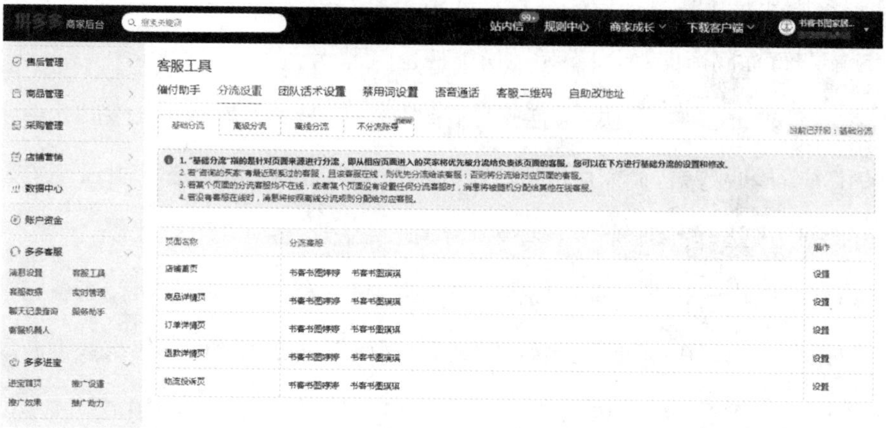

图1–35 店铺客服分工设置

需要注意的是，客服在给店铺直播间引流时，只需在黄金时刻进行即可。当然，如果直播间全天的流量都非常大，也可以让客服加强引导买家到直播间的频率。

第2章

电脑直播：OBS导流画质更高清

随着多多直播的工具不断升级，如今商家有了更多的直播渠道，包括电脑、手机和网页等形式。其中，电脑开播和网页开播都是在PC端进行的，本章将详细介绍这两种直播方式的操作技巧。

2.1 电脑开播：简单易用一键创建直播间

拼多多推出了单独的直播软件“多多直播”（也称为“拼多多直播伴侣”），代替之前的第三方OBS（Open Broadcaster Software，一款免费开源的视频录制和视频实时流软件）推流开播形式，在开播操作上更为便捷。本节将介绍“多多直播”软件的基本操作方法，帮助商家快速创建自己的专属直播间。

2.1.1 下载安装多多直播工具

商家可以在“多多直播”的官网主页下载直播工具，也可以通过拼多多商家后台下载。下面介绍“多多直播”软件的下载方法。

方法一：进入“多多直播”官网，单击右上角的“多多直播PC主播端下载”按钮，即可下载直播工具，如图2-1所示。

图2-1 通过网页下载直播工具

方法二：进入拼多多商家后台的“店铺营销→多多直播”页面，在“直播方式”选项区中单击“电脑开播”下方的“一键使用”按钮，即可下载直播工具（已下载的电脑会直接打开直播工具），如图2-2所示。

下载完成后，打开“多多直播”软件的安装包（名称为PDD_liveobs-1.3.1.exe，版本号会随更新而变动），即可开始安装，具体操作方法如下。

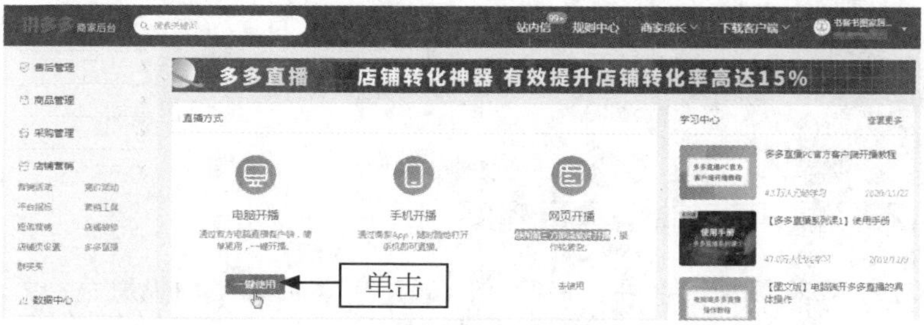

图2-2　通过商家后台下载直播工具

（1）首先进入“安装选项”界面，选择为当前用户还是所有用户安装该软件，选好后单击“下一步”按钮，如图2-3所示。

（2）进入“选定安装位置”界面，单击“浏览”按钮，如图2-4所示。

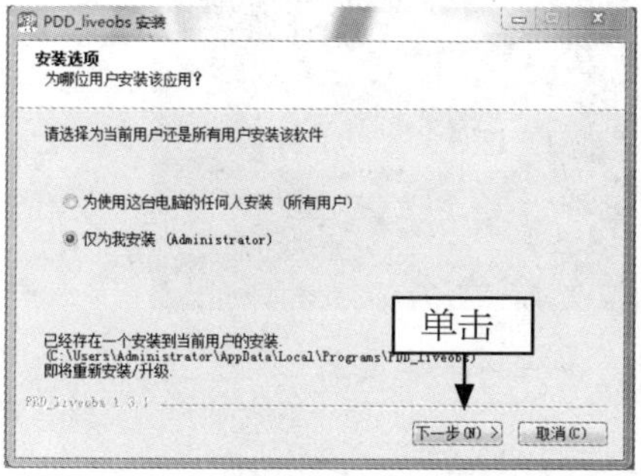

图2-3　“安装选项”界面

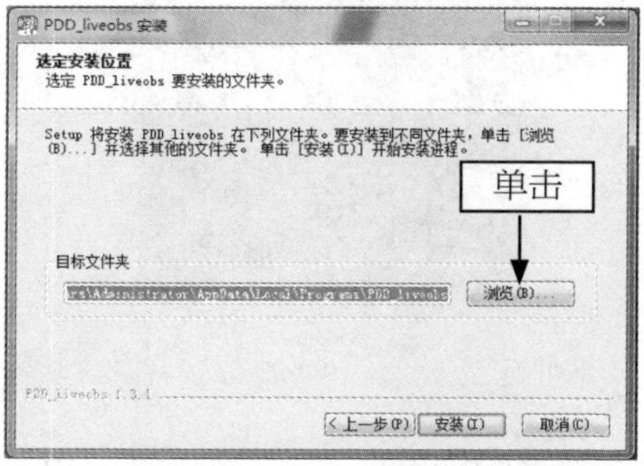

图2-4　单击“浏览”按钮

（3）弹出“浏览文件夹”对话框，选择合适的安装位置，如图2-5所示。

（4）单击“确定”按钮，即可设置安装位置，如图2-6所示。

图2-5　选择合适的安装位置

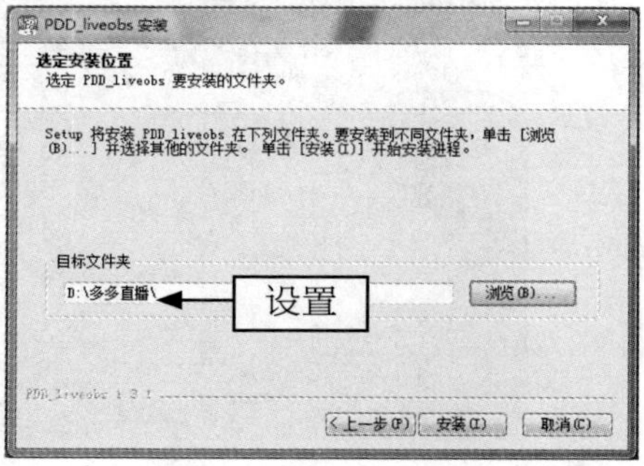

图2-6　设置安装位置

（5）单击“安装”按钮，即可开始安装“多多直播”软件，安装完成后，桌面会显示相应的启动程序图标。

2.1.2 通过电脑端创建直播间

安装好“多多直播”软件后，商家可以通过商家版App扫码登录，也可以使用账号密码登录，同时还支持外包登录和达人主播扫码登录等方式，如图2-7所示。

图2-7 “拼多多直播伴侣”软件的登录界面

登录后即可打开“多多直播”软件，下面介绍创建直播间的操作方法。

（1）在“多多直播”软件主界面，单击“创建直播”按钮，如图2-8所示。

图2-8 单击“创建直播”按钮

◆ **专家提醒：**

电脑直播伴侣软件不仅是一款视频聊天辅助工具，而且也是电商平台直播带货的最佳辅助工具，可以让商家的直播和卖货效果变得更好。

（2）弹出“创建直播”对话框，商家需要在该对话框中填写直播间的必要信息，如图2–9所示。

（3）单击“直播封面”右侧的“+”按钮，弹出“打开”对话框，选择合适的直播封面图，如图2–10所示。

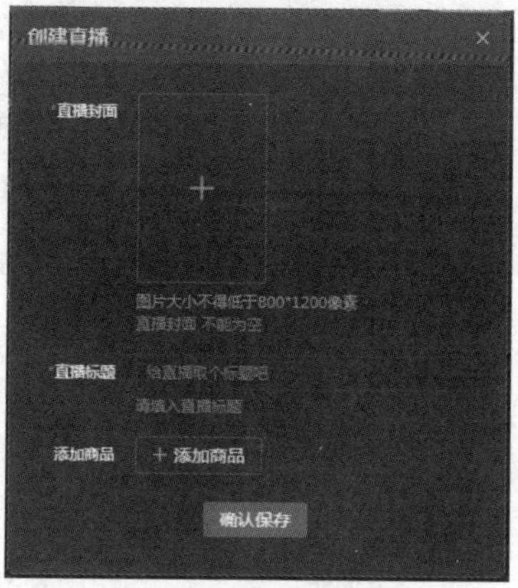

图2–9　“创建直播”对话框

图2–10　选择直播封面图

（4）单击“打开”按钮，弹出“裁剪”对话框，对图片进行适当裁剪，如图2–11所示。

（5）单击“确认”按钮，❶即可设置直播封面图；❷并在“直播标题”文本框中输入相应的标题名称，如图2–12所示。

图2–11　裁剪图片

图2–12　设置直播封面图和标题

（6）单击“+添加商品”按钮，弹出“添加商品”对话框，商家可以在“店铺商品”选项卡中直接选择商品（适合商品数量较少的店铺），也可以通过输入商品ID的方式添加商品（适合商品数量较多的店铺），如图2-13所示。

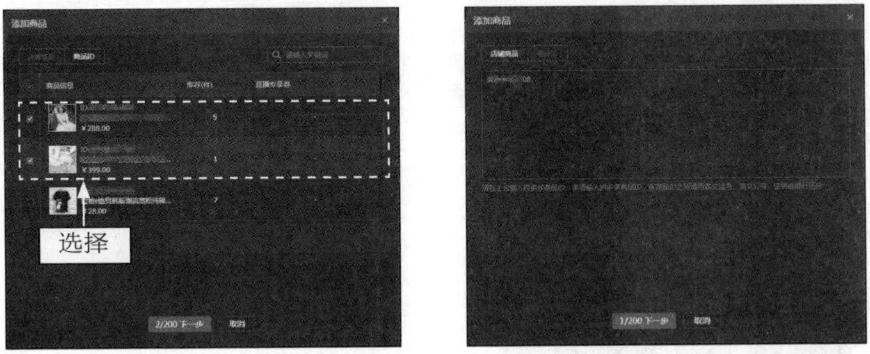

图2-13　“添加商品”对话框

（7）选择好商品后，单击“下一步”按钮，弹出“确认添加”对话框，商家可以在该对话框中核实添加的直播商品信息，如图2-14所示。

（8）单击“批量移至最上”按钮，或者单击“操作”栏中的“下移”和“上移”按钮，对直播商品列表的顺序进行调整，如图2-15所示。

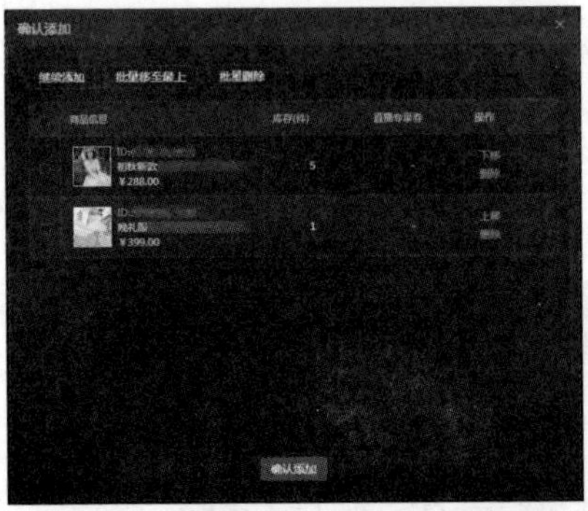

图2-14　核实添加的直播商品信息

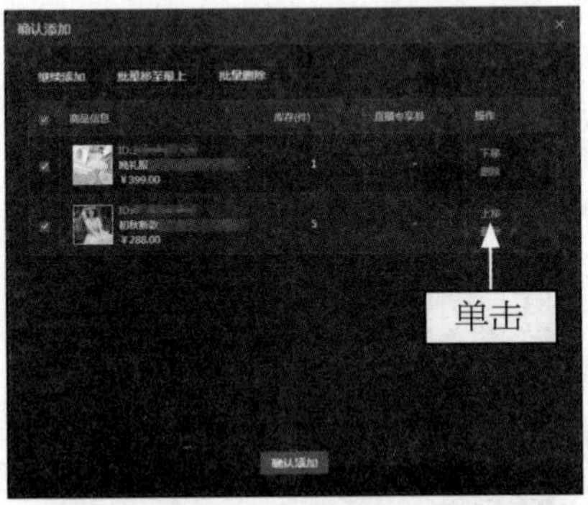

图2-15　调整直播商品列表的顺序

◆ **专家提醒：**

在“确认添加”对话框中，单击“继续添加”按钮再次添加直播商品。选择多个商品后，单击“批量删除”按钮，即可将其从直播商品列表中删除。

（9）单击“确认添加”按钮，即可添加直播商品，如图2-16所示。

（10）单击“确认保存”按钮，弹出“提示”对话框，系统会对直播封面和标题进行初步检测，并提出修改意见，如图2-17所示。单击“去修改”按钮，返回“创建直播”对话框修改相关的直播信息。

图2-16　添加直播商品

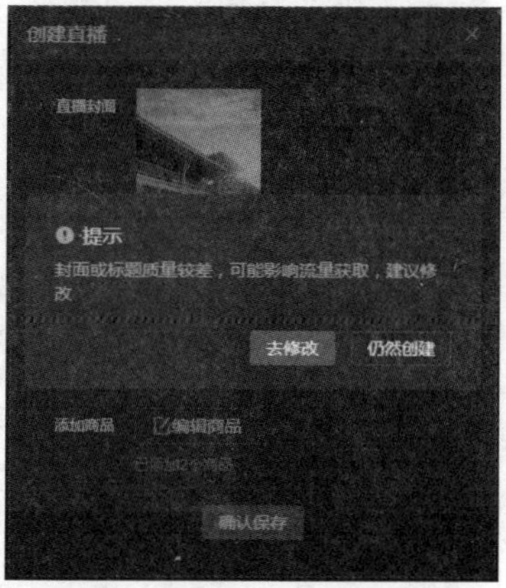

图2-17　弹出“提示”对话框

（11）单击“仍然创建”按钮，即可创建相应的直播间，如图2-18所示。

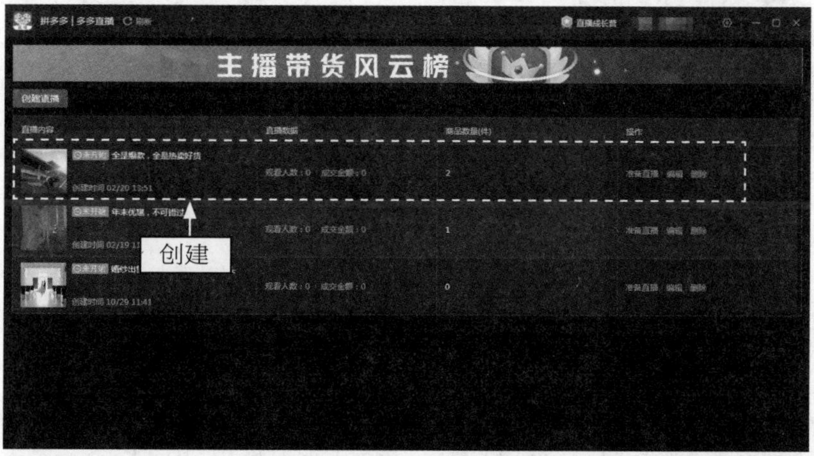

图2-18　创建相应的直播间

2.1.3　为直播间添加声音和图像

创建好直播间后，单击“操作”栏中的“准备直播”按钮，即可进入直播准备界面，单击“音视频管理”按钮，如图2-19所示。

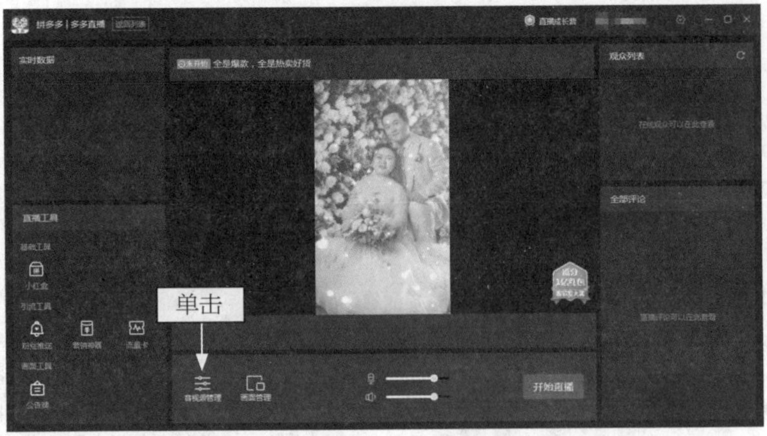

图2-19　单击“音视频管理”按钮

弹出“音视频管理”对话框，在该对话框中选择相应的摄像头和麦克风设备，如图2-20所示。单击“确定”按钮，即可添加声音和画面，如图2-21所示。

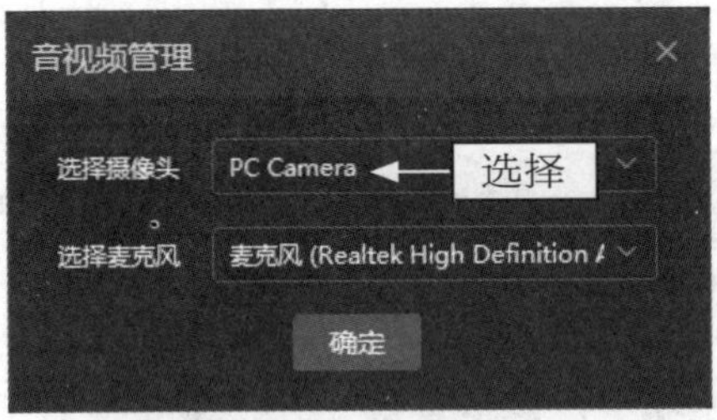

图2-20　选择相应的摄像头和麦克风设备

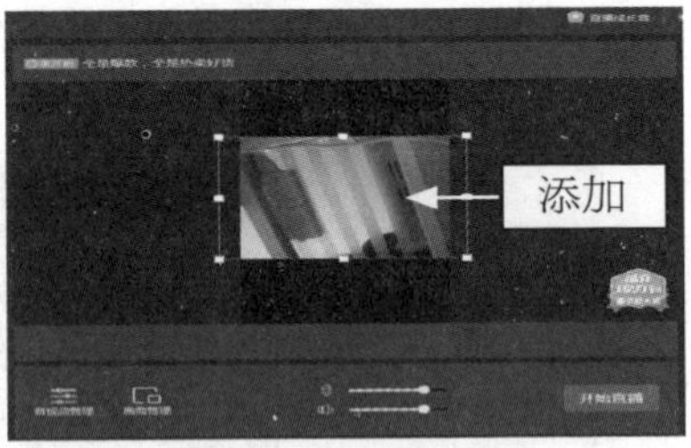

图2-21　添加声音和画面

在直播预览窗口中选中源画面，右击，在弹出的快捷菜单中选择“变换→顺时针旋转90度”命令，如图2-22所示。即可旋转直播画面，如图2-23所示。

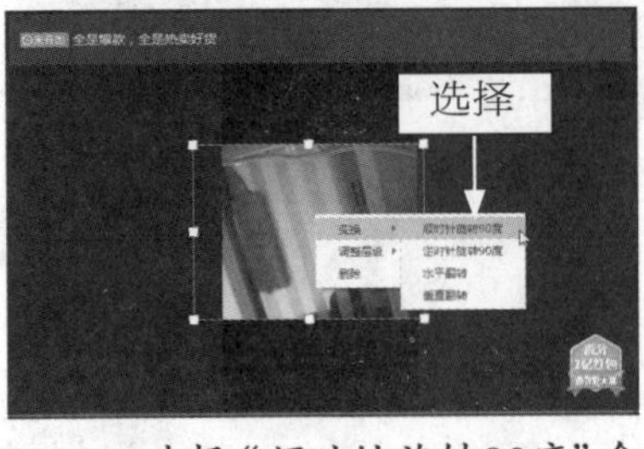

图2-22　选择“顺时针旋转90度”命令

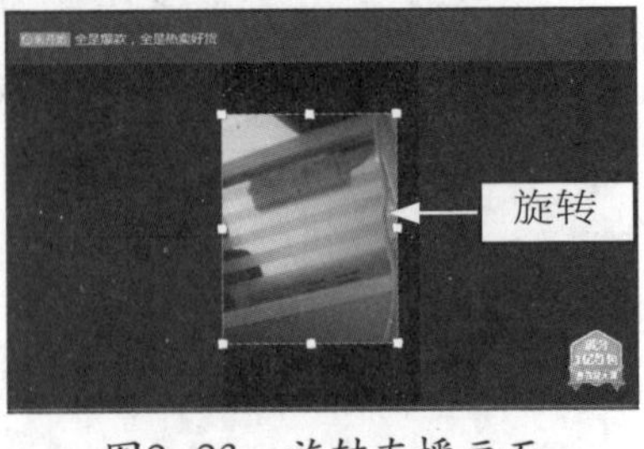

图2-23　旋转直播画面

按住直播画面的边框并拖动，可以调整直播画面的大小，如图2–24所示。按住直播画面并拖动，可以调整直播画面的展现位置，如图2–25所示。

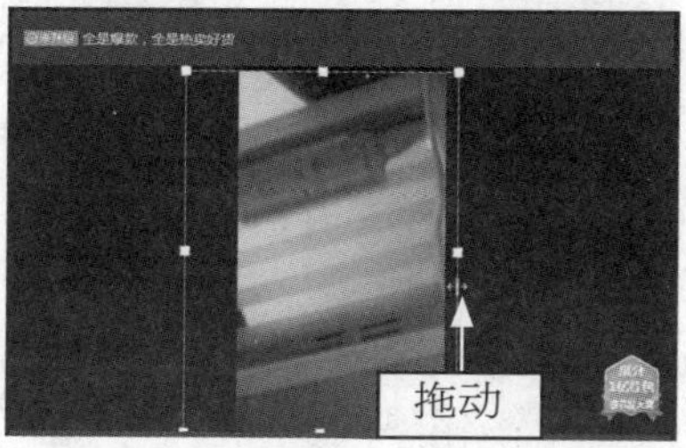

图2–24　调整直播画面的大小

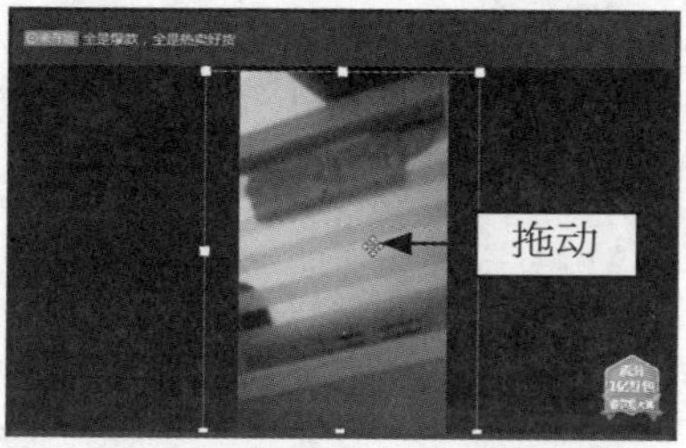

图2–25　调整直播画面的展现位置

2.1.4　开始直播并添加画面素材

设置好直播间的画面效果后，单击“开始直播”按钮，即可成功开播，开播界面如图2–26所示。左侧为“实时数据”和“直播工具”，中间为直播间窗口，右侧为“观众列表”和“全部评论”。

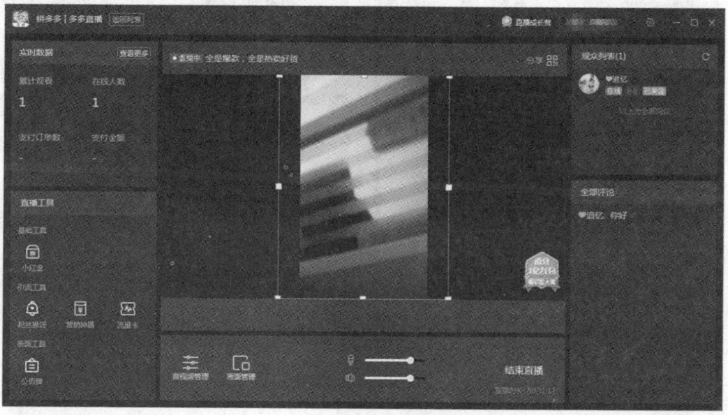

图2–26　开播界面

❶在直播间窗口下方单击“画面管理”按钮；❷弹出“画面管理”对话框；❸可以查看画面来源为摄像头，如图2–27所示。

❶单击“+画面素材”按钮；❷弹出“画面管理”对话框，支持“本地图片”“文字”“视频”以及“网络转播”等多种画面形式，如图2–28所示。

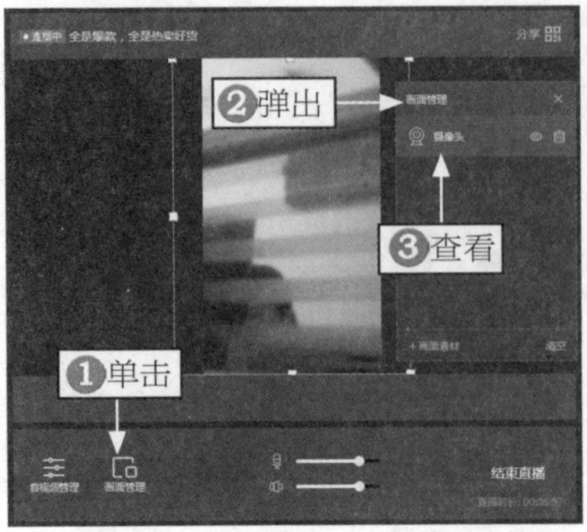

图2-27 “画面管理”对话框

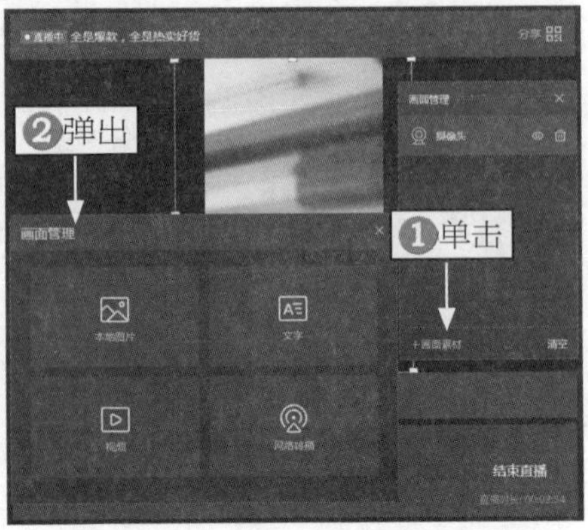

图2-28 多种直播画面素材形式

1. 添加图片

在“画面管理”对话框中，单击“本地图片”按钮，弹出“打开”对话框，选择相应的图片素材，如图2-29所示。单击“打开”按钮，即可将图片素材添加到直播界面中，同时还可以调整图片的大小和位置，如图2-30所示。

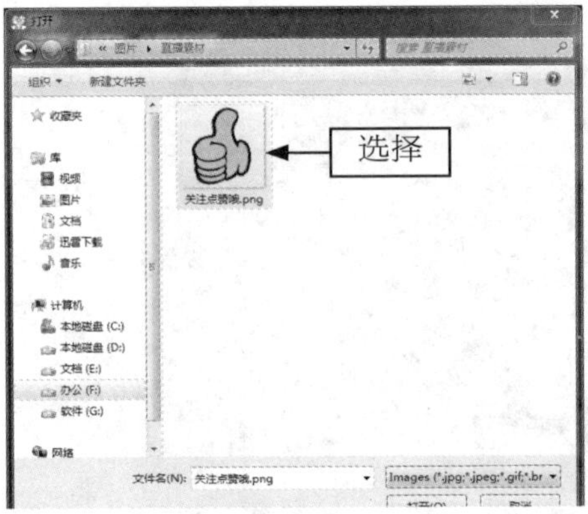

图2-29 选择相应的图片素材

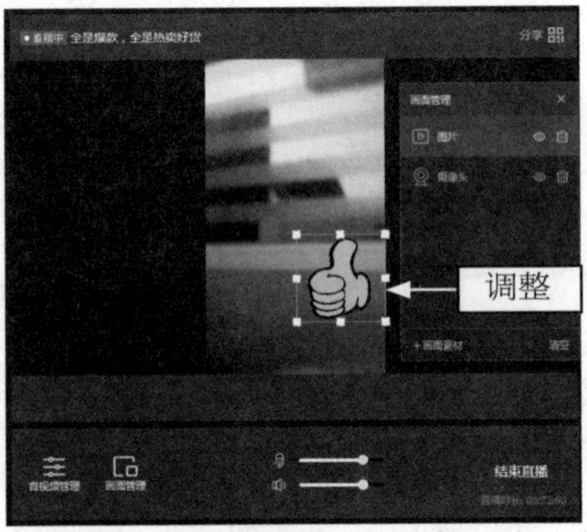

图2-30 调整图片的大小和位置

商家可以在直播间画面中添加一些能够增强气氛的图片素材来引导观众关注和交流，增加直播间的活跃度。另外，商家也可以在直播间放入一些商品或优惠券图片，吸引观众下单。

2. 添加文字

在“画面管理”对话框中，单击“文字”按钮，弹出“添加文字”对话框，输入相应的文字内容，同时还可以设置文字的颜色，如图2-31所示。单击“确定”按钮，即可将文字素材添加到直播界面中，同时还可以调整文字的大小和位置，如图2-32所示。

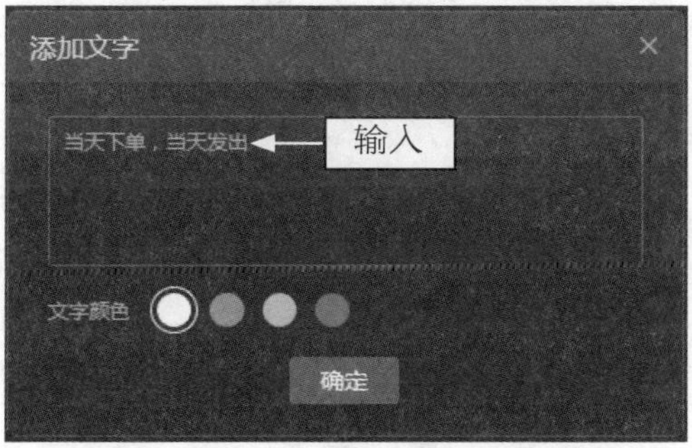

图2-31　输入相应的文字内容

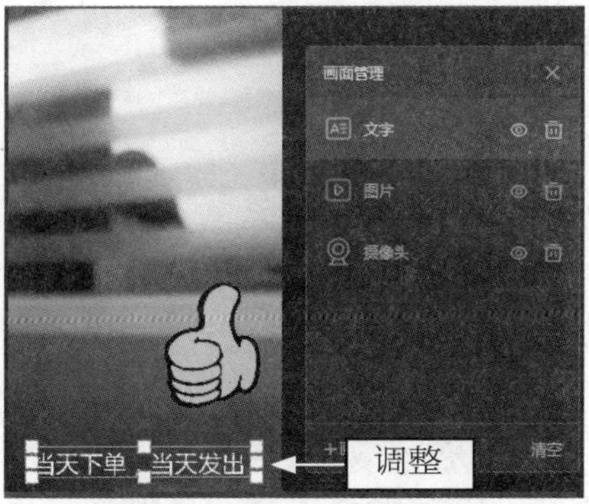

图2-32　调整文字的大小和位置

直播文案需要把握好语言通俗易懂、具象表达有力度和聚焦用户这3个关键，能够帮助商家更快地提高直播间的成交量。

3. 添加视频

在“画面管理”对话框中，单击“视频”按钮，弹出“打开”对话框，选择相应的视频文件，如图2-33所示。单击“打开”按钮，即可将视频文件添加到直播界面中，同时还可以调整视频的大小和位置，如图2-34所示。

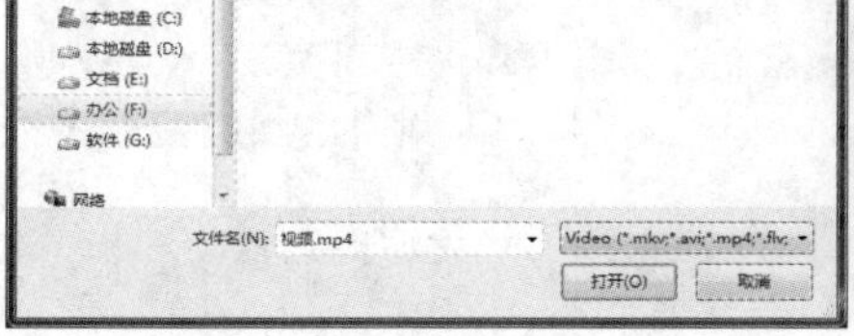

图2-33　选择相应的视频文件

图2-34　调整视频的大小和位置

商家在直播过程中，可以插入一些与商品相关的视频作为分镜头，如产品的生产过程、模特的试穿效果以及活动现场花絮等，让观众进一步了解商品的各个面面，增强他/她们下单的信心，如图2-35所示。

图2-35　使用视频作为直播画面的预览效果

在直播预览窗口中选择视频画面，右击，在弹出的快捷菜单中选择“调整层级→下移一层”命令，即可调整所选素材的层级，如图2-36所示。在“画面管理”对话框中，单击相应素材右侧的眼睛图标，可以显示或隐藏该素材，如图2-37所示。

图2-36　调整所选素材的层级

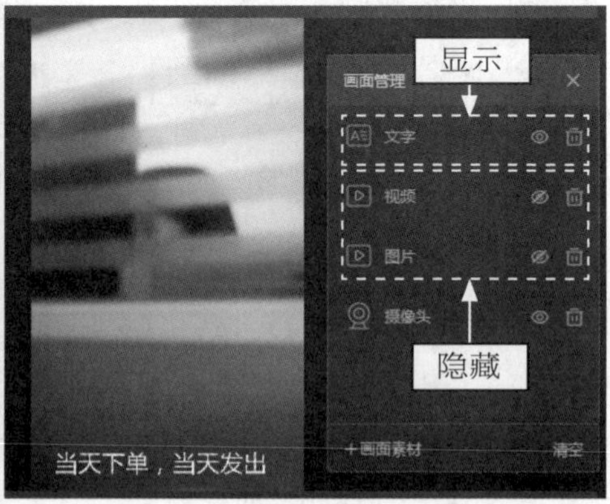

图2-37　显示或隐藏素材

4. 网络转播

在“画面管理”对话框中，单击“网络转播”按钮，弹出“添加网络转播”对话框，商家可以在“URL（Uniform Resource Locator，统一资源定位器）地址”文本框中输入rtmp格式的转播地址，如图2-38所示。单击“确定”按钮，即可使用网络转播作为直播画面来源。

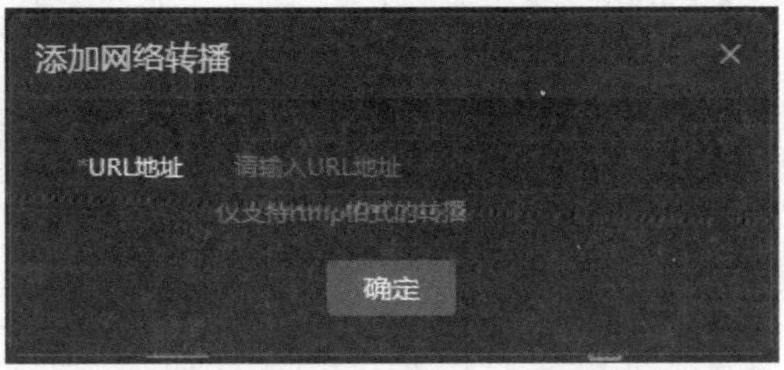

图2-38　“添加网络转播”对话框

2.1.5　直播间的观众管理与互动

在直播间右侧的“观众列表”窗口中，可以查看目前正在观看直播的观众信息，如头像、昵称、标签和是否关注店铺等，如图2-39所示。单击某个观众，可以查看该观众的详细信息，单击“禁言”按钮，可以对该观众进行禁言处理，如图2-40所示。

图2-39　“观众列表”窗口

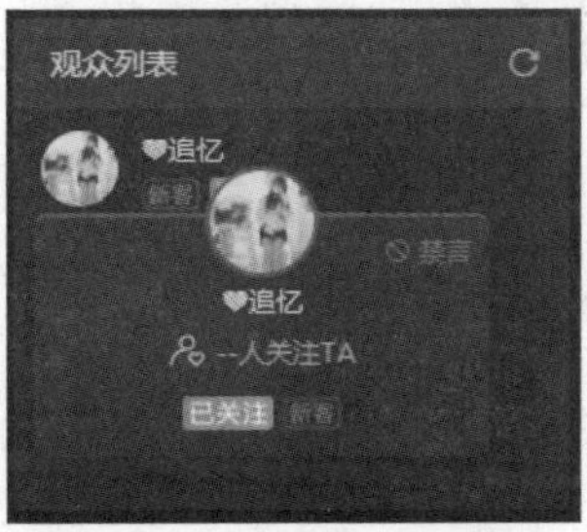

图2-40　查看观众的详细信息

在直播间右下角的“全部评论”窗口中，可以实时查看观众发表的评论内容，如图2-41所示。

商家在直播过程中，还需要做好一件事，那就是通过回复评论解决观众的疑问，引导观众的情绪，从而提高产品的销量。

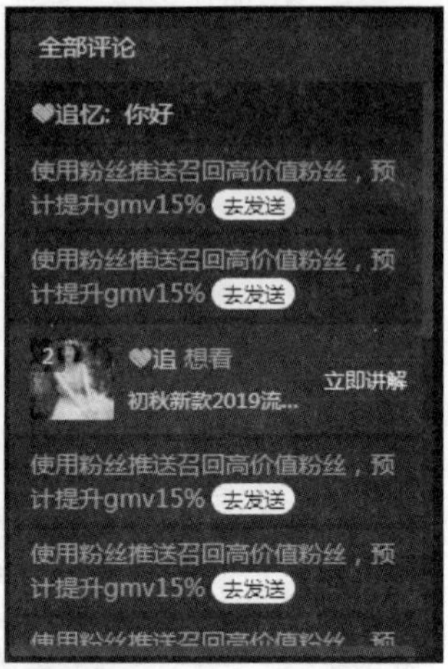

图2-41 “全部评论”窗口

2.1.6 查看与分析本场直播数据

在直播间左上角的“实时数据”窗口中，可以查看直播间的累计观看、在线人数、支付订单数和支付金额等实时数据情况，如图2-42所示。

单击“查看更多”按钮，弹出“实时数据”对话框，在该对话框中可以查看分钟级实时数据。图2-43所示为直播间支付订单的成交总结数据，单击不同的数据指标，能够切换查看不同的数据趋势图。

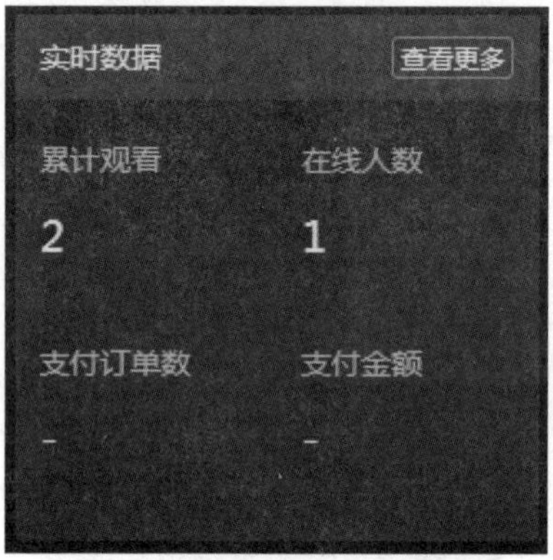

图2-42 “实时数据”窗口

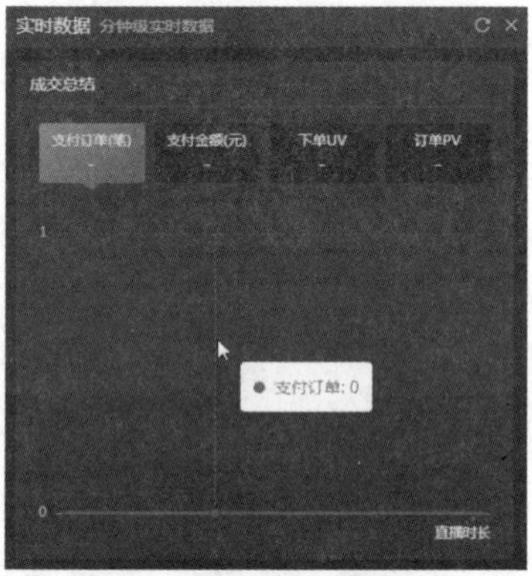

图2-43 支付订单的成交总结数据

在“实时数据”对话框的下方，还可以查看互动总结和观众来源的实时数据情况，如图2-44所示。

当商家结束直播后，也可以即时查看本场直播的所有数据，如图2-45所示。对于商家来说，通过直播间的实时数据分析功能，可以快速了解自己的直播情况，对直播带货效果进行实时监测；通过本场数据总览功能，可以对比增量和总量的数据情况，从而对直播效果进行合理优化；通过直播数据的总结趋势图功能，可以了解数据的波动情况，便于主播调整自身的直播策略。

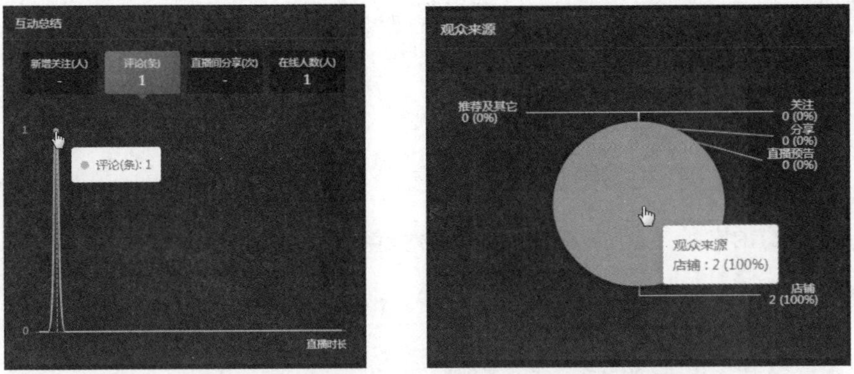

图2-44　查看互动总结和观众来源的实时数据情况

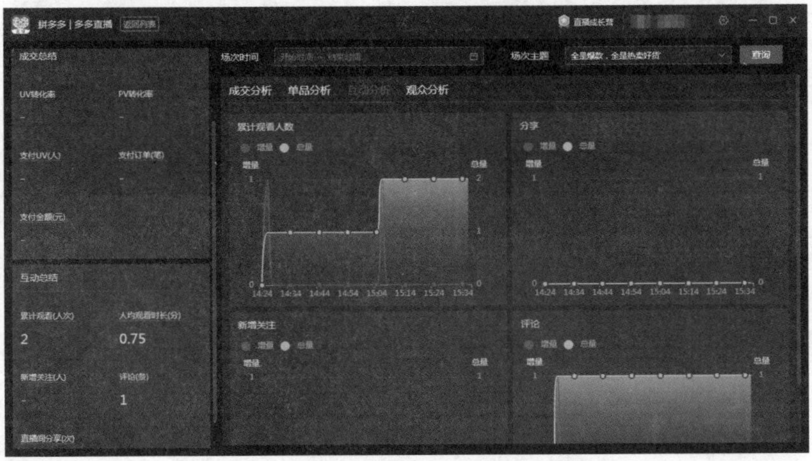

图2-45　查看本场直播的所有数据

> ◆ **专家提醒：**
>
> 商家在分析直播数据时，可以从成交、单品、互动和观众 4 个维度进行分析：成交数据能够反映直播间的整体销量情况；单品数据可以找到直播间的爆款产品；互动数据能够看出直播间的流量情况；观众数据则可以进行用户画像分析。

2.2　网页开播：使用第三方推流软件直播

网页直播的缺陷在于手动设置步骤较多，而且场地通常被限制在室内。但网页直播的优势也非常明显，不仅可拓展性强，能够使用麦克风和摄像头等专业直播配件，而且画面清晰度比较高，同时还可以实现特效贴片装潢效果，适合有一定直播经验或熟悉电脑操作的商家使用。

2.2.1　设置OBS直播工具选项

启动OBS直播工具，初次设置时首先要创建来源。在底部的“来源”选项区中，单击“添加”按钮，选择“视频捕获设备”选项，如图2-46所示。

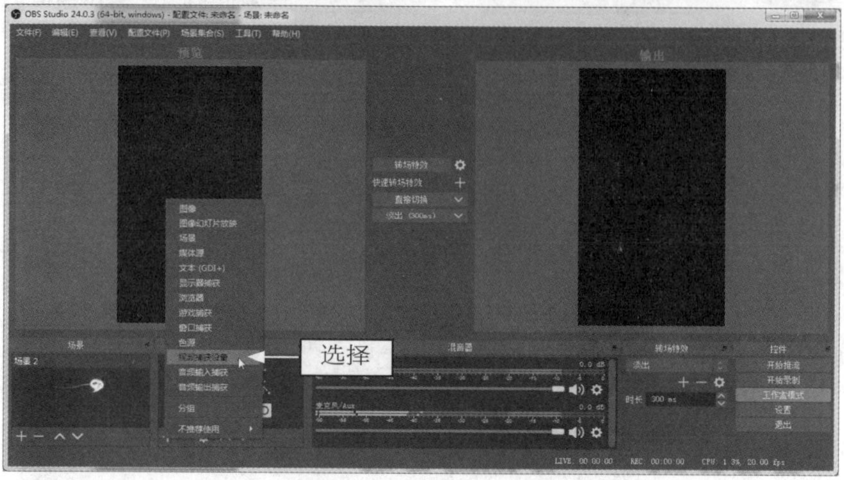

图2-46　选择“视频捕获设备”选项

弹出“创建或选择源”对话框，新建或添加现有视频捕获设备，单击“确定”按钮，如图2-47所示。弹出“属性‘视频捕获设备’”对话框，如图2-48所示。在“设备”列表框中选择配置的摄像头作为取景来源，再次确认即可。

单击“确定”按钮，即可在“预览”窗口中实时显示电脑摄像头捕获的画面，如图2-49所示。在“预览”窗口中右击，在弹出的快捷菜单中，可以选择使用锁定预览、预览缩放、全屏投影、窗口投影、添加来源、对所选项目进行分组、复制与粘贴项目、复制滤镜、设置颜色、重命名来源、移除来源、排序、变换、调整输出大小、尺度滤波、添加滤镜以及修改属性等功能。

接下来设置分辨率和码率（比特率），在底部的“控件”选项区中，单击“设置”按钮，如图2-50所示。

图2 47　“单击“确定”按钮

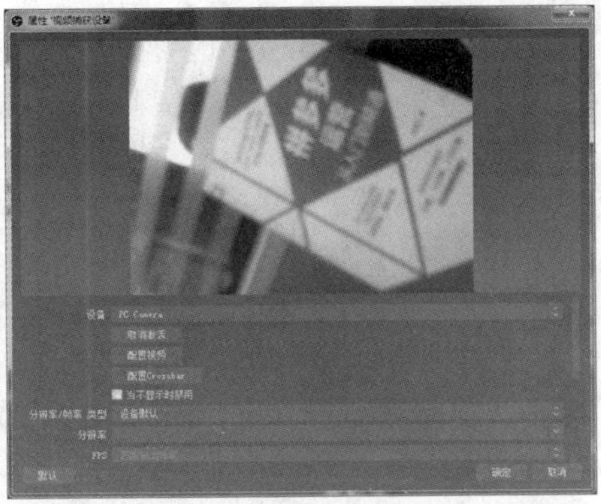

图2-48　“属性‘视频捕获设备’”对话框

图2-49　显示电脑摄像头捕获的画面

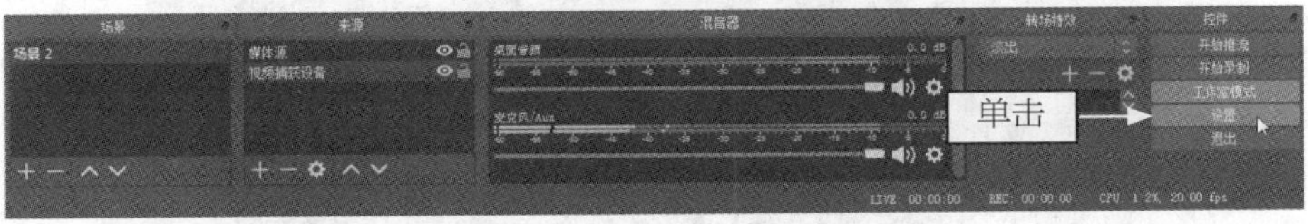

图2-50　单击“设置”按钮

弹出“设置”对话框，切换至“输出”选项卡，设置“串流”选项的“视频比特率”为872 Kbps、“音频比特率”为128，如图2-51所示。

切换至“视频”选项卡，设置“基础（画布）分辨率”为540×960（适应手机的竖屏分辨率）、“整数FPS值（帧率）”为15，如图2-52所示。设置完成后，单击“确定”按钮即可。

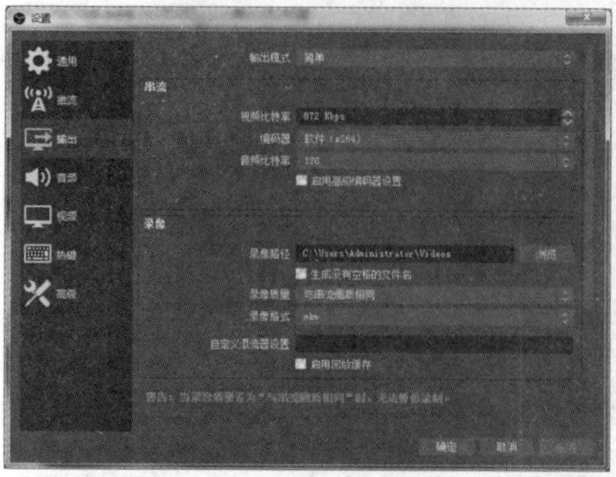

图2-51　设置码率

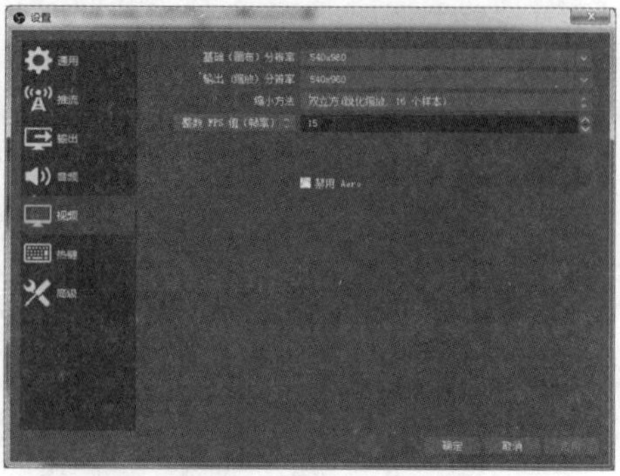

图2-52　设置分辨率

2.2.2　设置OBS直播画面效果

在“预览”窗口的右侧单击“转场特效”按钮，即可将画面传输至“输出”窗口。在“预览”窗口中右击，在弹出的快捷菜单中选择“添加→媒体源”命令，如图2-53所示。

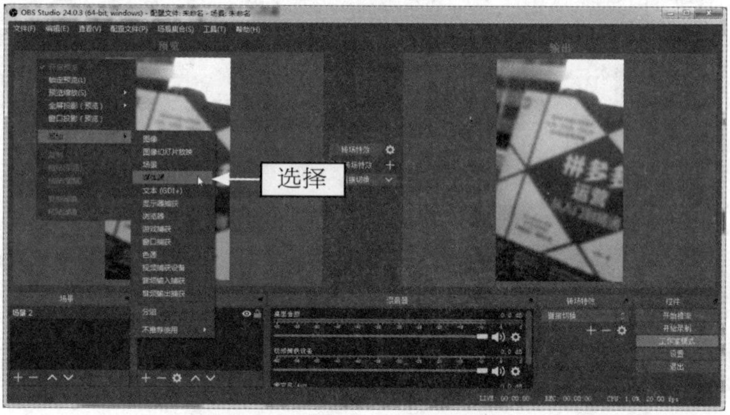

图2-53　选择“媒体源”命令

弹出“创建或选择源”对话框，单击“确定”按钮，弹出“属性‘媒体源’”对话框，在该对话框中设置媒体源的相关属性，如图2-54所示。单击“确定”按钮，即可添加媒体源画面，如图2-55所示。

图2–54　“属性‘媒体源’”对话框

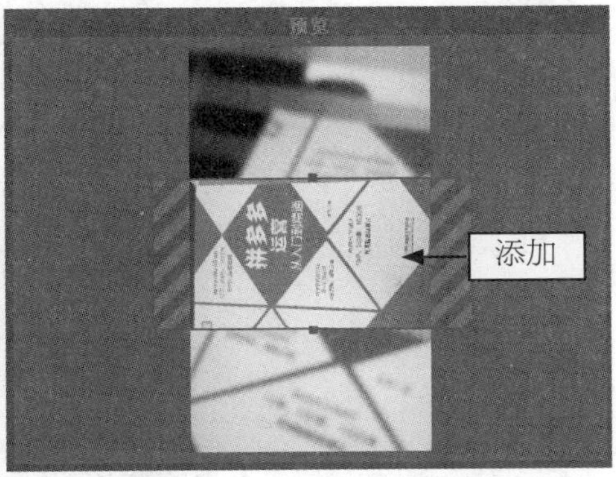

图2–55　添加媒体源画面

如果商家需要直播电脑屏幕，则可以在添加来源时选择“显示器捕获”选项。另外，商家可以添加“图像”“图像幻灯片放映”“场景”“文本”“浏览器”“游戏捕获”“窗口捕获”“色源”“音频输入捕获”以及“音频输出捕获”等来源。

捕获相应的直播画面后，根据需要调整视频角度及大小，保证画面完整，没有黑边。在红色的直播预览区域中右击，在弹出的快捷菜单中选择“变换”命令，根据需要将直播画面旋转到正确角度，如图2–56所示。

在红色的直播预览区域中右击，在弹出的快捷菜单中选择“滤镜”命令，弹出“‘媒体源2’的滤镜”对话框，在该对话框中添加相应的滤镜效果，如图2–57所示。

图2–56　将直播画面旋转到正确角度

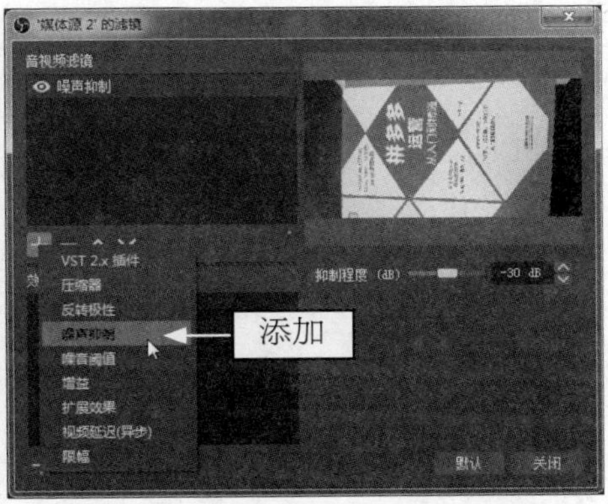

图2–57　添加相应的滤镜效果

在“预览”窗口的右侧单击“直接切换”按钮，在弹出的列表框中选择“淡出”选项，即可修改直播画面的转场效果，如图2–58所示。另外，商家也可以在

“转场特效”选项区中单击“添加可配置的转场特效”按钮+，添加“滑入滑出”“幻灯片”“插入视频”“色彩淡入淡出”以及“亮度擦除”等转场效果。

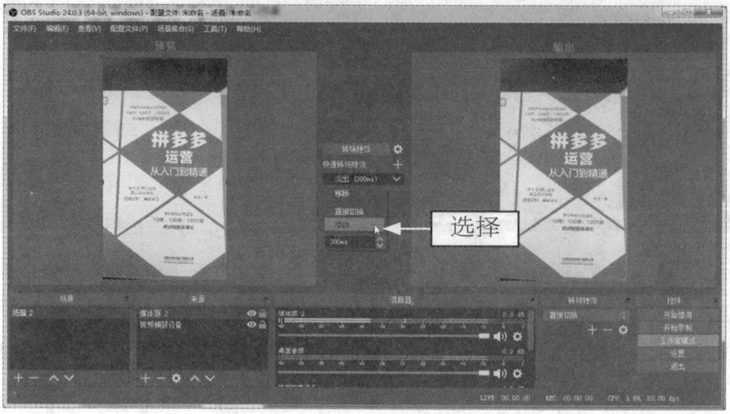

图2-58　选择“淡出”选项

2.2.3　开启OBS网页推流直播

下面介绍在电脑端创建网页直播以及开启OBS推流的操作方法。

（1）进入拼多多商家后台的“店铺营销→多多直播”页面，在“直播方式”选项区中单击“网页开播”下方的“去使用”按钮，如图2-59所示。

图2-59　单击“去使用”按钮

（2）进入“多多直播”主界面，可以查看往期直播内容、直播数据以及商品数量等信息，单击“创建直播”按钮，如图2-60所示。

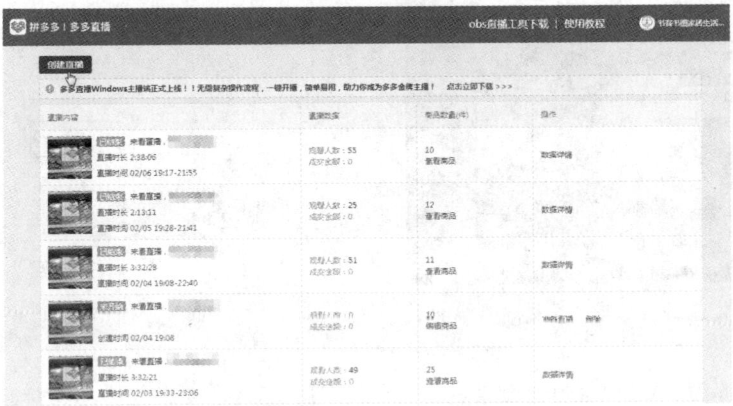

图2-60　单击“创建直播”按钮

（3）弹出“创建直播”对话框，单击“直播封面”右侧的“上传照片”按钮，如图2-61所示。

（4）弹出“打开”对话框，选择相应的直播封面图，如图2-62所示。

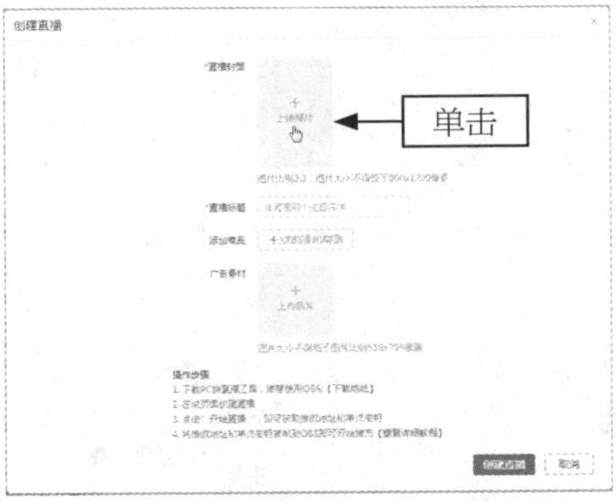

图2-61　单击“上传照片”按钮

图2-62　选择相应的直播封面图

（5）弹出“裁剪”对话框，对封面素材进行适当裁剪，如图2-63所示。

（6）单击“确认”按钮，❶即可设置直播封面；❷在“直播标题”文本框中输入相应的标题，如图2-64所示。

图2-63　裁剪封面素材

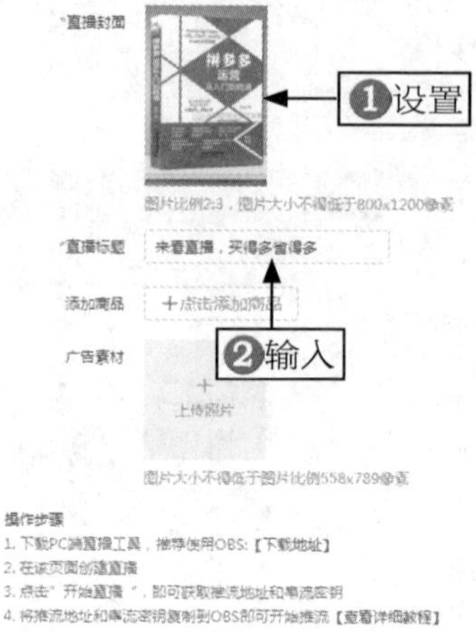

图2-64　设置直播间的封面和标题

（7）单击“点击添加商品”按钮，弹出“添加商品”对话框，在搜索框中输入相应的关键词，如图2-65所示。

（8）按回车键后，即可查找到相应的商品列表，选中要进行直播带货的商品，如图2-66所示。

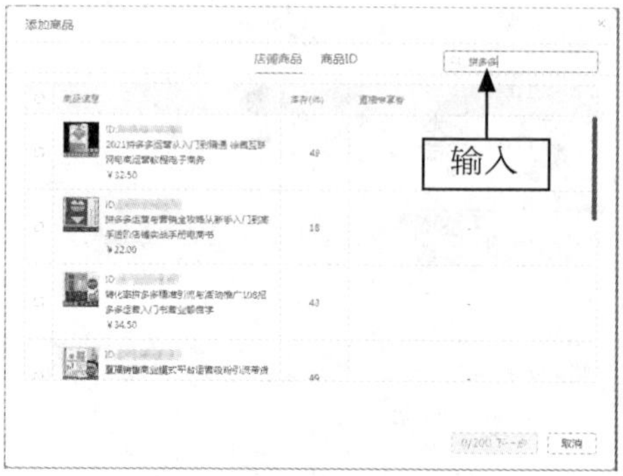

图2-65　输入相应的关键词

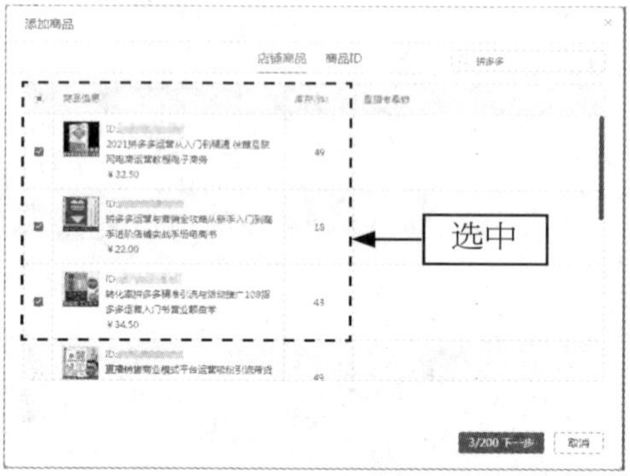

图2-66　选中要进行直播带货的商品

（9）单击“下一步”按钮，弹出“已选商品”对话框，在“商品信息”栏中可以查看商品是否符合要求，单击“删除”按钮，将不符合要求的商品进行删除，如图2-67所示。

（10）当全部商品符合系统要求，单击“确认添加”按钮，如图2-68所示。

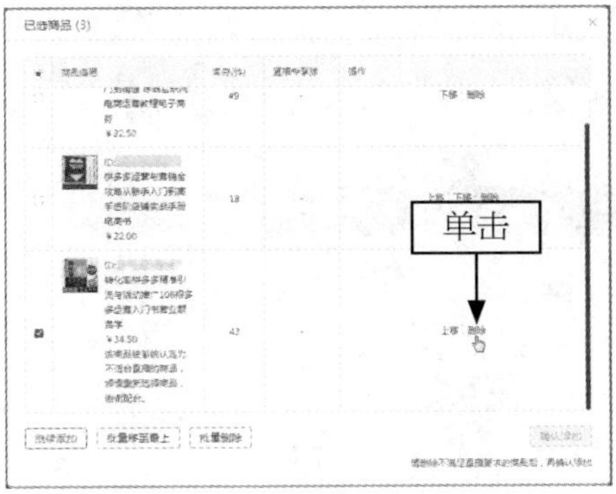

图2–67　单击“删除”按钮

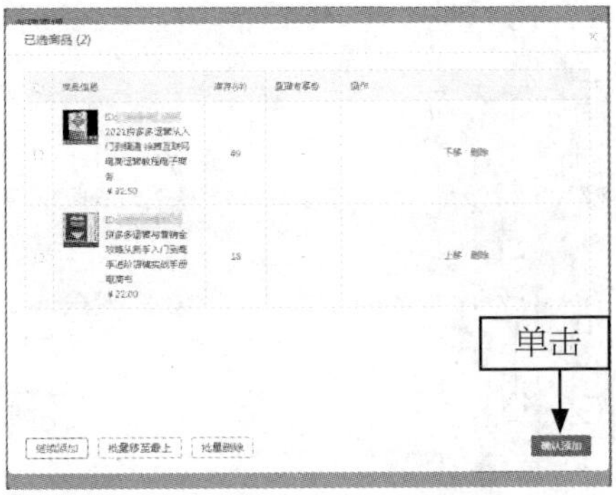

图2–68　单击“确认添加”按钮

◆ **专家提醒：**

随着拼多多商家的不断增多，平台流量也在不断被打散，此时如果商家没有差异化的产品，则会面临严重的同质化竞争，没有优势的产品很难吸引用户。

如果商家打算通过直播吸引更细分的人群，产品特点就很重要，产品的差异化就是吸引细分观众进入直播间的卖点。商家可以先分析同类产品，总结这些产品的特点，然后在自己的产品上打造差异化的特点功能；商家也可以观察竞品评价中涉及的优缺点，然后在自己的产品上弥补其中的缺点。

（11）❶即可成功添加直播商品；❷单击“广告素材”中的“上传照片”按钮，如图2–69所示。

（12）弹出“创建直播”对话框，选择相应的素材图片并确认，即可添加广告素材，如图2–70所示。

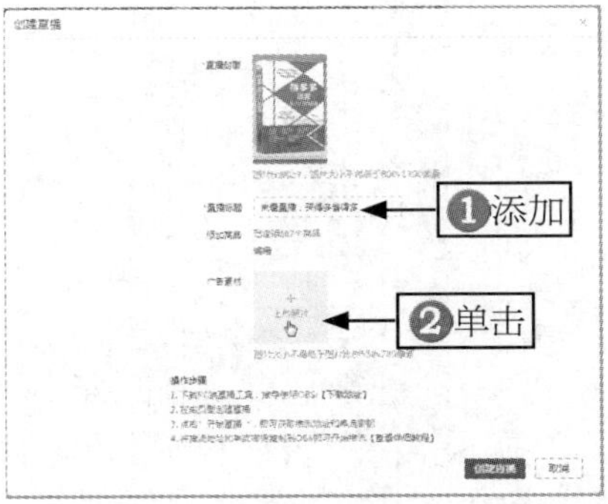

图2–69　单击“上传照片”按钮

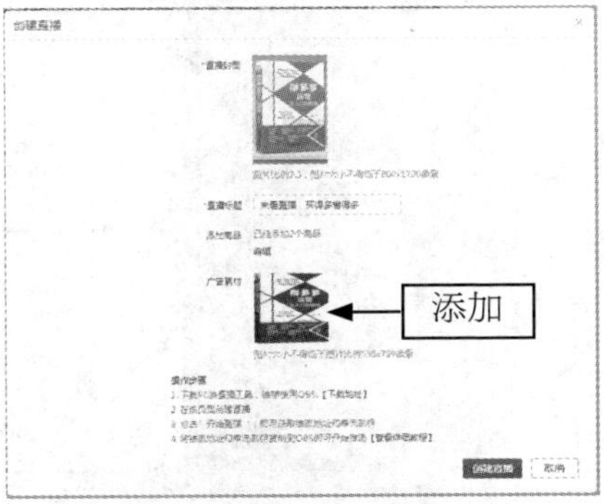

图2–70　添加广告素材

◆ **专家提醒：**

如果商家还未下载 OBS 直播推流工具，需要先在“创建直播”对话框下方的“操作步骤”选项区中单击“下载地址”按钮，下载并安装 OBS 推流工具。

（13）单击“创建直播”按钮，即可创建直播间，在“多多直播”主界面中选择相应的直播内容，在“操作”栏中单击“准备直播”按钮，如图2-71所示。

图2-71　单击“准备直播”按钮

（14）进入直播中控台，分别复制服务器地址及串流密钥地址，如图2-72所示。

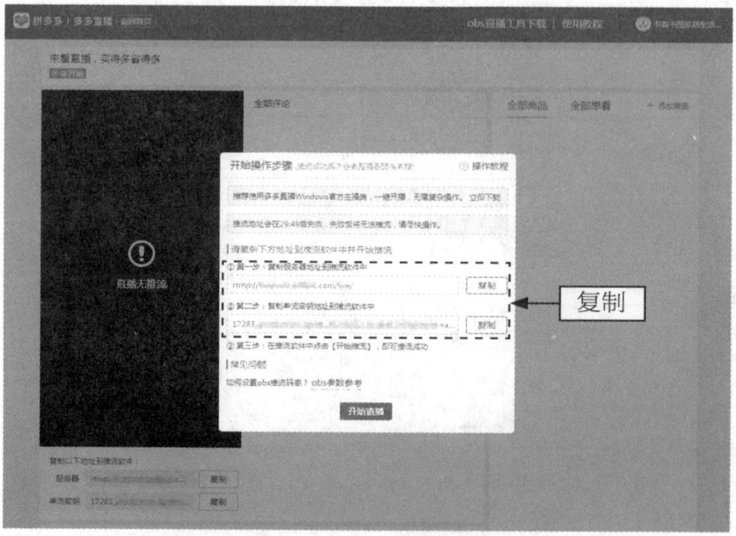

图2-72　复制服务器地址及串流密钥地址

（15）打开OBS直播工具，调出“设置”对话框，切换至“推流”选项卡，❶在

“服务”列表框中选择“自定义”选项；❷并粘贴复制的服务器地址及串流密钥地址，如图2–73所示。

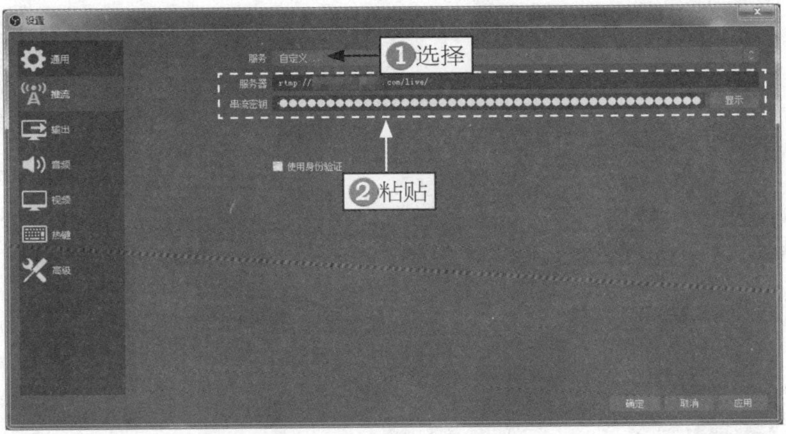

图2–73　设置“推流”选项

（16）单击“确定”按钮，保存设置。在“控件”选项区中单击“开始推流”按钮，如图2–74所示。

（17）在直播中控台的直播预览窗口中即可看到视频流内容，单击“开始直播”按钮，即可开始直播，如图2–75所示。直播完成后，单击“结束直播”按钮即可。

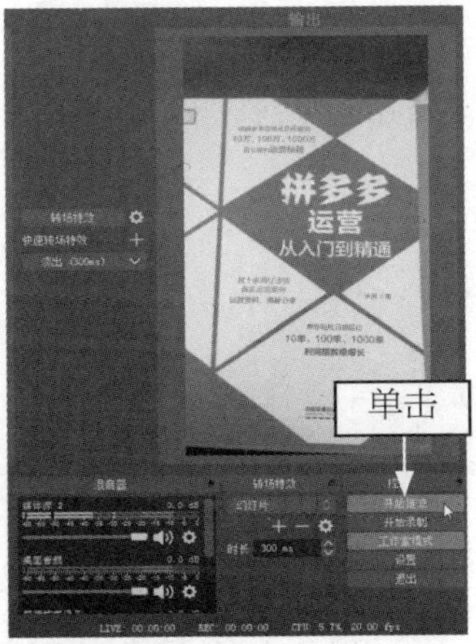

图 2–74　单击“开始推流”按钮

图 2–75　开始直播

（18）开启直播后，观众即可进入直播间观看直播，以及选择直播商品并直接拼单，如图2-76所示。

图2-76　预览直播间界面

第3章

手机直播：随时随地可一键开播

手机直播的主要优势是可以随时随地开播，而且操作步骤非常简便，但手机直播的可拓展性较差，清晰度较低，同时也不能实现特效贴片装潢效果，比较适合新开播的商家或不熟悉电脑操作的商家。

3.1 手机直播：多种方法快速创建直播间

手机直播是拼多多重磅推出的直播工具，通过直播带货的形式为用户营造更加真实的“逛街购物”体验，同时配合直播粉丝券和直播专属券等活动来大幅提升店铺的转化率。使用手机开播的方法比较多，如创建直播、一键开播以及代播等，不管商家会不会直播，或者有没有直播团队，都可以通过手机快速开播。

3.1.1 创建直播：设置封面标题和商品

手机开播和电脑开播的基本流程差不多，但手机不受空间和时间的限制，商家可以在任何有手机网络的地方创建直播间。

下面介绍在手机端创建直播间的操作方法：

（1）打开拼多多商家版App，进入“店铺”界面，在“常用应用”选项区中点击“多多直播”按钮，如图3-1所示。

（2）进入“多多直播”界面，点击“创建直播”按钮，如图3-2所示。

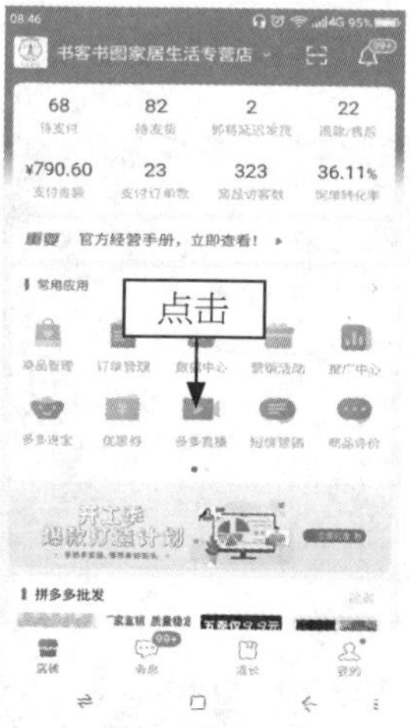

图3-1　点击“多多直播”按钮

图3-2　点击“创建直播”按钮

（3）弹出“使用须知”对话框，可以查看《直播规范须知》内容，点击“服务协议”链接，如图3-3所示。

（4）进入“拼多多”界面，可以查看《拼多多商家直播服务协议》的具体内容，建议商家仔细阅读，如图3-4所示。

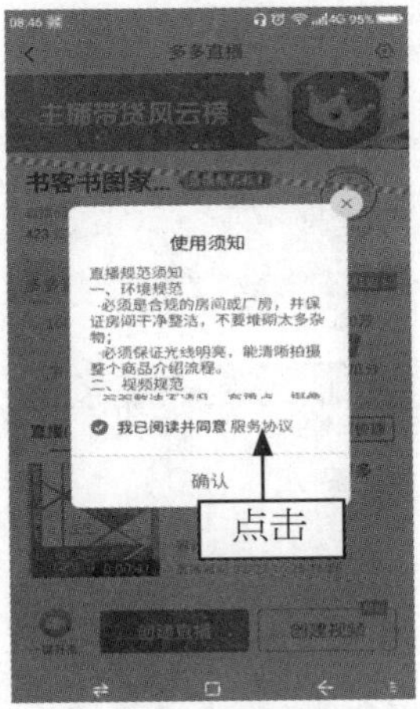

图3-3　点击“服务协议”链接

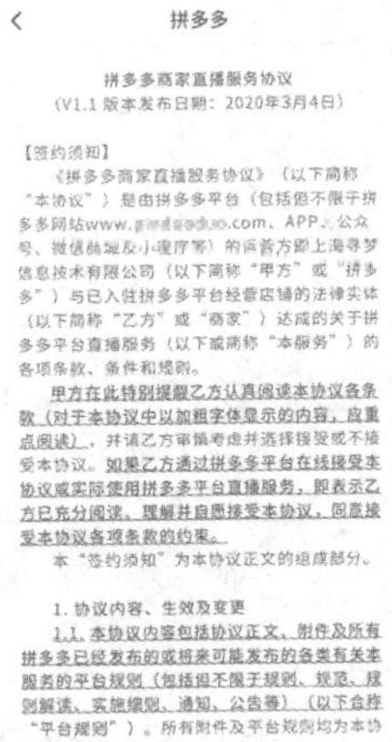

拼多多

拼多多商家直播服务协议
（V1.1 版本发布日期：2020年3月4日）

【签约须知】
《拼多多商家直播服务协议》（以下简称“本协议”）是由拼多多平台（包括但不限于拼多多网站www.[illegible].com、APP、公众号、微信ербы域及小程序等）的运营方即上海寻梦信息技术有限公司（以下简称“甲方”或“拼多多”）与已入驻拼多多平台经营店铺的法律实体（以下简称“乙方”或“商家”）达成的关于拼多多平台直播服务（以下或简称“本服务”）的各项条款、条件和规则。

甲方在此特别提醒乙方认真阅读本协议各条款（对于本协议中以加粗字体显示的内容，应重点阅读），并请乙方审慎考虑并选择接受或不接受本协议。如果乙方通过拼多多平台在线接受本协议或实际使用拼多多平台直播服务，即表示乙方已充分阅读、理解并自愿接受本协议，同意接受本协议各项条款的约束。

本“签约须知”为本协议正文的组成部分。

1. 协议内容、生效及变更

1.1. 本协议内容包括协议正文、附件及所有拼多多已经发布的或将来可能发布的各类有关本服务的平台规则（包括但不限于规则、规范、规则解读、实施细则、通知、公告等）（以下合称“平台规则”）。所有附件及平台规则均为本协

图3-4　查看服务协议

（5）返回“使用须知”对话框，点击“确认”按钮，进入“创建直播”界面，点击“直播封面”下方的图片区域，如图3-5所示。

（6）在手机相册中选择一张封面图片，并进行适当裁剪，如图3-6所示。

图3-5　点击封面图片区域

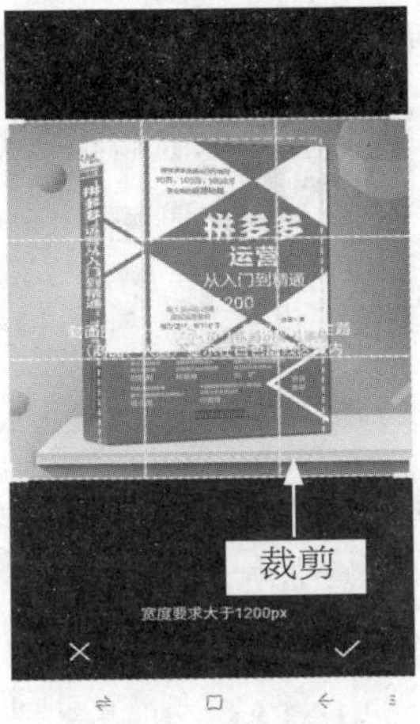

图3-6　适当裁剪图片

（7）点击按钮，即可添加直播封面图片，如图3-7所示。商家还可以再次点击“选择封面”按钮更换直播封面。

（8）在“直播标题”文本框中输入相应的标题文案，如图3-8所示。

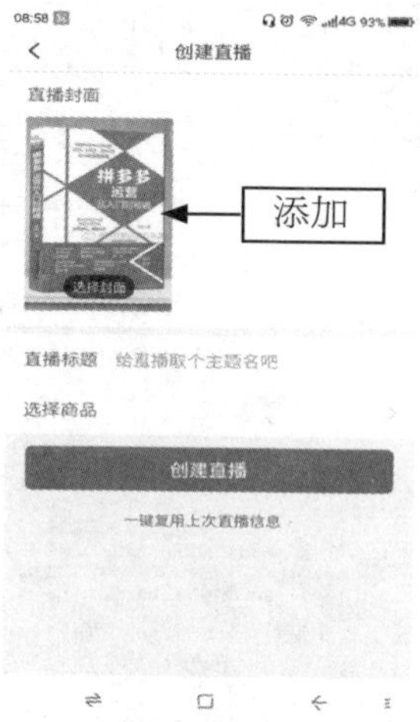

图3-7　添加直播封面图片

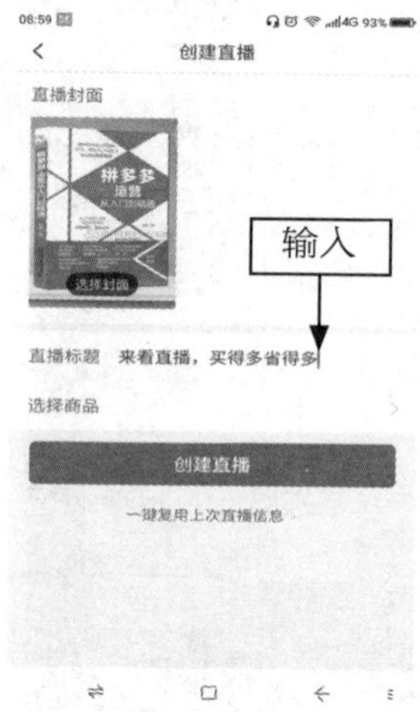

图3-8　输入直播标题

（9）点击“选择商品”按钮，进入“添加商品”界面，商家可以直接选择店铺内的商品，也可以通过输入商品ID的方式来添加商品。例如，在“店铺商品”选项卡中，❶在搜索框中输入相应的商品关键词；❷并选中相应商品，如图3-9所示。

（10）点击“确认添加”按钮，如果商家所选的商品有异常，系统会弹出提示信息并自动取消勾选，如图3-10所示。

（11）点击“确认添加”按钮，进入“已选商品”界面，可以对商品进行添加、排序和删除等操作，如图3-11所示。

（12）点击“确定”按钮，即可添加商品，如图3-12所示。商家也可以点击“一键复用上次直播信息”按钮，直接调用上次的直播设置，实现快速开播。

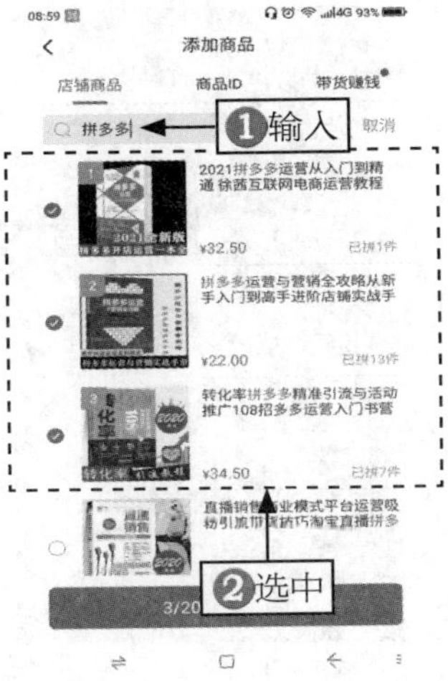

图3-9　选中相应的商品

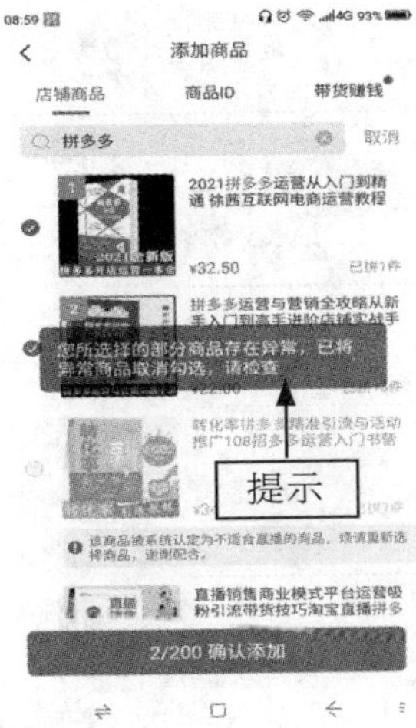

图3-10　提示有异常商品

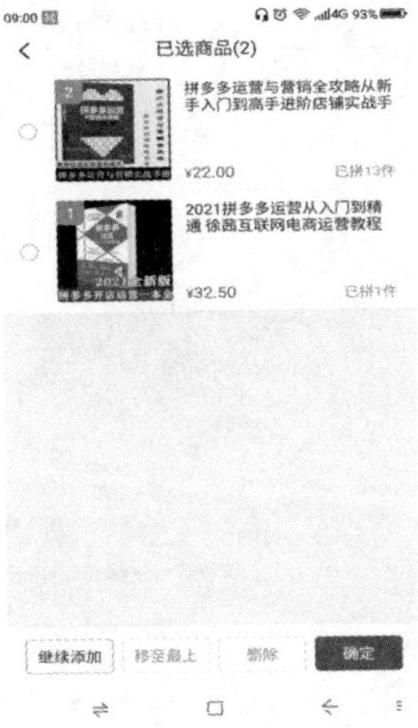

图3-11　确认已选商品

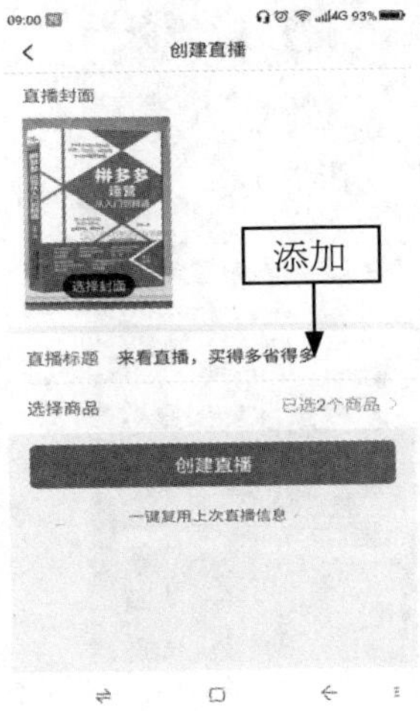

图3-12　添加商品

（13）点击“创建直播”按钮，进入“直播准备”界面，点击“开始直播”按钮，如图3-13所示。

（14）即可开始进行直播，如图3-14所示。

（15）点击“结束直播”按钮⏻，即可结束手机直播，如图3-15所示。

（16）点击“查看直播详情”按钮，进入“直播详情”界面，可以查看本场直播的详细数据情况，如图3-16所示。

图3-13　点击“开始直播”按钮

图3-14　开始进行直播

图3-15　结束手机直播

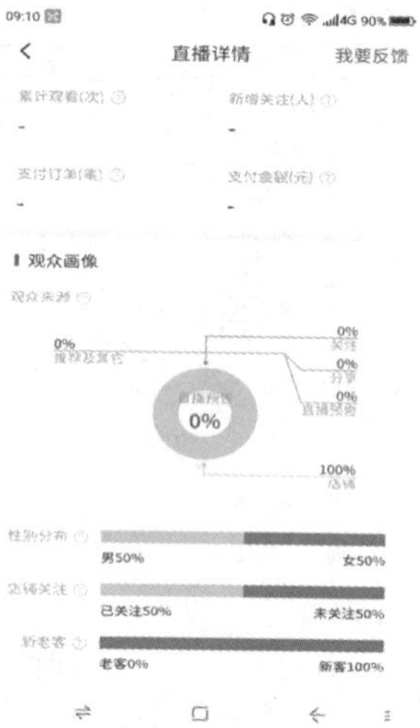

图3-16　查看直播详情

3.1.2　一键开播：不需要进行任何设置

手机一键开播的方法非常简单，商家不需要做任何设置即可创建直播间，下面介绍具体的操作方法。

（1）进入“多多直播”界面，点击“一键开播”按钮，如图3-17所示。

（2）即可创建直播间并进入直播界面，如图3-18所示。

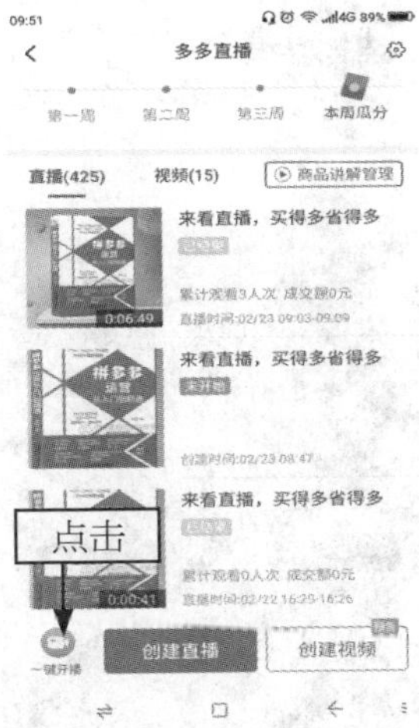

图3-17　点击“一键开播”按钮

图3-18　创建直播间

（3）当有观众进入直播间时，屏幕左下角会出现相应的提示框，显示观众的昵称和标签，如图3-19所示。

（4）如果观众的评论内容不恰当，商家可以点击观众头像，在弹出的窗口中点击“禁言”按钮，如图3-20所示。

图3-19　提示观众进入直播间

图3-20　点击“禁言”按钮

（5）弹出提示信息框，点击“确认”按钮即可禁言，则该用户将无法在直播间发表评论，如图3-21所示。

（6）在直播界面点击“设置”按钮，在“设置”菜单中点击“用户管理”按钮，如图3-22所示。

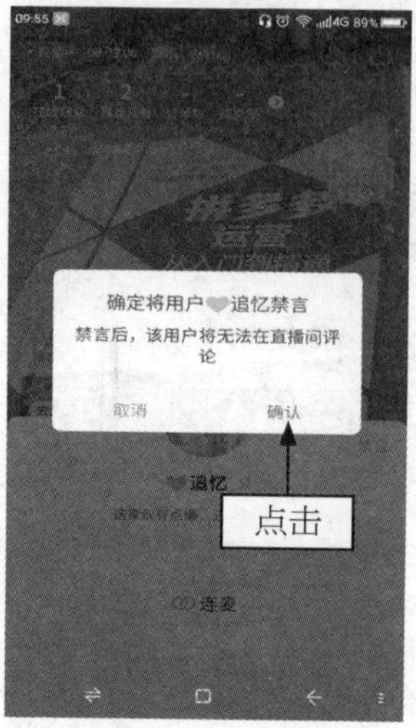

图3-21　点击“确认”按钮

图3-22　点击“用户管理”按钮

（7）即可查看禁言名单，如图3-23所示。

（8）在直播界面点击数据栏中的按钮，打开“直播数据”窗口，查看“成交总结”“互动总结”“趋势分析”等实时数据情况，如图3-24所示。

图3-23　查看禁言名单

图3-24　打开“直播数据”窗口

（9）向下滑动屏幕，还可以查看“用户来源”的实时数据，如图3-25所示。

（10）切换至“在线观众”选项卡，可以查看“观众分类”和“观众列表”详情，包括观众的昵称、标签以及支付金额等信息，如图3-26所示。

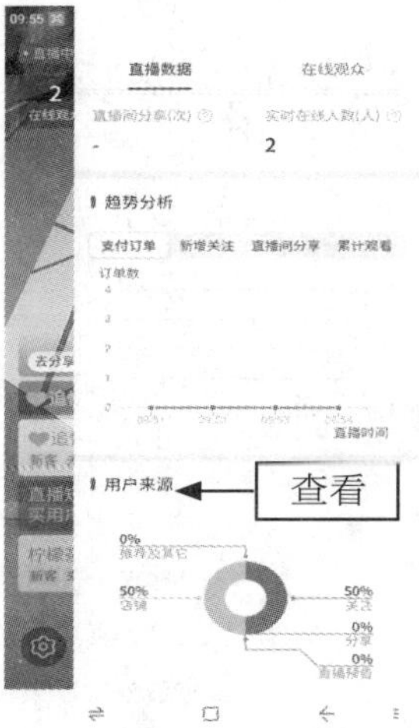

图3-25　查看“用户来源”的实时数据

图3-26　“在线观众”选项卡

3.1.3　邀请他人代播：无主播也可开播

代播功能是指商家邀请达人或其他店铺主播来直播本店的商品，并且在店铺详情页面或商品详情页面中展示达人或其他店铺主播的直播间，如图3-27所示。

图3-27　在店铺详情页面（左）或商品详情页面（右）中展示直播间

下面介绍邀请他人代播的具体操作方法。

（1）进入“多多直播”界面，点击右上角的“设置”按钮，进入“设置”界面，点击“邀请他人代播”按钮，如图3-28所示。

（2）进入“代播管理”界面，点击“代播广场”按钮，如图3-29所示。

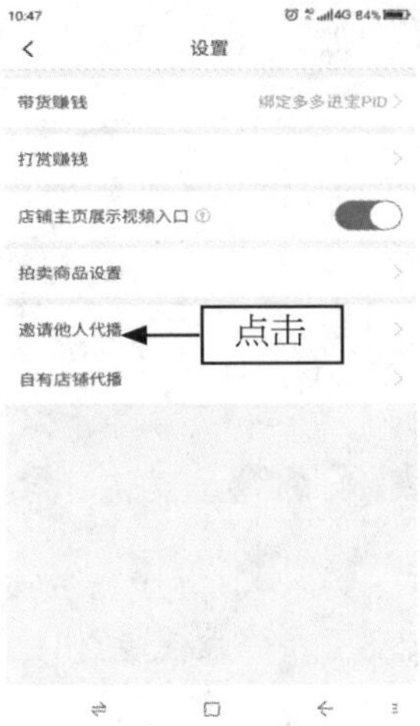

图3-28　点击“邀请他人代播”按钮

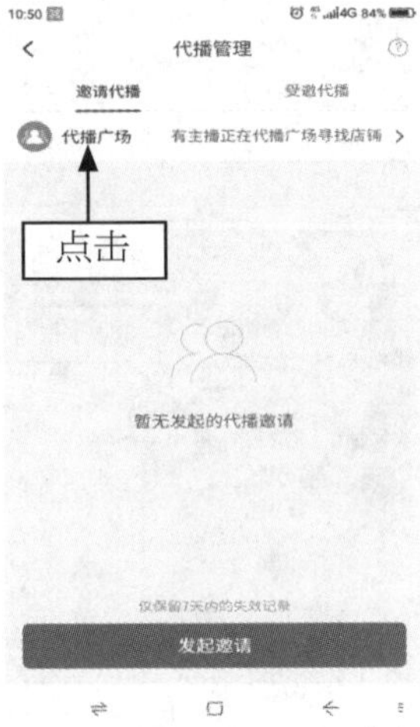

图3-29　点击“代播广场”按钮

（3）进入“多多直播官方代播广场”界面，❶展开“筛选”菜单；❷在“擅长类目”中选择相应的商品类目；❸点击“确认”按钮，如图3-30所示。

（4）即可筛选出相应类目的主播，如图3-31所示。

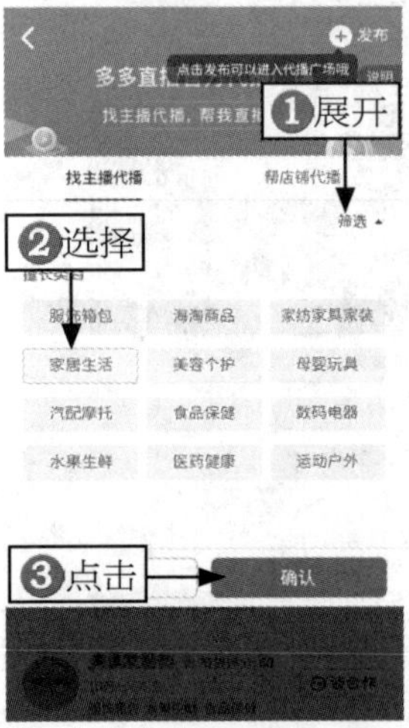

图3-30　点击“确认”按钮

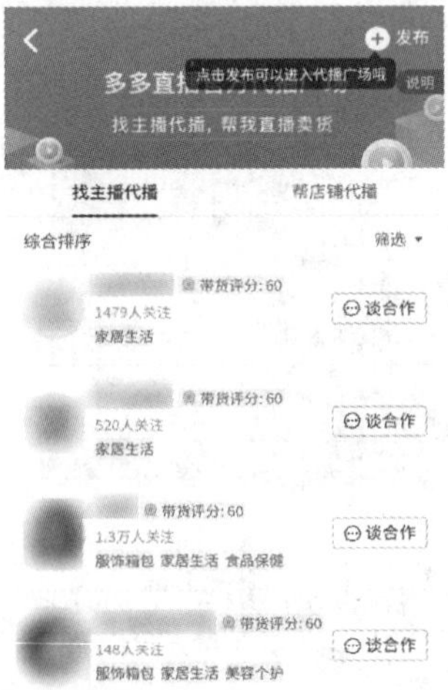

图3-31　筛选出相应类目的主播

(5)选择合适的主播或店铺后，点击“谈合作”按钮，即可跟主播或店铺进行合作沟通，如图3-32所示。

(6)另外，商家也可以在代播广场中点击右上角的“发布”按钮；在弹出的提示信息框中点击“发布”按钮，发布找主播代播的信息，让代播主播主动找到你，如图3-33所示。

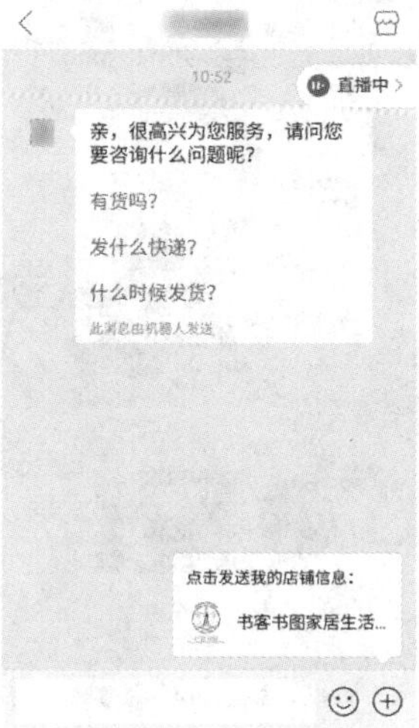

图3-32　跟主播私聊

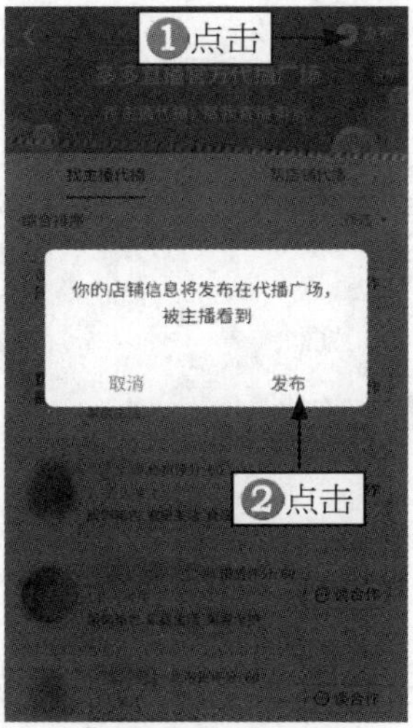

图3-33　发布找主播代播的信息

邀请代播成功后，即可在店铺主页或相应的商品详情页中显示直播悬浮窗。对于拼多多商家来说，代播的好处如图3-34所示。

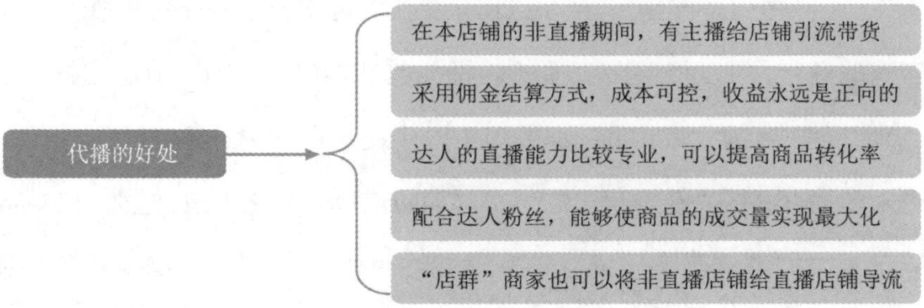

图3-34　代播的好处

3.1.4　受邀店铺代播：主播轻松找店铺

对于主播或者拥有直播能力的商家来说，也可以创建直播间，并接受其他店铺的代播邀请，为他们进行直播带货。

进入“代播管理”界面，切换至“受邀代播”选项卡，查看收到的代播邀请，如图3-35所示。另外，主播也可以在代播广场的“帮店铺代播”选项卡中点击“谈合作”按钮主动联系店铺，聊代播合作，如图3-36所示。

图3-35 “受邀代播”选项卡

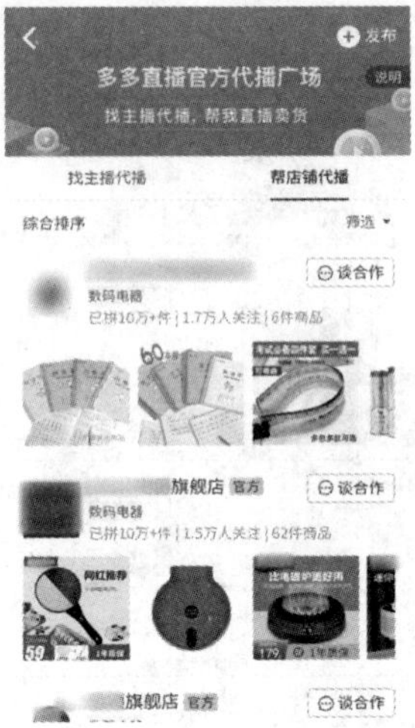

图3-36 “帮店铺代播”选项卡

3.1.5 自有店铺代播：集中更多的流量

多多直播中的“自有店铺代播”功能，可以让商家或主播一人同时为多个店铺直播带货，获得更多流量。“自有店铺代播”功能主要适用于在拼多多平台上有多个店铺的商家，可以将正在直播的店铺与其他店铺绑定在一起。这样，这些绑定的店铺也会在店铺主页和商品详情页中同步显示直播间悬浮窗口。

进入多多直播的“设置”界面，点击“自有店铺代播”按钮，进入“自有店铺代播”界面，点击“绑定我的店铺”按钮，如图3-37所示。进入“绑定我的店铺”界面，❶输入店铺ID；❷并点击“发送店铺邀请”按钮，如图3-38所示。

然后登录其他店铺，进入“自有店铺代播”界面，点击“查看绑定邀请”按钮，确认通过并授权即可。使用“自有店铺代播”功能的好处如图3-39所示。

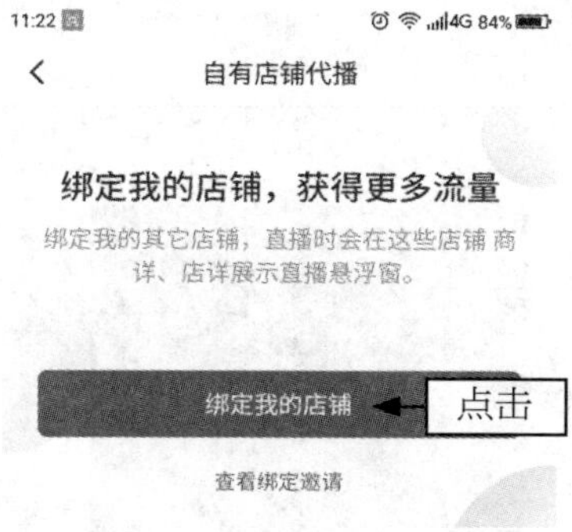

图3-37　点击“绑定我的店铺”按钮

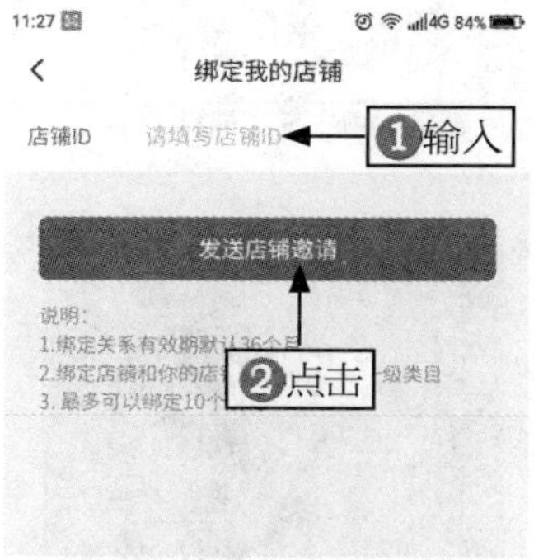

图3-38　点击“发送店铺邀请”按钮

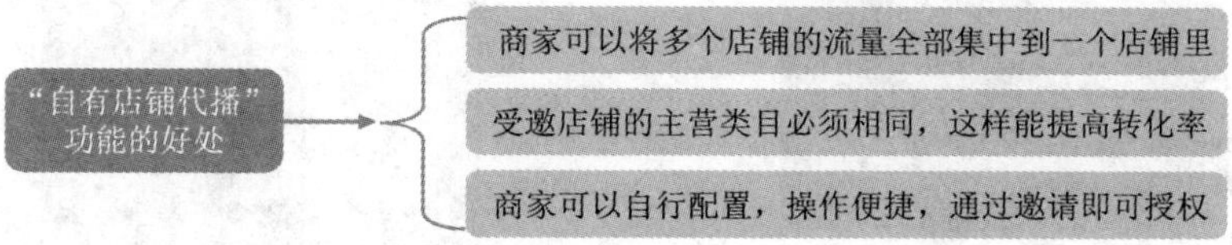

图3-39　“自有店铺代播”功能的好处

例如，某商家经营了一家服装旗舰店，店铺拥有30万粉丝，该商家同时还有6家粉丝量为1万~6万的店铺。商家通常都只在旗舰店开直播，没有精力给其他店铺做直播。商家通过使用“自有店铺代播”功能，将自己的其他6家店铺都与旗舰店绑定在一起，从而让所有流量实现集中转化，使得访客量和成交量可以得到大幅提升。

3.2　基本设置：多多直播间的基本设置功能

当商家开启手机直播后，还需要熟悉使用手机直播间的各种功能，这样才能对手机直播更加得心应手。本节主要介绍手机直播的基本设置功能，包括切换摄像头、镜像、美颜、麦克风以及红盒子等功能的设置技巧。

3.2.1　基本设置：开启或关闭相关功能

通常情况下，开启直播后，默认为前置摄像头。在直播界面中点击“设置”按钮，在“设置”菜单中点击“切换摄像头”按钮，如图3-40所示。即可切换为后置摄像头录制，如图3-41所示。

图3-40　点击“切换摄像头”按钮

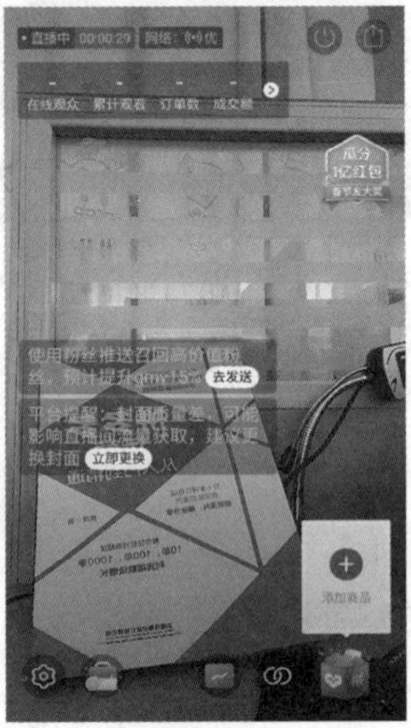

图3-41　切换为后置摄像头录制

直播间的镜像功能默认为开启状态，因为它可以让人物变得更加好看。商家也可以在设置菜单中点击“关闭镜像”按钮，将该功能关闭，按钮将变为状态，如图3-42所示。关闭镜像功能后，再次点击即可开启该功能。

同样的，如果商家在直播时暂时不需要用到麦克风，也可以将麦克风关闭，只需点击设置菜单中的“关闭麦克风”按钮即可。关闭麦克风后，按钮将变为状态，同时按钮名称变成“开启麦克风”，再次点击即可开启该功能，如图3-43所示。

直播间的用户私聊功能默认为关闭状态，能够避免主播被其他用户打扰。当然，如果主播需要与观众进行交流，则在设置菜单中点击“开启用户私聊”按钮，打开该功能，按钮将变为状态，同时按钮名称变成“关闭用户私聊”，如图3-44所示。

在直播间“设置”菜单中点击“观众提醒”按钮，弹出“观众提醒”对话框，设置观众进入直播间和发表评论的提醒方式，如图3-45所示。

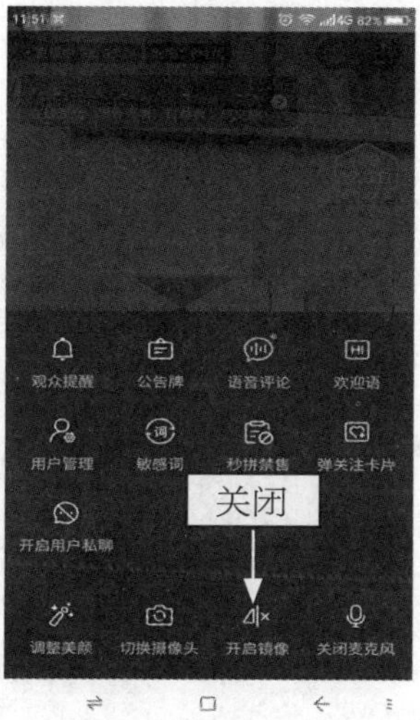

图3-42　关闭镜像

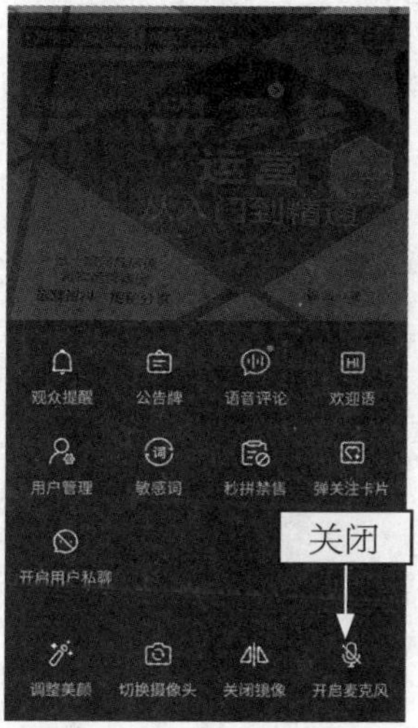

图3-43　关闭/开启麦克风

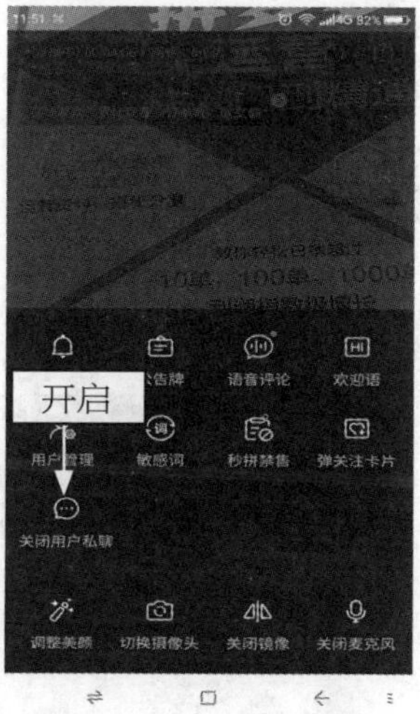

图3-44　开启用户私聊功能

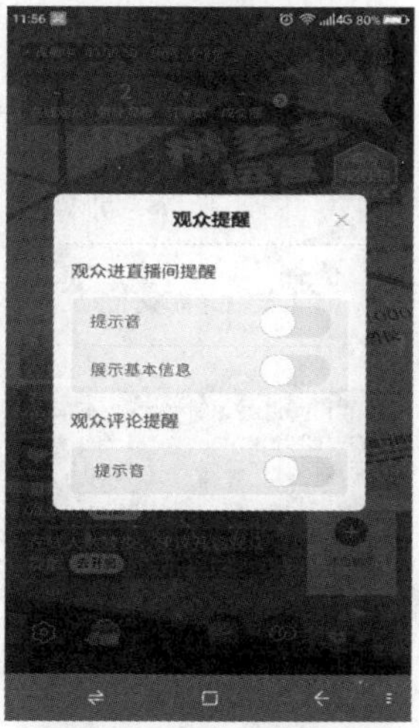

图3-45　“观众提醒”对话框

商家可以开启“提示音”和“展示基本信息”等提醒方式，如图3-46所示。这样，当观众进入直播间时，系统会执行相关的提醒事项，如图3-47所示。

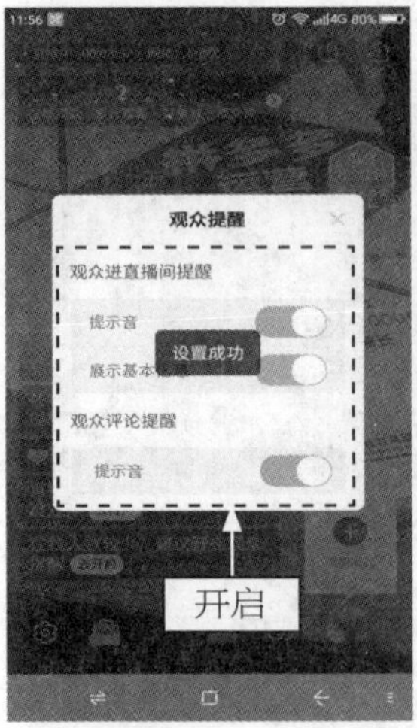

图3-46　开启观众提醒功能

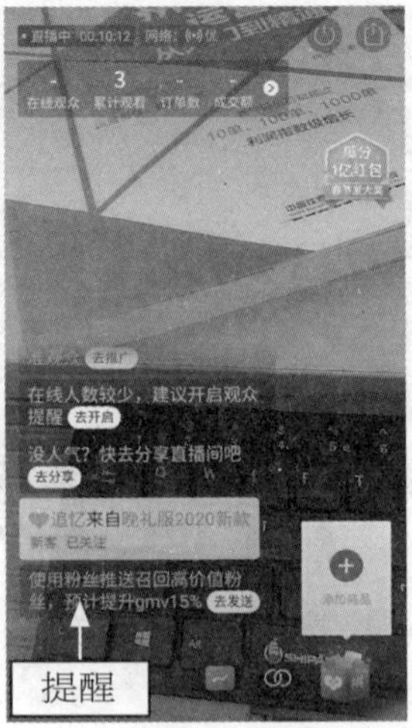

图3-47　观众进入直播间提醒

3.2.2　贴心服务：设置欢迎语与语音评论

在直播间设置菜单中点击“欢迎语”按钮，打开“设置欢迎语”窗口，下方会列出相应的欢迎语示例，如图3–48所示。点击“查看示例”按钮，弹出“欢迎语示例”对话框，可以查看设置后的效果，如图3–49所示。

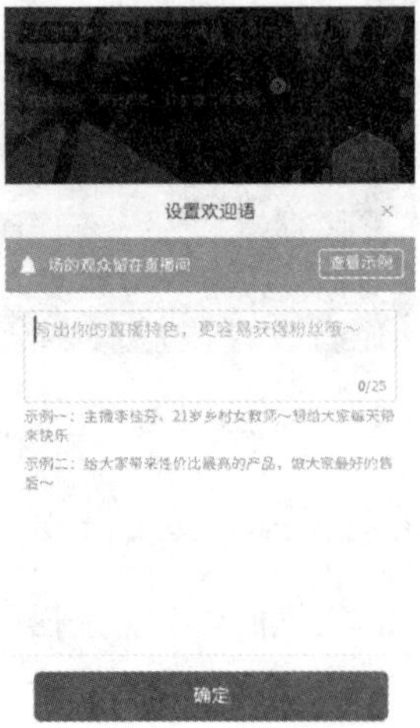

图3–48　“设置欢迎语”窗口

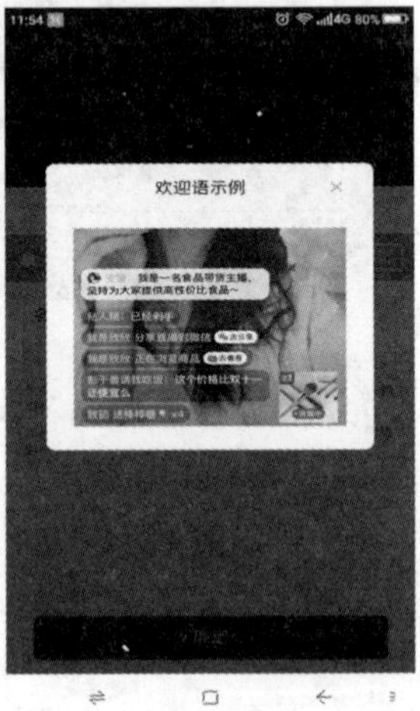

图3–49　“欢迎语示例”对话框

商家可以在“设置欢迎语”窗口中输入更具特色的欢迎语内容，字数不超过

25个，如图3-50所示。点击“确定”按钮，即可成功设置欢迎语，如图3-51所示。

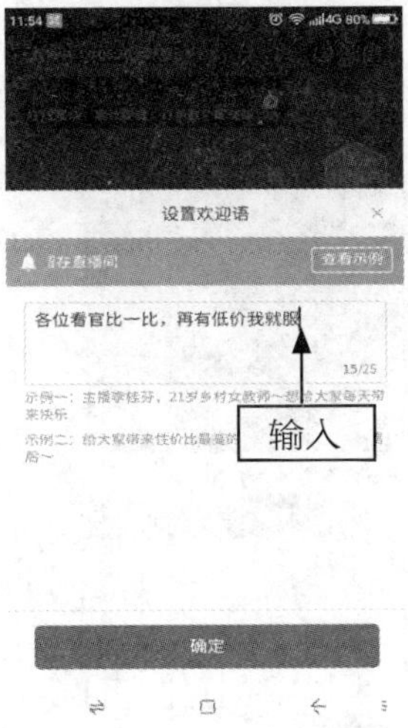

图3-50　输入欢迎语内容

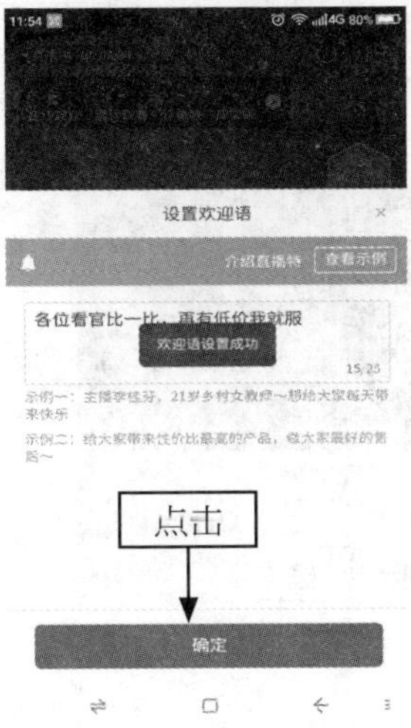

图3-51　成功设置欢迎语

在直播间设置菜单中点击“语音评论”按钮，弹出“语音评论设置”菜单，可以开启或关闭“语音评论”功能，如图3-52所示。开启“语音评论”功能后，观众可以在直播间按住🎙按钮，发表语音评论内容，如图3-53所示。

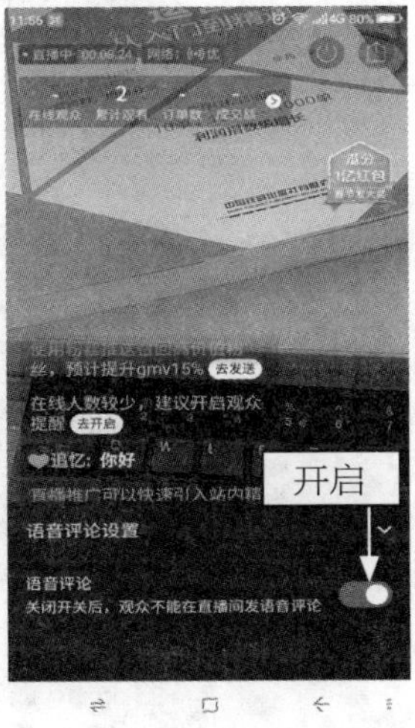

图3-52　开启“语音评论”功能

图3-53　发表语音评论内容

在直播间设置菜单中点击“敏感词”按钮，弹出“添加敏感词”窗口，商家可以在其中输入相应的词语，如图3-54所示。❶点击“添加”按钮；❷即可将该词语添加为敏感词，如图3-55所示。当观众发表包含该敏感词的评论内容时，将不会在直播间的评论列表中显示出来。

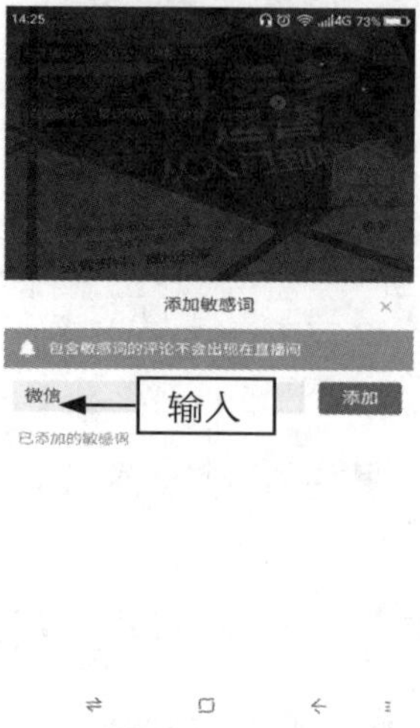

图3-54　输入相应的词语

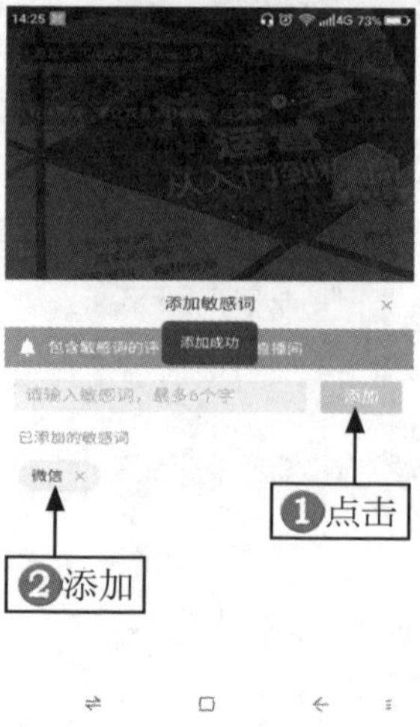

图3-55　添加敏感词

3.2.3　调整美颜：让主播获得更多关注

多多直播也有美颜功能，可以让主播的颜值变得更高，从而让直播间更加有吸引力，得到更多粉丝的关注。在直播间设置菜单中点击“调整美颜”按钮，调出相应菜单，默认为没有美颜效果的“原图”状态，如图3-56所示。

图3-56　“原图”状态

点击“美白”按钮，可以让主播的皮肤显得更加白皙，如图3-57所示。点击“磨皮”按钮，可以消除主播皮肤部分的斑点、瑕疵和杂色等，让皮肤看上去更加光滑、细腻，如图3-58所示。

另外，在使用“美白”或“磨皮”功能时，主播还可以拖动“美颜”菜单上方的白色圆形滑块，调整美颜效果的应用程度。

图3-57　点击“美白”按钮

图3-58　点击“磨皮”按钮

3.2.4　红盒子：直播间的商品清单汇总

小红盒是指直播间右下角的一个商品盒图标，其中包括直播间的全部商品列表，观众可点击小红盒图标查看本场直播的商品清单，如图3-59所示。

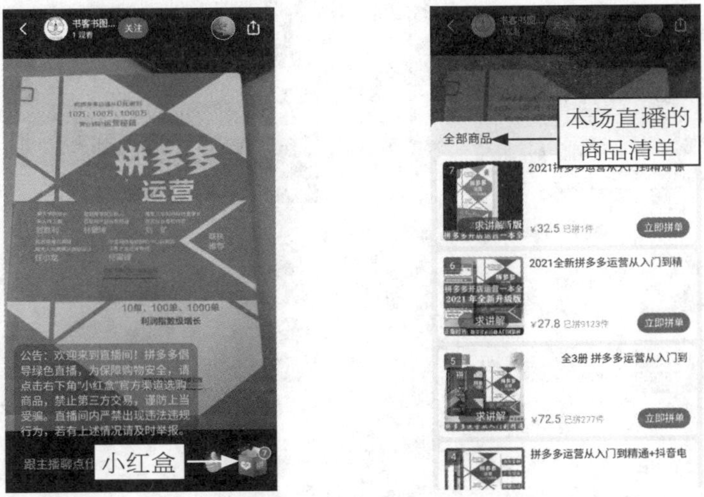

图3-59　点击小红盒图标查看本场直播的商品清单

当直播间没有商品或者需要上架新商品时，商家可以点击小红盒图标添加商品，如图3-60所示。打开“全部商品”窗口，点击“添加商品”按钮，如图3-61所示。

图3-60　点击小红盒图标

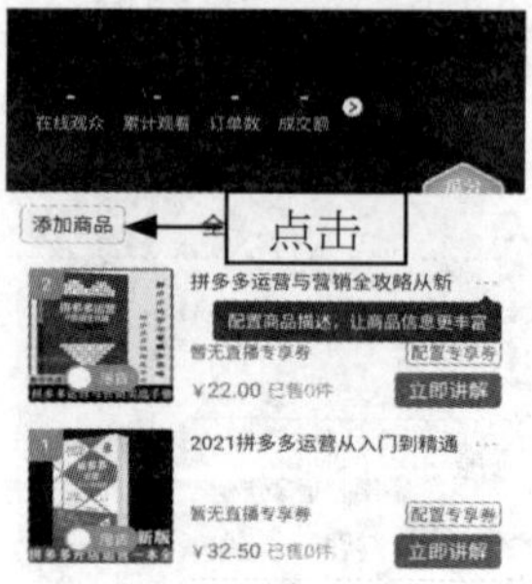

图3-61　点击“添加商品”按钮

弹出“添加商品”窗口，商家可以通过选择店铺商品或输入商品ID的方式选择商品，如图3-62所示。在“全部商品”窗口的商品列表中，点击相应商品右上角的 ··· 按钮，在弹出的菜单中选择“配置商品描述”和“设置防超卖”选项，如图3-63所示。

图3-62　“添加商品”窗口

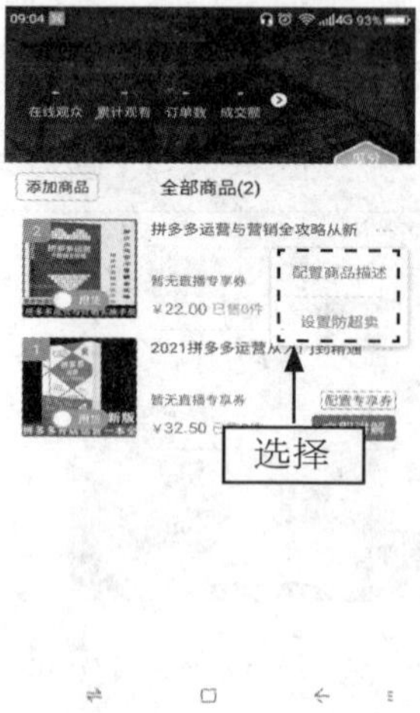

图3-63　直播商品设置菜单

选择“配置商品描述”选项，弹出“配置商品描述”窗口，在“商品描述”文本框中输入相应商品的描述内容，如图3-64所示。选择“设置防超卖”选项，弹出“设置防超卖”窗口，可以开启或关闭“防超卖”功能，如图3-65所示。

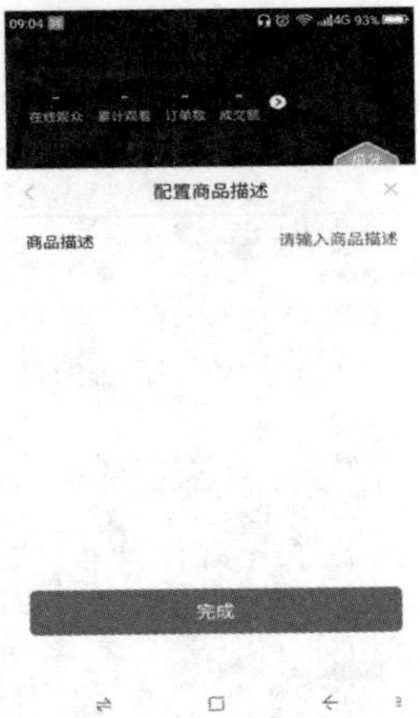

图3-64　“配置商品描述”窗口

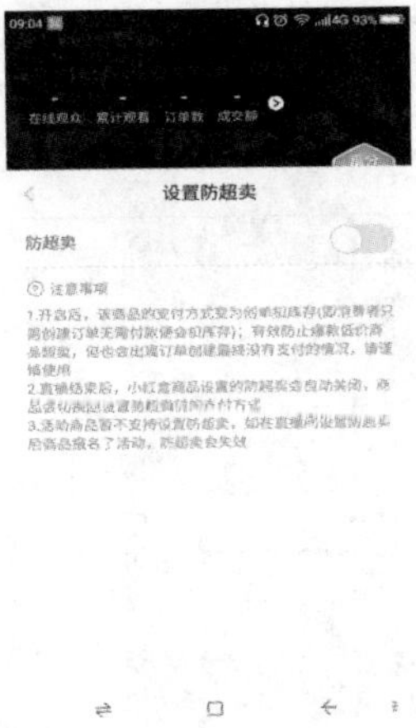

图3-65　“设置防超卖”窗口

3.2.5　求讲解功能：讲解观众想看的商品

观众可以在直播间的小红盒商品列表中，点击“求讲解”按钮，告诉主播自己想看的商品直播，如图3-66所示。

图3-66　点击“求讲解”按钮给主播发送想看的商品

此时，主播端弹出“××想看×号商品讲解”的提示信息，主播可点击“讲解”按钮，为观众讲解该商品，如图3-67所示。执行操作后，直播界面会出现倒计时提示，同时观众将收到讲解提示，如图3-68所示。

图3-67　点击“讲解”按钮

图3-68　倒计时提示

倒计时结束后，主播可以根据屏幕提示将商品置于方框内，并开始讲解商品，如图3-69所示。讲解结束后，❶点击小红盒上方的“结束讲解”按钮；❷弹出信息提示框；❸点击“确定”按钮，即可结束讲解，如图3-70所示。

图3-69　开始讲解商品

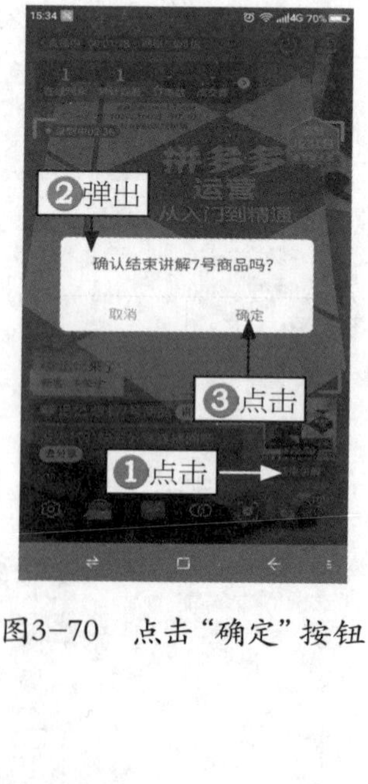

图3-70　点击“确定”按钮

另外，主播也可以根据直播脚本的流程，在规定时间内选择小红盒商品列表中的相应商品，点击“立即讲解”按钮，如图3-71所示。弹出信息提示框，点击“确定”按钮，即可添加讲解商品到小红盒中，同时直播间内的观众将会收到该商品开始讲解的通知，如图3-72所示。

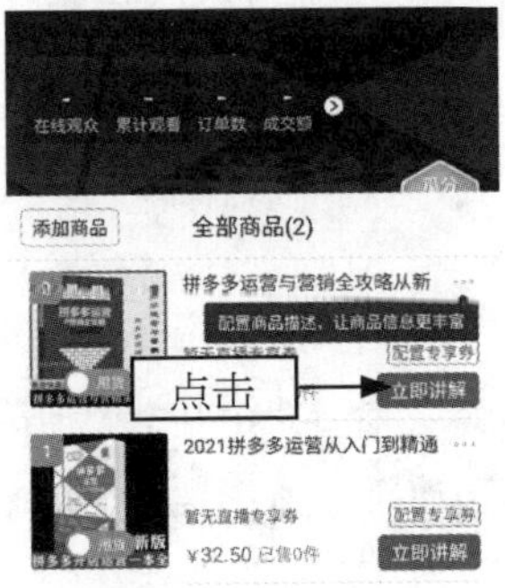

图3-71　点击“立即讲解”按钮

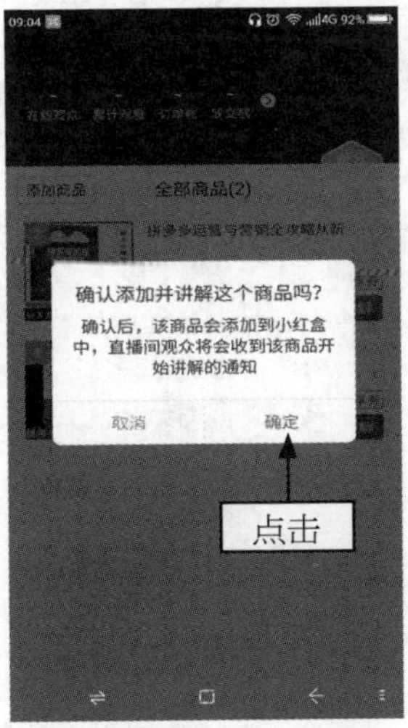

图3-72　点击“确定”按钮

◆ **专家提醒：**

在小红盒商品列表中，点击商品主图上的“甩卖”按钮，弹出“甩卖活动设置”对话框，如图 3-73 所示。商家可以设置“甩卖价格”“甩卖数量”和“甩卖时间”等选项，点击“立即开始”按钮，即可开启甩卖活动。

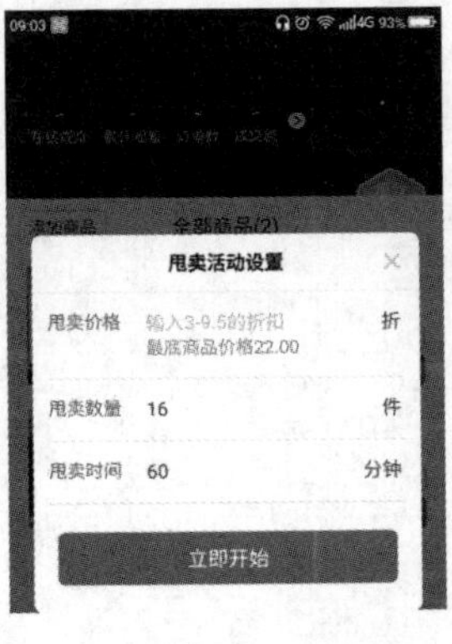

图3-73　“甩卖活动设置”对话框

3.3 特殊功能：掌握手机直播间的高级玩法

随着手机直播将开播门槛拉低，多多直播成为普通商家的大机遇，商家一定要紧随平台的发展，打好基础，做好直播带货。本节将介绍一些手机直播间的高级玩法，只要商家使用正确的方法坚持做直播，一定能为店铺销量带来质的飞跃。

3.3.1 讲解视频：让买家更了解商品

主播在直播间对商品进行讲解时，系统同时会录制相关的商品讲解视频，当主播点击“结束讲解”按钮后，直播界面左下角会出现“讲解视频已录制，审核通过后将展示在商详页”的提示信息，如图3-74所示。

如果商家不想在“商品详情”页面中展示该商品的讲解视频，也可以点击“点击取消”按钮将其取消，如图3-75所示。

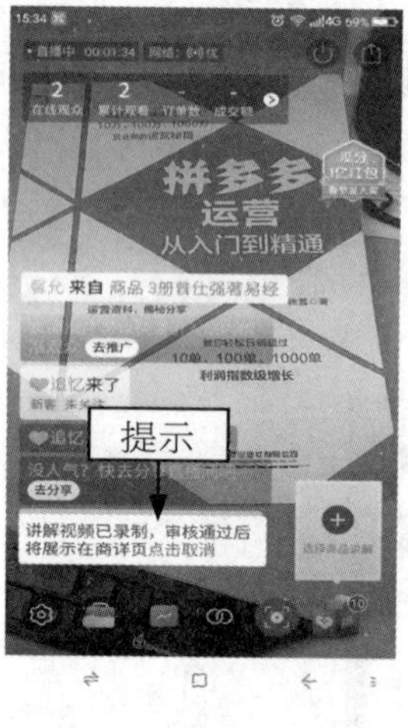

图3-74　出现提示信息

图3-75　取消展示讲解视频

商家如果要查看或管理在直播间录制的商品讲解视频，在“多多直播”主界面中点击“商品讲解管理”按钮，如图3-76所示。进入“店铺讲解管理”界面，上方为“昨日店铺讲解总结”数据，下方为“本店铺商品”和“其他商品”列表，如图3-77所示。

图3-76　点击“商品讲解管理”按钮

图3-77　“店铺讲解管理”界面

点击“查看更多数据”按钮，进入“讲解数据”界面，可以查看昨天、近7天以及近30天的店铺讲解成交总结数据情况，如图3-78所示。

通过讲解数据的分析，让商家对于店铺的讲解视频数据情况了然于胸，便于商家及时优化或更换讲解视频。如果新手商家不了解数据指标的意思，也可以点击相应数据指标名称右侧的?按钮，即可在弹出的提示框中查看相关的解释说明，如图3-79所示。

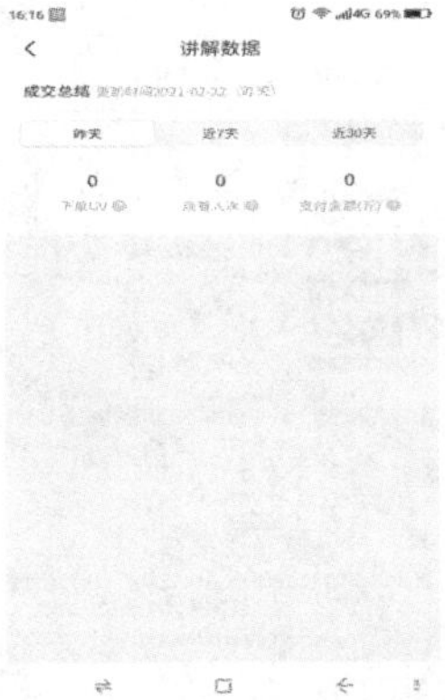

图3-78　“讲解数据”界面

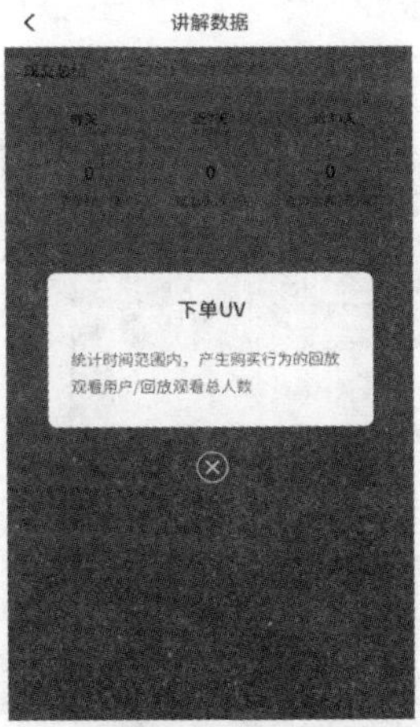

图3-79　查看数据指标的解释说明

在“本店铺商品”列表中选择相应的商品，进入“商品讲解管理”界面，点击相应的讲解片段预览图，如图3-80所示。即可播放并预览讲解片段，如图3-81所示。

图3-80　点击讲解片段预览图

图3-81　预览讲解片段

在“商品讲解管理”界面中，如果有多个讲解片段，商家可以点击“展示在商详”按钮，弹出“替换原讲解片段”提示框，点击“确认替换”按钮，即可更换商品详情页展示的讲解片段，如图3-82所示。

另外，商家也可以在“店铺讲解管理”界面中，点击“上传讲解视频”按钮，进入“选择要上传讲解的商品”界面，如图3-83所示。

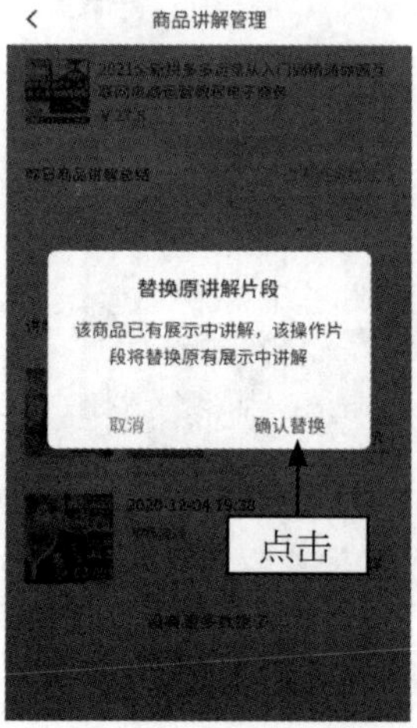

图3-82　点击“确认替换”按钮

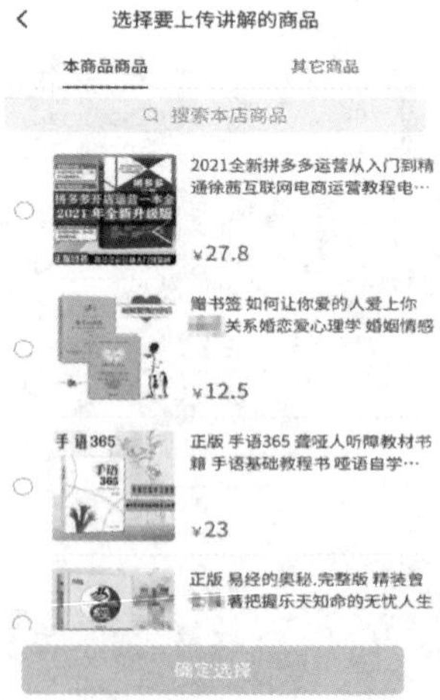

图3-83　“选择要上传讲解的商品”界面

❶在搜索框中输入相应的商品关键词；❷在搜索结果中选中相应的商品；❸点击“确定选择”按钮，如图3-84所示。弹出信息提示框，点击“确认”按钮，如图3-85所示。

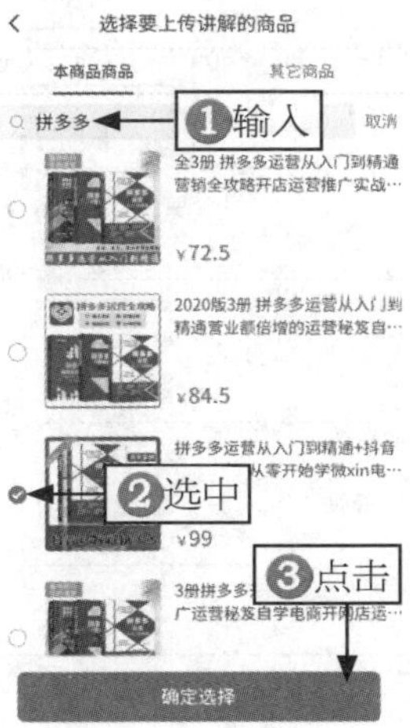

图3-84　点击“确定选择”按钮

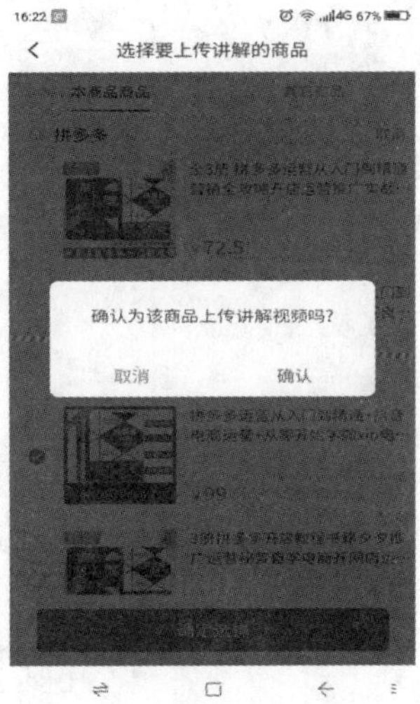

图3-85　点击“确认”按钮

进入手机相册选择并上传相应的商品讲解视频。在制作或上传商品讲解视频时，需要注意的事项如图3-86所示。

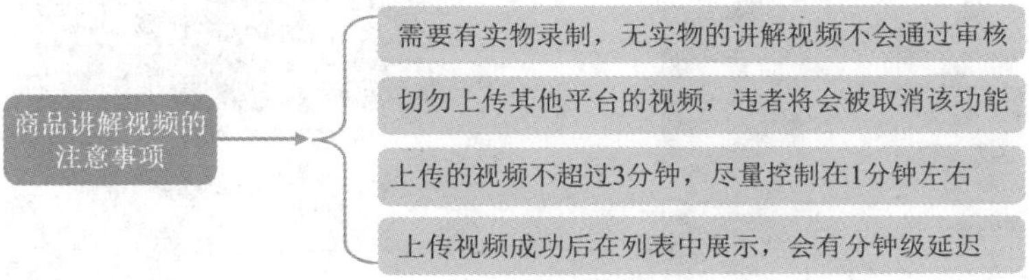

图3-86　商品讲解视频的注意事项

3.3.2　直播回放：让直播更省时省力

对于没有时间天天直播但又想要拥有直播流量的商家来说，可以利用多多直播的回放功能，同时配合OBS直播推流工具，在直播间回放录制的直播视频。

进入“多多直播”界面，在“直播”列表中选择要回放的直播内容，如图3-87

所示。进入“直播详情”界面，在“直播时长”选项区中点击“回放”按钮，如图3-88所示。

图3-87　选择要回放的直播内容

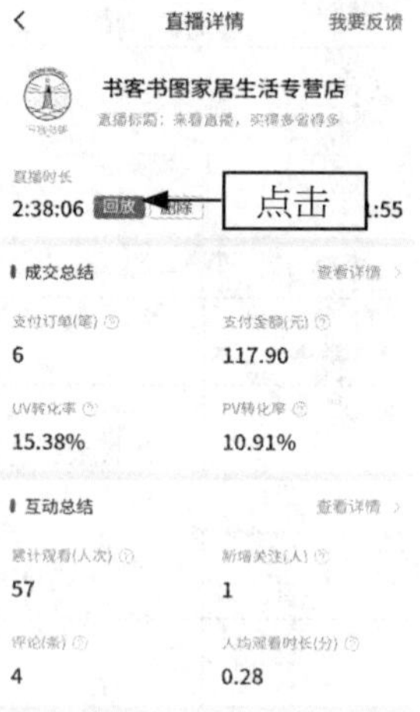

图3-88　点击“回放”按钮

即可全屏预览直播内容，如图3-89所示。商家可以开启手机的录屏功能，将直播内容录制为视频。另外，商家还可以点击小红盒图标，查看当前直播内容中的全部商品，如图3-90所示。

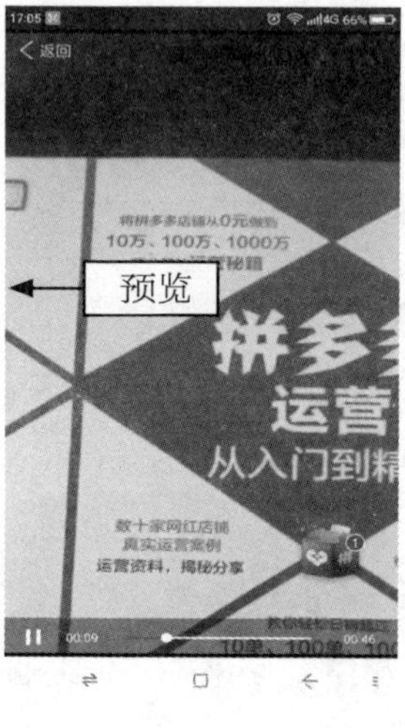

图3-89　全屏预览直播内容

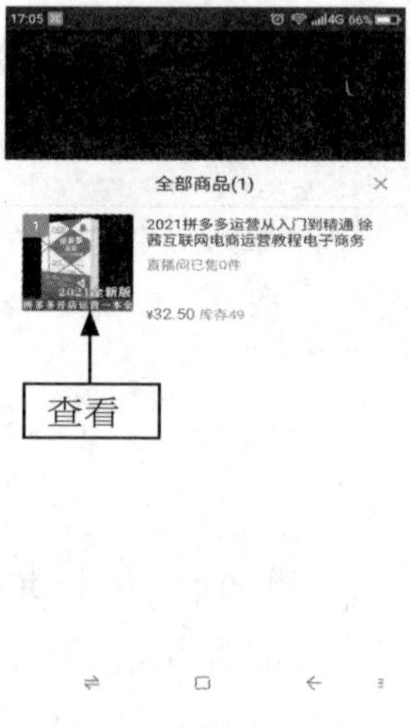

图3-90　查看当前直播内容中的全部商品

3.3.3　商家视频：增强直播带货能力

拼多多的商家视频功能目前和直播是绑定在一起的，都需要使用“多多直播”功能进行设置。商家视频可以对直播带货起到很好的辅助和补充作用，当商家没有时间直播时，即可使用商家视频来吸引粉丝关注和促进买家下单。拥有直播权限且店铺关注数≥1的商家，即可发布商家视频，下面介绍具体的操作方法。

（1）进入“多多直播”界面，❶切换至“视频”选项卡；❷点击右下角的“创建视频”按钮，如图3-91所示。

（2）弹出“请选择视频类型”菜单，选择“普通视频”选项，如图3-92所示。

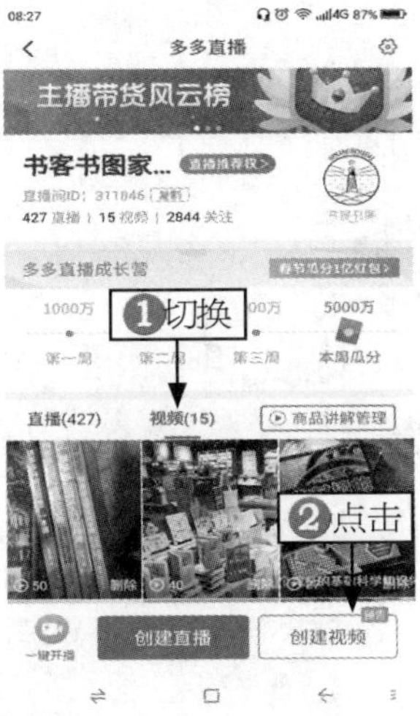

图3-91　点击“创建视频”按钮

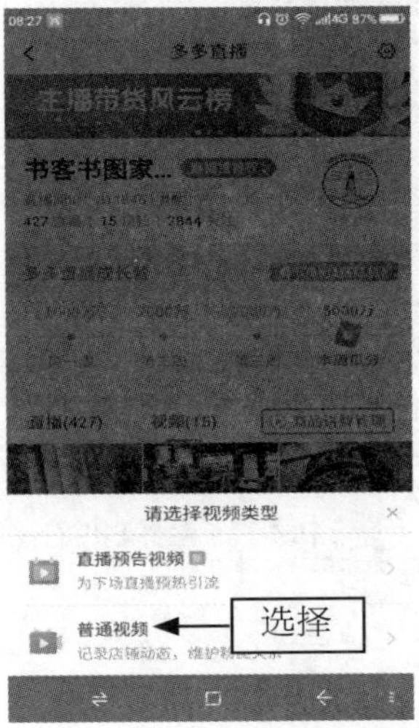

图3-92　选择“普通视频”选项

◆ **专家提醒：**

禁止发布的商家视频内容情况包括但不限于以下几种：

- 不得违规推广，包括不限于售卖假冒或盗版商品等。
- 不得发布违禁商品。
- 不得存在易导致交易风险的行为。
- 不得侵犯他人权益。
- 不得宣传第三方平台信息，禁止为第三方平台导流。

（3）进入“全部视频”界面，选择要发布的视频，如图3-93所示。视频的基本要求为：视频大小≤200 MB；格式为MP4；尺寸为720 P；建议比例为16∶9的竖版；时长为10～60秒。

（4）进入“预览视频”界面，即可预览视频内容，确认无误后点击“下一步”按钮，如图3-94所示。

图3-93　选择要发布的视频

图3-94　点击“下一步”按钮

（5）进入“编辑视频”界面，点击“选择封面”按钮，如图3-95所示。

（6）进入“选择封面”界面，视频封面默认为首帧画面，❶拖动下方的视频轨道，可以自选封面图；❷同时在预览窗口中还可以输入封面标题，如图3-96所示。

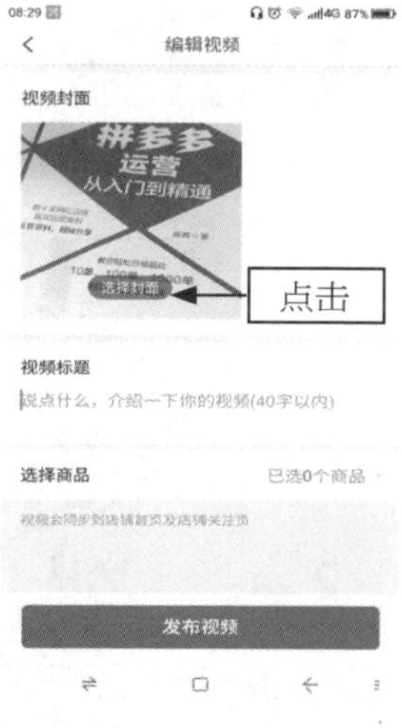

图3-95　点击“选择封面”按钮

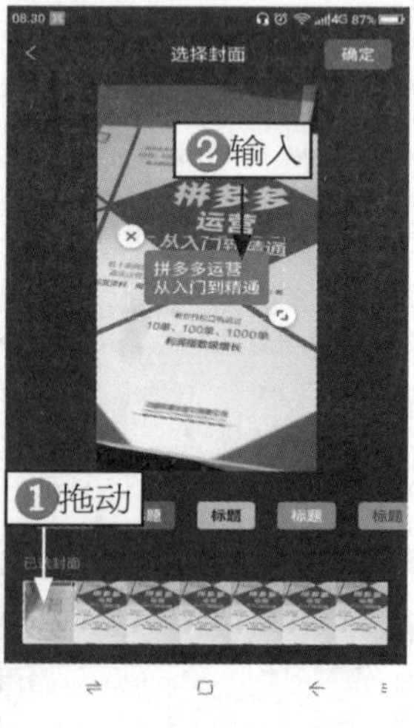

图3-96　输入封面标题

（7）点击“确定”按钮，❶即可设置视频封面；❷在“视频标题”下方输入相应的标题内容，如图3-97所示。视频标题为非必填项目，限制在40个字以内。

（8）点击“选择商品”按钮，进入“添加商品”界面，❶选中要添加的商品；❷点击“确认添加”按钮即可，如图3-98所示。

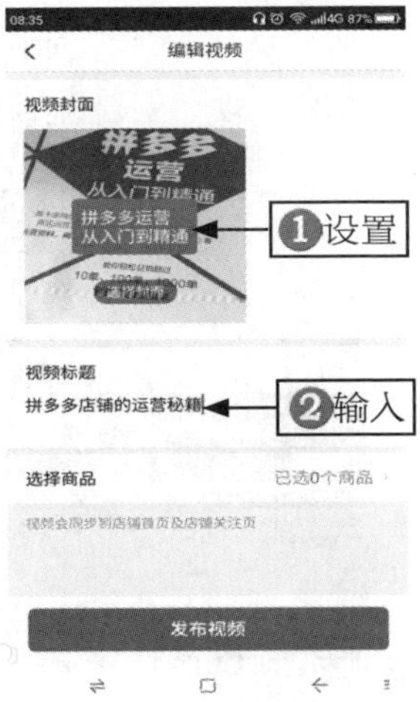

图3-97　输入视频标题

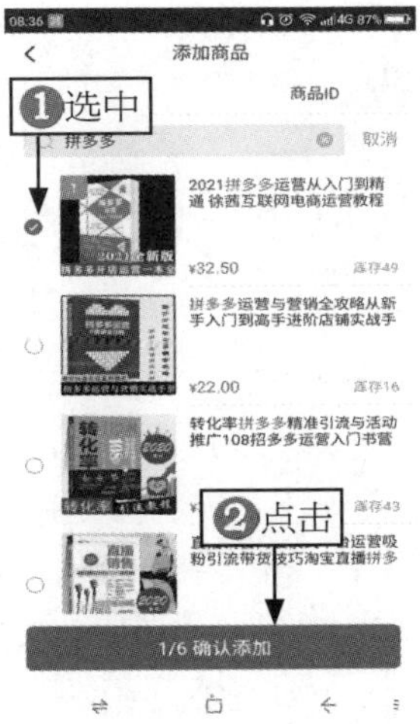

图3-98　点击“确认添加”按钮

（9）返回“编辑视频”界面，点击“发布视频”按钮，即可发布视频，并显示发布进度，如图3-99所示。

（10）稍等片刻，即可发布视频，同时进入审核阶段，如图3-100所示。

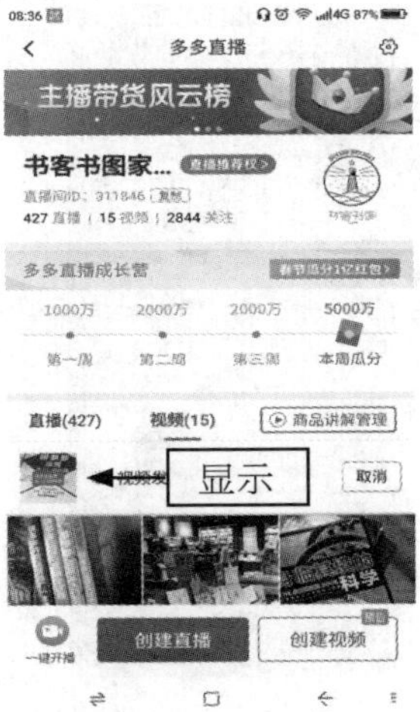

图3-99　显示发布进度

图3-100　发布视频

审核通过后，其他用户即可在店铺首页或店铺关注页中看到该视频。商家可以进入多多直播的"设置"界面，开启"店铺主页展示视频入口"功能，如图3-101所示。这样，观众进入店铺主页后，即可看到"商家视频"入口，如图3-102所示。

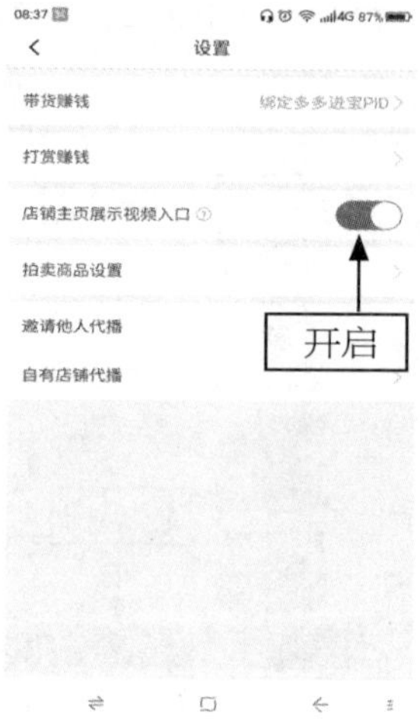

图3-101　开启"店铺主页展示视频入口"功能

图3-102　展示商家视频入口

在"商家视频"选项区中点击"查看全部"按钮，即可查看店铺中的所有商家视频。在"商家视频"界面中选择相应的视频，即可全屏预览视频内容，同时观众还可以进行关注、点赞、评论和分享等操作，如图3-103所示。

图3-103　全屏预览视频内容

第4章

直播脚本：稳定每日数万人观看

直播的画面非常形象、生动，而且在直播间内不会受到其他同类商品的影响，因此直播带货的商品转化率比其他内容形式要更高。本章将介绍直播带货的脚本策划技巧，来帮助商家高效地进行直播带货，获得更多的粉丝和收益。

4.1 策划脚本：带货直播稿的基本流程

对于一场成功的拼多多直播来说，商家不仅要有好的选品、渠道和主播，而且最关键在于好的脚本策划。也就是说，商家在直播间要说一些什么话。直播与短视频一样，都需要策划好的脚本。表4–1所示为一个简洁明了的直播脚本范本。

表4–1 简洁明了的直播脚本范本

×× 店铺 × 月 × 日直播脚本				
直播时间	×××× 年 × 月 × 日 晚上 × 点~ × 点			
直播主题				
直播准备	（场地、设备、赠品、道具以及商品等）			
时间点	**总流程**	**主　播**	**产　品**	**备　注**
× 点 × 分	开场预热	跟观众打招呼并进行互动，引导关注	—	—
× 点 × 分	讲解 1 号产品	讲解产品：时间 10 分钟 催单：时间 5 分钟	×× 产品	—
× 点 × 分	互动游戏或连麦等	互动：主播与助播互动，发动观众参与游戏 连麦：与 xx 直播间 ×× 主播连麦	—	拿出准备好的道具
× 点 × 分	秒杀环节	推出秒拼、甩卖以及拍卖等直播商品	×× 产品	—
× 点 × 分	优惠环节	跟观众打招呼，同时与其进行互动，用优惠价格提醒观众下单，并再次引导关注	×× 产品	—

直播脚本包括开场、产品介绍、互动、秒杀以及优惠等多个环节，商家只有保证各个环节的流程滴水不漏，才能有效把控直播的节奏，让直播间更加吸引人。

4.1.1 直播开场：自我介绍与活动主题

对于拼多多直播来说，策划脚本的目的在于带货，也就是说，通过事先设计好的剧本和环节，整理出一个大致的直播流程，同时将每个环节的细节写出来，包括主播在什么时间点和谁一起做什么事情，以及说什么话等，不断引导观众关注直播间和下单购买，实现增粉和成交的目的。

在直播开场阶段，观众的心里通常想的是“这个直播间到底是卖什么产品的”，他们进入直播间后一开始都是抱着“随便瞧瞧”的想法。

因此，主播在开始直播后，要立刻进入状态，跟观众进行自我介绍，话语要有一定的亲密感，拉近彼此的距离。接下来，主播需要表明本场直播的活动主题，可以先卖个关子，告诉观众本场直播有哪些亮点，主要目的在于吸引观众注意，让他们停留在直播间。图4–1所示为笔者整理的一些直播开场脚本示例。

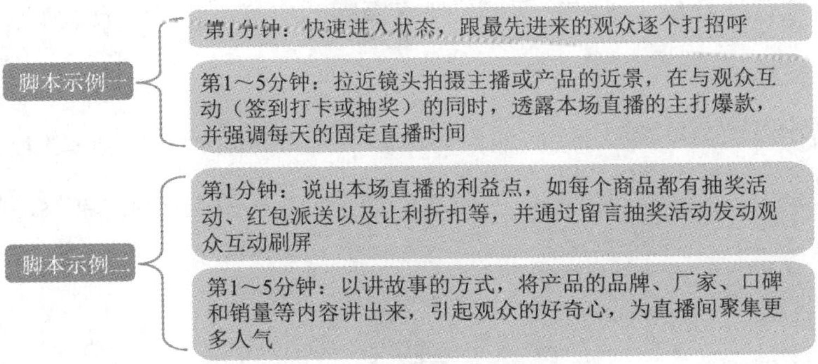

图4–1　直播开场脚本示例

◆ **专家提醒：**

总之，商家在直播脚本中一定要确定好主题，同时让脚本的所有内容都围绕主题来展开和策划，从而保证整个直播流程都保持正确的方向。另外，确定好主题后，也可以使主播的聊天和互动都更加精准，而不是随意地闲聊。例如，下面这两个直播间的主题分别为“春款上新”和“工厂直销”，如图 4–2 所示。

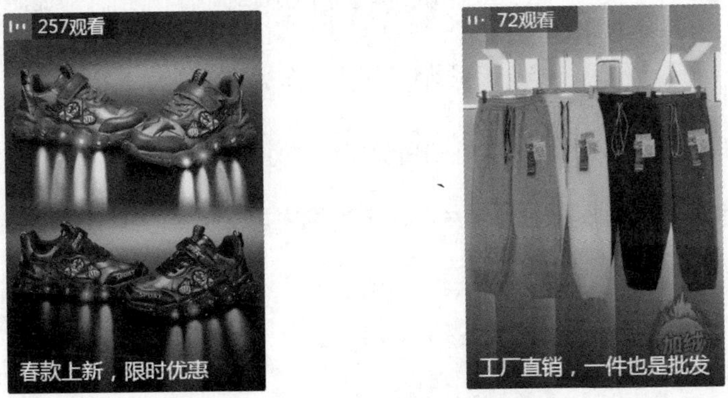

图4–2　直播间的主题示例

4.1.2 产品介绍：全方位地展示产品信息

在开播后的预热阶段，主播要简单介绍一下本场直播的商品清单，让观众了解直播间的主打爆款、优惠力度和活动玩法。同时，主播可以赠送一些直播优惠券，或进行抽奖活动预热。

在正式的产品介绍阶段，主播要开始挑选一个产品并根据其品类进行详细的介绍，每个产品的介绍时间通常在3～10分钟。主播在介绍上一个产品时，也可以时不时地穿插介绍其他的产品，以及直播间的主打产品和活动力度，吸引更多观众进入直播间。

主播在介绍某个产品时，应该全方位地展示产品的相关信息。以服装产品为例，主播需要介绍服装的搭配技巧和适用场合。图4-3所示为笔者整理的一些产品介绍环节的直播脚本示例。

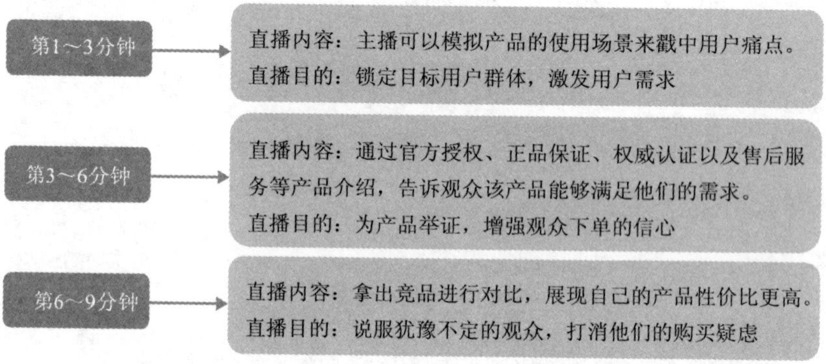

图4-3 产品介绍环节的直播脚本示例

主播可以使用提问的方式，在介绍产品的功能效果时，同时引导已经购买的观众说出他们的产品使用体验。另外，主播也可以直播产品的使用场景，激发观众的购买需求，如图4-4所示。

图4-4　配合产品的使用场景进行介绍

4.1.3　互动环节：用话题与活动炒热氛围

互动环节的主要目的在于活跃直播间的气氛，让直播间变得更有趣，避免产生尬场的状况。在策划直播脚本时，主播可以多准备一些与观众进行连麦互动的话题，可以从以下方面找话题，如图4-5所示。

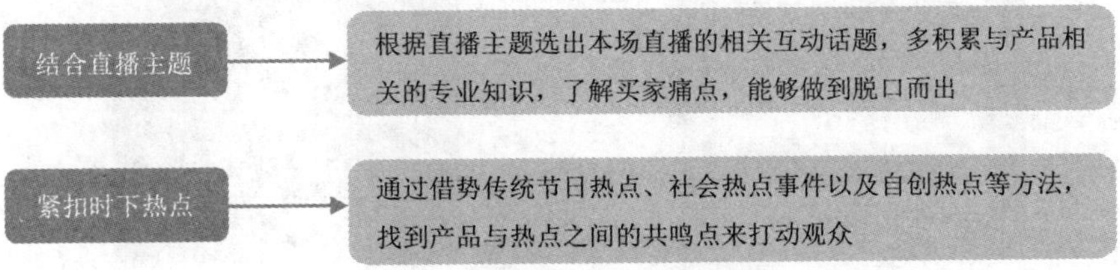

图4-5　找互动话题的相关技巧

除了互动话题外，主播还可以策划一些互动活动，如红包和免费抽奖等，不仅能够提高观众参与的积极性，而且还可以实现裂变引流。

1. 红包

主播可以在直播间定时发放红包，观众领取红包后可以直接提现到微信，能够吸引更多人关注直播间并长久停留。观众进入直播间后，点击红包图案打开红包，如图4-6所示。

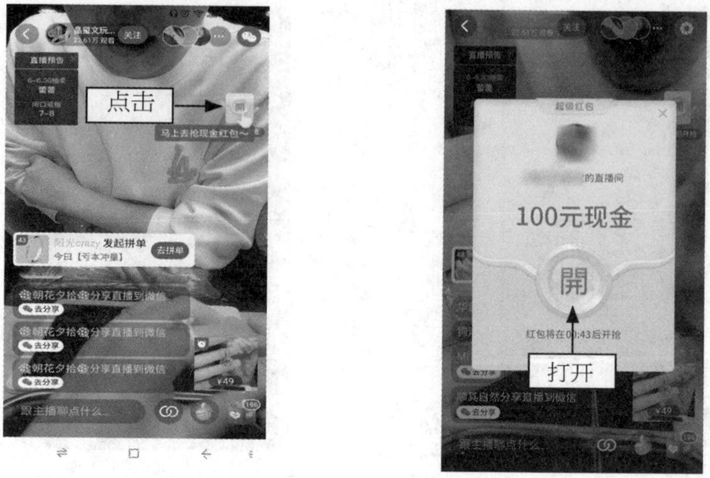

图4-6 打开红包

打开红包后，观众可以看到红包的总金额，同时会显示开抢时间。当观众点开红包后，点击“关注并抢红包”按钮，关注直播间后才能获得抢红包资格，如图4-7所示。同时，观众还可以邀请微信好友助力，立即拆开红包，如图4-8所示。

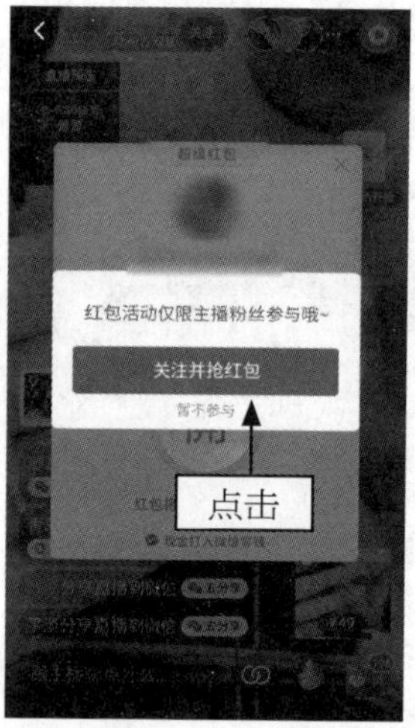

图4-7 点击“关注并抢红包”按钮

图4-8 邀请微信好友助力拆红包

2. 免费抽奖

免费抽奖活动可以大幅提升直播间的活跃度，增加粉丝黏性。图4-9所示为直播抽奖活动界面与相关规则。另外，观众在参与免费抽奖活动的同时，会自动订阅下一场抽奖活动，延长观众在直播间的停留时间。

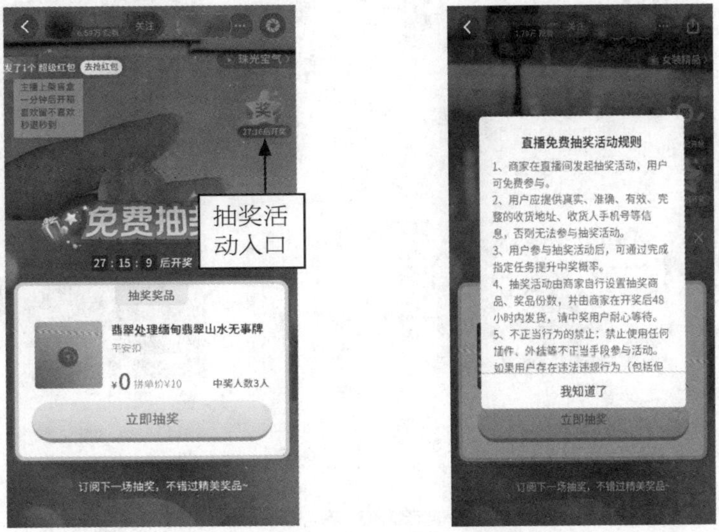

图4-9　直播抽奖活动界面与相关规则

4.1.4　秒杀环节：用甩卖和拍卖进行催单

主播可以多准备一些用于秒杀环节的直播商品，在直播过程中不定时推出秒拼、甩卖或拍卖商品，刺激观众及时下单，提高转化率。

在直播间设置拍卖商品的具体方法如下：

（1）创建直播间后，点击“营销工具”按钮，如图4-10所示。

（2）弹出“营销工具”菜单，点击“拍卖”按钮，如图4-11所示。

（3）弹出“观众竞拍保证金”对话框，❶设置相应的“用户参拍保证金”数额；❷点击“确认，创建拍品”按钮即可，如图4-12所示。

如果商家设置了“用户参拍保证金”，则直播间的观众在参与拍卖前，需要缴纳对应的保证金才有参拍资格。

图4-10　点击“营销工具”按钮

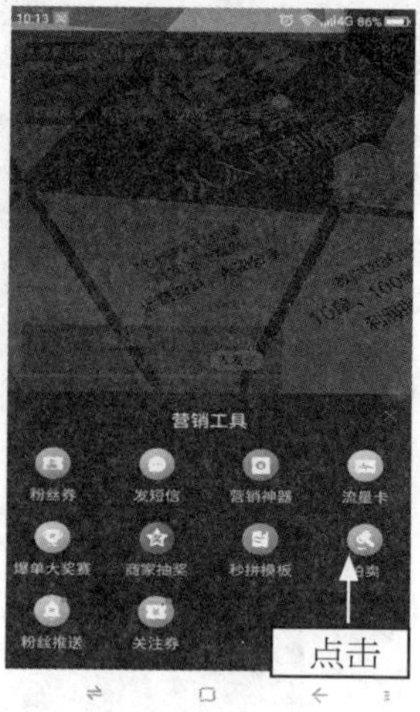

图4-11　点击“拍卖”按钮

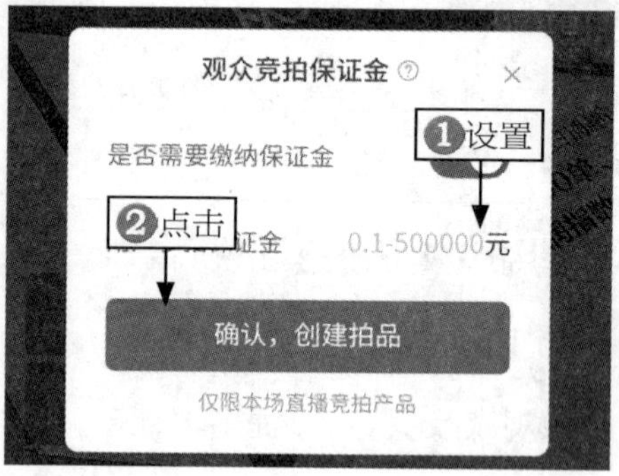

图4-12　点击“确认，创建拍品”按钮

另外，商家还可以在直播间外设置拍卖商品，具体方法如下。

（1）进入多多直播的“设置”界面，点击“拍卖商品设置”按钮，进入“拍卖商品设置”界面，首次使用该功能需要设置“商品分类”和“运费模板”选项。图4-13所示为“商品分类”的设置界面，包括1、2、3级分类。

（2）选好“商品分类”后，点击“运费模板”按钮，如图4-14所示。

（3）弹出“请选择用费模板”设置菜单，商家可以设置拍卖商品的运费模板，如图4-15所示。

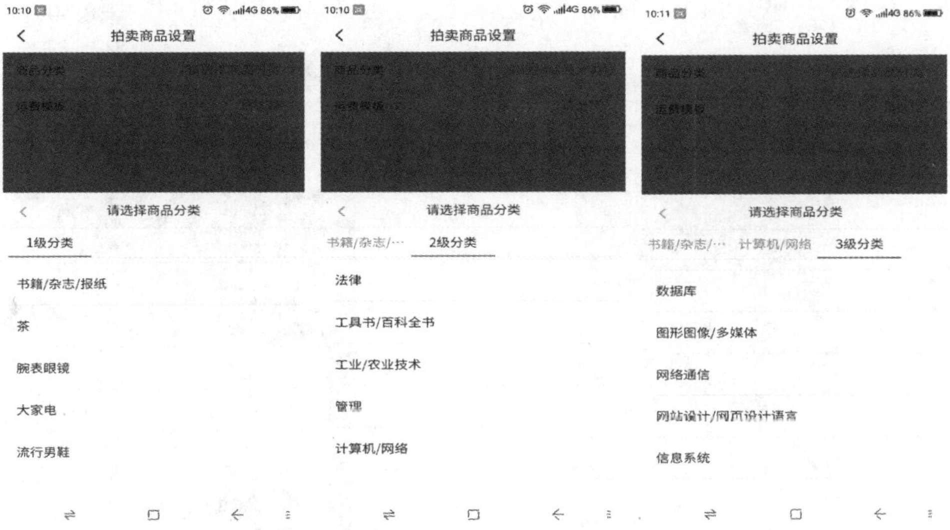

图4-13　选择商品分类

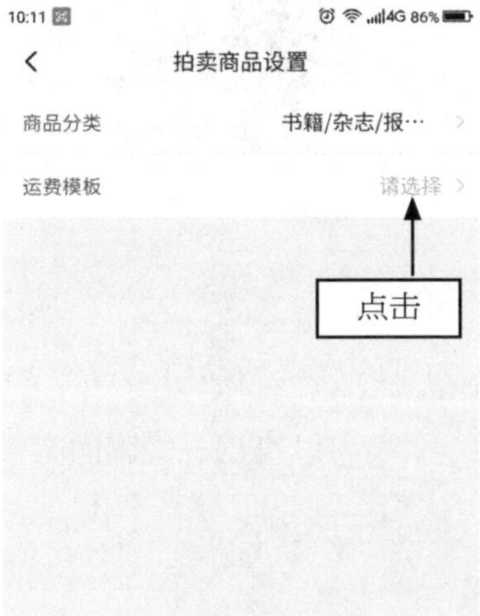

图4-14　点击“运费模板”按钮

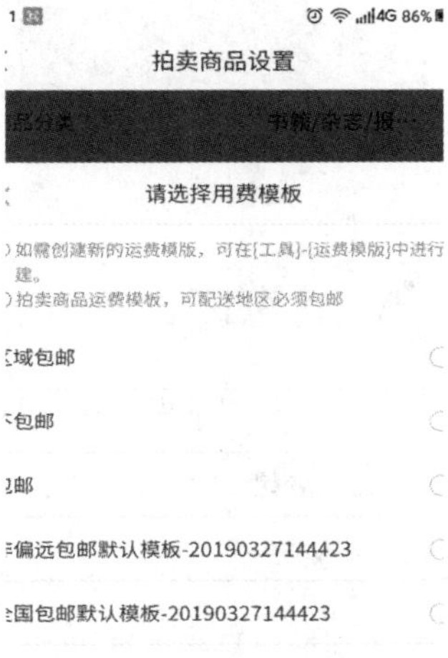

图4-15　设置拍卖商品的运费模板

设置完成后，在多多直播的“设置”界面中再次点击“拍卖商品设置”按钮，即可设置拍品的内容。设置成功后，在直播间将会显示拍卖商品弹窗，观众点击弹窗中的“出价”按钮，然后点击“支付参拍保证金”按钮，支付相应数额的保证金，即可参与竞价，如图4-16所示。

当观众支付完保证金后，还需设置拍品的出价价格，拍卖商品弹窗中会显示拍品的当前价格。当观众成功竞拍后，将收到支付弹窗的提示，点击“去支付”按钮即可，如图4-17所示。如果观众逾期未支付拍品价款，则前面支付的保证金将会被系统赔付给商家。

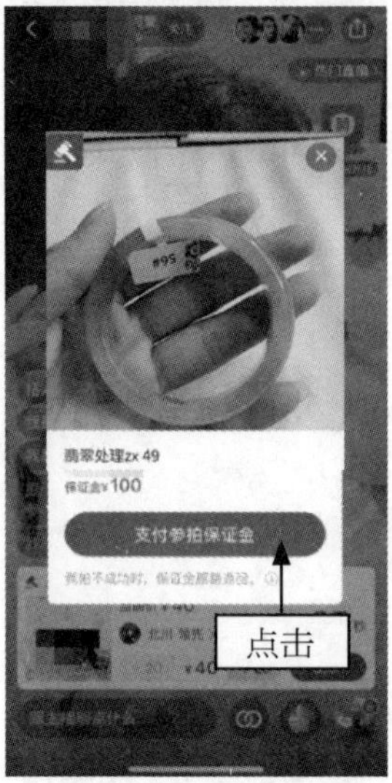

图4-16　点击“支付参拍保证金”按钮

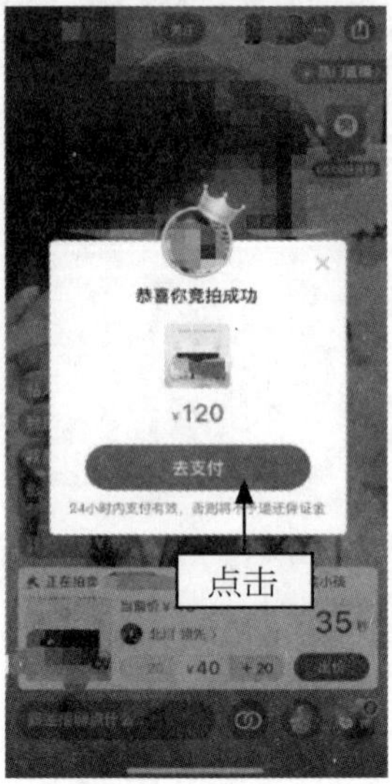

图4-17　点击“去支付”按钮

4.1.5　优惠环节：催促观众集中爆发下单

商家在发布直播间的预告时，可以将大力度的优惠活动作为宣传手段，吸引观众准时进入直播间。在直播的优惠环节中，主播可以推出一些限时限量的优惠商品，或者直播专属的特价商品等，吸引观众快速下单。

在优惠环节，主播需要做好以下两件事：

（1）展现价格优势。通过前期一系列的互动和秒杀活动吊足观众的胃口后，此时主播宣布直播间的超大力度优惠价格，通过特价、赠品、礼包、折扣以及其他增值服务等，让观众产生“有优惠，赶紧买”的心理，引导观众下单。

（2）体现促销力度。主播可以在优惠价格的基础上，再次强调直播间的促销力度，如前××名下单粉丝额外赠送××礼品、随机免单以及满减折扣等，并不断对比商品的原价与优惠价格，同时反复强调直播活动的期限、倒计时时间和名额有限等，营造出产品十分畅销的紧迫感氛围，让观众产生“机不可失，时不再来”的消费心理，促使犹豫的观众快速下单。

例如，商家在直播间创建店铺关注券，观众在小红盒商品列表中点击“关注并领取”按钮，在领取优惠券的同时自动关注店铺，如图4–18所示。观众领取优惠券后，在购买直播间内的商品时即可获得相应的无门槛券，如图4–19所示。

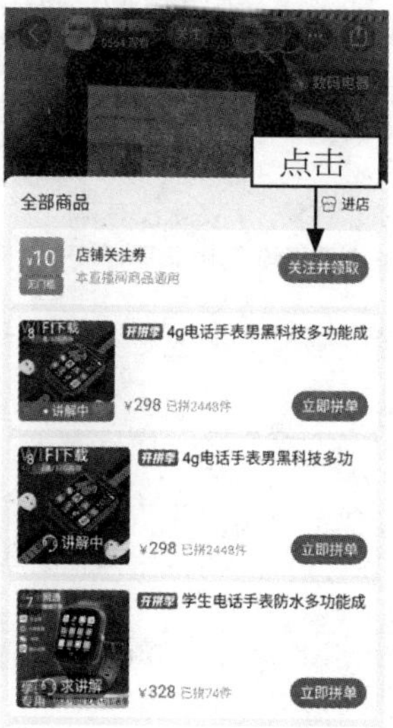

图4–18　点击“关注并领取”按钮

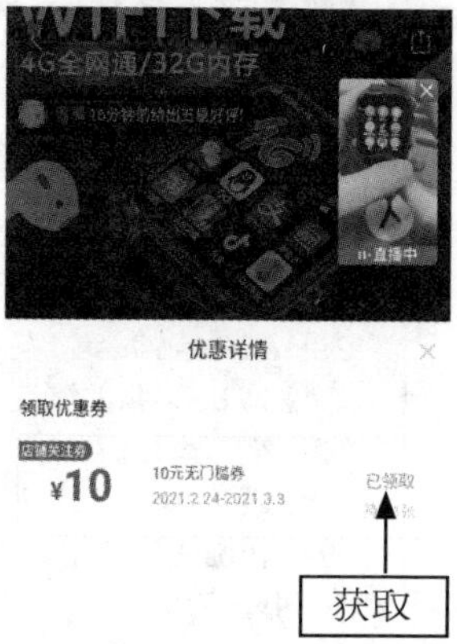

图4–19　获得相应的无门槛券

4.1.6　制定脚本：单品直播的脚本策划

前面介绍直播脚本的基本流程和元素，商家可以按照这些元素来制定自己店铺的直播脚本，同时尽量保持每周更新的频率，多总结和优化脚本，让下一次直播获得更好的带货效果。表4–2所示为一个单场直播的脚本范本。

表4-2　单场直播的脚本范本

直播日期	2021 年 8 月 16 日 星期一
直播时间	20:00 ~ 21:30
直播时长	1.5 小时
直播主题	×× 产品直播专场，爆款秒杀
直播样品	准备好直播时需展示的样品，款式尽量齐全，满足不同需求的用户
预估目标	达到 10% 的引导转化率
直播活动	抽奖、赠品以及秒拼等
直播预告	抛出直播价值：晚上 8:00 直播，进场前 × 分抢福利，只有 × 个名额，主播在直播间等你们了
预热开场	点明直播主题：欢迎来到 ×× 直播间，请大家点下关注，谢谢捧场，主播将会每天 × 点在直播间为您分享 ××（根据主播或直播间的定位，为粉丝分享实用的技能等）
时间点	直播节奏
1 ~ 10 分钟	给出粉丝福利，吸引他们及时进入直播间，同时引导粉丝评论或互动，了解他 / 她们的问题和需求。 （1）前 3 分钟："大家快来抢福利，只有 100 份，卖完就没有了！" （2）第 4 分钟："×× 爆款秒杀优惠，想买的朋友们赶紧下单呀！" （3）第 5 分钟：第 1 轮直播抽奖活动。 （4）第 6 分钟："继续抢福利，抢到就是赚到，秒杀单品数量有限！" （5）第 7 分钟：第 2 轮直播抽奖活动。 （6）最后 3 分钟：继续催单，并开始做下场直播预热。 抢福利说话技巧示例："实体店铺 200 元，官方旗舰店日常销售价 166 元，现在直播间只卖 99 元，错过这次福利，下次还要再等几个月。" 抽奖说话技巧示例："话不多说，先来一波抽奖，麻烦大家添加 1 号产品到购物车，快速刷起来。"
10 ~ 20 分钟	当直播间涨到一定流量后，主播可以使用高性价比的引流产品吸引新用户，引导观众关注直播间，提升直播间的搜索权重。 引导加购说话技巧示例："×× 产品性价比超高啦！名额只有 ×× 名，超出不补。亲，喜欢的话赶快抢购哦！"
20 ~ 70 分钟	（1）促单：主播和助播一起与观众互动，稳定直播间人气，不断推出爆款和秒杀款，同时穿插主推款，对产品进行详细介绍，争取做到利润的最大化。 （2）场控：在直播过程中，数据分析和场控人员可以根据直播间的观看人数和产品的 UV 转化率等数据，引导主播调整主推款。 互动说话技巧示例："×× 产品，你们想看蓝色的还是绿色的？" 爆款说话技巧示例："×× 产品有 10 元无门槛优惠券哦，直播间下单不仅可以直接使用，还可以和官方活动价叠加哦。喜欢就直接领取，一个账号限领一张。" 秒杀款说话技巧示例："×× 产品 × 点可以秒杀。大家刷刷评论，让主播看到你们的热情，你们的热情越高，主播给的秒杀价格就越低哦！" 主推款说话技巧示例："最后 3 分钟，想要的朋友抓紧时间哦，只有最后 50 件了，时间到了立马恢复原价。"
70 ~ 80 分钟	随着直播间人气的逐步下滑，主播可以通过抢现金红包活动来提升直播间的活跃度，同时将本场直播呼声较高的产品进行返场，再次助推一下
时间点	直播节奏
80 ~ 90 分钟	在本场直播的结尾部分，感谢观众，并预热下场直播的时间、福利和新款产品。 感谢说话技巧示例："感谢大家的关注和陪伴，主播马上就要下播了，希望大家好好休息，明天晚上同一时间我们再聚呀。"

商家可以用Excel表格制作直播脚本，把直播间的产品卖点、功能介绍、直播说话技术、互动玩法、利益点以及注意事项等全部写进去，对整场直播进行规划和安排，从而让主播能够把控好直播节奏。在拼多多平台上，同款产品非常多，但带货的主播却各不相同，主播要做的就是熟悉自己的产品和用户，并按照直播脚本定期进行直播活动，让更多观众成为你的粉丝。

4.2　注意要点：打造高质量带货直播间

很多新人主播通常一拿到产品，就马上放到直播间去卖，这样主播很难给观众留下专业的形象，产品的质量也难以保证，结果都是主播一直在尬聊，而产品的销量却寥寥无几。

因此，主播开播前一定要策划一份直播脚本，让直播间可以非常顺利地进行下去，同时也让主播显得更加专业，帮助店铺提升产品的销量。本节将介绍一些直播脚本策划的注意事项，帮助商家打造高质量的带货直播间。

4.2.1　引出话题：吸引观众注意力

直播不仅要靠嘴皮子，还需要主播多动脑，提前准备好一些能够吸引观众注意力的话题。下面介绍一些直播间常用的话题类型，如图4-20所示。

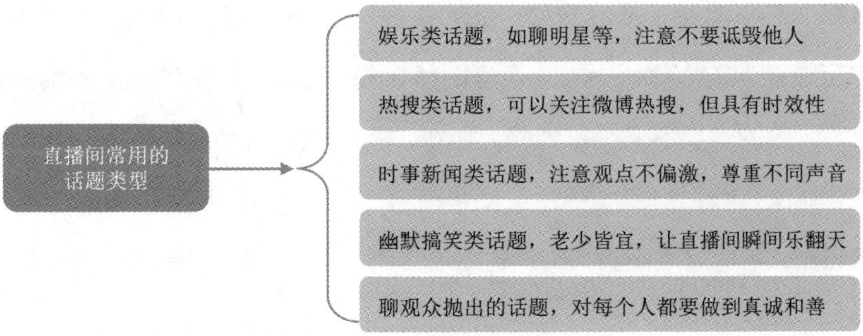

图4-20　直播间常用的话题类型

4.2.2 提出痛点：符合买家的需求

虽然电商直播的主要目的是卖货，但这种单一的内容形式难免会让观众觉得无聊。因此，主播可以在直播脚本中根据用户痛点，给观众带来一些有趣、有价值的内容，提升用户的兴趣和黏性。

例如，在下面这个卖洗衣机产品的直播间评论中，可以看到很多观众提出了问题，如“怎么脱水”“是不是全自动洗衣机”以及“进水管需加长怎么办”等，如图4-21所示。其实，这些问题就是用户的痛点，主播可以在直播脚本中将这些痛点列出来，并策划相关的内容和技巧，通过直播解决用户提出的问题。

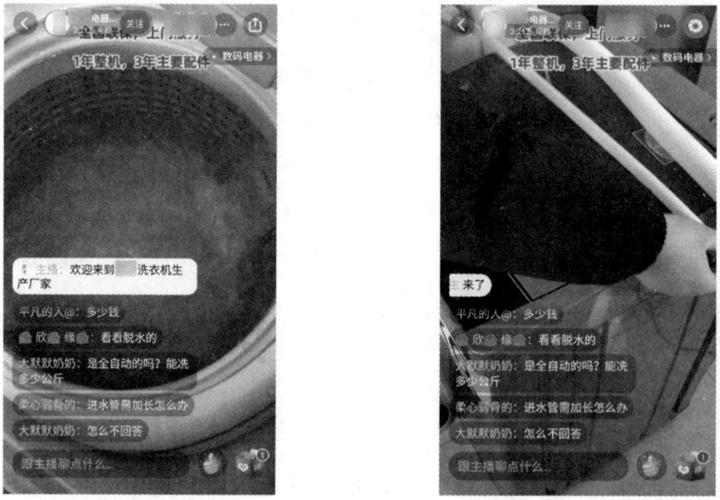

图4-21　洗衣机产品的直播间示例

直播时并不是要一味地吹嘘产品的特色卖点，而是要解决买家的痛点，这样他才有可能在你的直播间驻足。很多时候，并不是商家提炼的卖点不够好，而是因为商家认为的卖点不是买家的痛点所在，并不能解决他/她的需求，所以对买家来说自然就没有吸引力了。当然，前提是商家要做好直播间的用户定位，明确用户是追求特价，还是追求品质，或者是追求实用技能，以此来指导直播脚本的优化设计。

4.2.3　建立信任：让买家更加信服

在电商直播中，买家的交易行为很多的时候是基于信任主播而产生的，买家信任并认可主播，才有可能去关注和购买产品。因此，主播可以在直播间将产品的工艺、产地以及品牌形象等内容展现出来，为产品带来更好的口碑影响力，赢得广大用户的信任。

例如，在下面这个卖自行车产品的直播间中，可以看到主播通过在各种路况下骑行自行车来体现产品结实、耐用的特点，让观众看到产品的质量。同时，主播还使用大字号的形式将产品的质保文案放在直播间界面上，让观众对产品更加放心，增加他们下单的信心，如图4-22所示。

图4-22　自行车产品的直播间示例

4.2.4　产品卖点：与用户痛点结合

当商家或主播在制作直播脚本时，需要深入分析产品的功能并提炼相关的卖点，然后亲自去使用和体验产品，并将产品卖点与用户痛点相结合，通过直播来展现产品的真实应用场景。寻找产品卖点的4个常用渠道如图4-23所示。

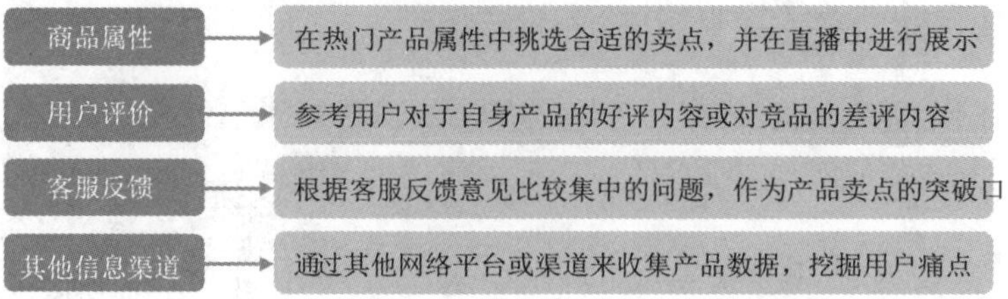

图4-23　寻找产品卖点的4个常用渠道

总之，主播只有深入了解自己带货的产品，对产品的生产流程、材质类型和功能用途等信息了如指掌，才能提炼出产品的真正卖点。在制作直播脚本时，主播根据用户痛点需求的关注程度来排列产品卖点的优先级，全方位地介绍产品信息，吸引观众加购或下单。

例如，女装产品的用户痛点包括做工、舒适度、脱线、褪色及搭配等，买家更在乎产品的款式和整体搭配效果。因此，主播可以根据“上身效果+材质细节+设计亮点+品质保障+穿搭技巧”等组合制作直播脚本的内容，然后在直播间将这些内容演绎出来，相关示例如图4-24所示。

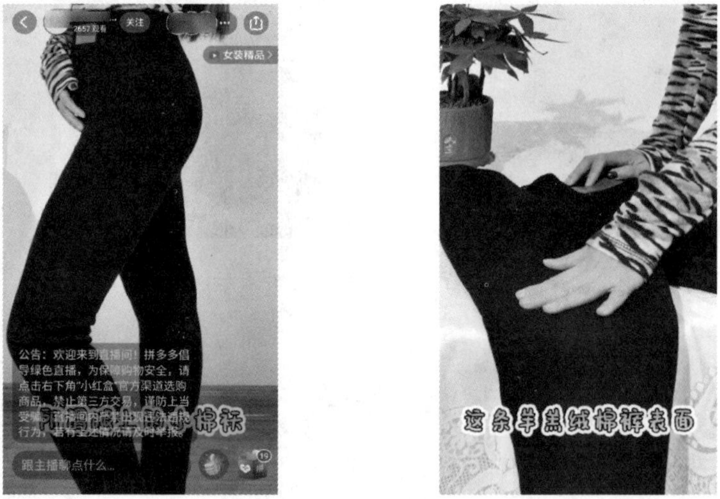

图4-24　女装产品的直播间示例

> ◆ **专家提醒：**
>
> 在拼多多直播间内，观众可以点击直播界面，隐藏直播间的各种按钮和控件元素，让直播画面更加干净，在看产品介绍时能获得更好的体验。

主播要想让自己的直播间吸引用户的目光，就要知道用户想要的是什么，只有抓住用户的消费心理来提炼卖点，才能让直播间更吸引用户并促使他/她们下单。

4.2.5　使用体验：说出自己的感受

主播对产品要有亲身体验，并告诉观众自己的使用感受，同时还可以列出真实用户的买家秀图片、评论截图或短视频等内容，这些都可以写进直播脚本中，有助于杜绝虚假宣传的情况。

例如，被誉为“×宝一哥”的某主播曾表示，自己至少已经试过10万件以上的美妆护肤产品。图4-25所示为某主播在直播间亲自试用美甲产品，给观众展示产品的使用和卸除方法以及使用后的效果。

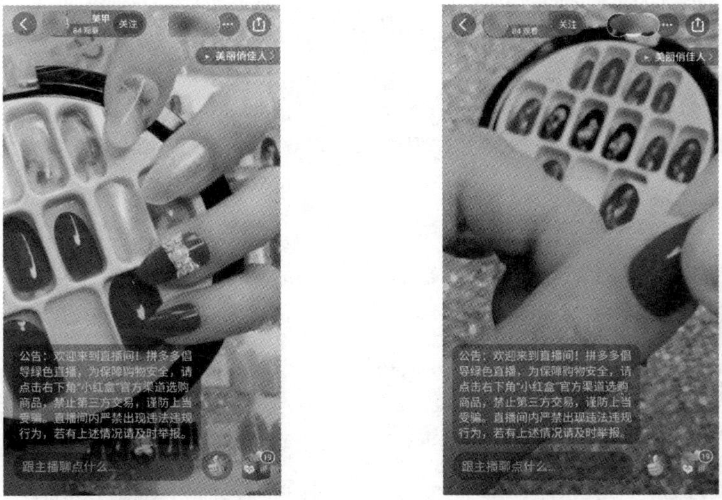

图4-25　美甲产品的直播间示例

4.2.6　引导消费：推荐产品的流程

主播需要熟悉直播间规则、直播产品以及店铺活动等知识，这样才能更好地将产品的功能、细节和卖点展示出来以及解答观众提出的各种问题，从而引导观众在直播间下单。图4-26所示为直播间推荐产品的一个基本流程，能够让主播尽量将有效信息传递给用户。

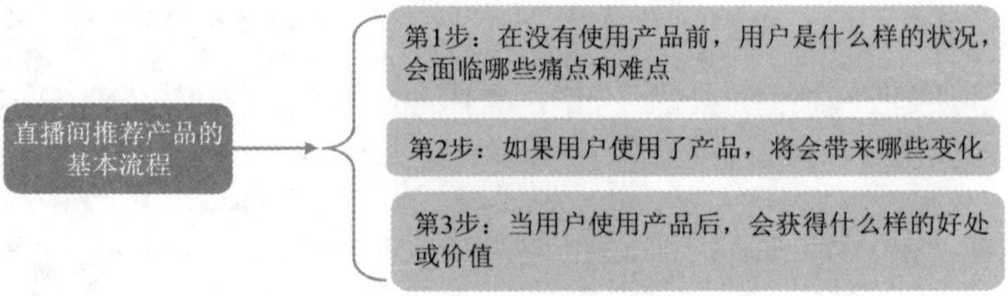

图4-26　直播间推荐产品的基本流程

同时，主播说话要有感染力，要保持充满激情的状态，制造出一种产品热卖的氛围，利用互动和福利引导真实的买家进行下单。

4.2.7　组合销售：提升买家客单价

主播在直播脚本中充分挖掘潜在消费者的其他需求，同时采用大额满减、拼单返现、多件优惠或产品组合的方式，带动店铺内的其他产品销量。

如图4-27所示，在下面这个卖牛仔裤的直播间内，其中5号为引流款，销量达到4.6万件，同时商家还配合多件优惠和拼单返现等活动，吸引通过直播间进入店铺的买家购买更多的产品，提升客单价。

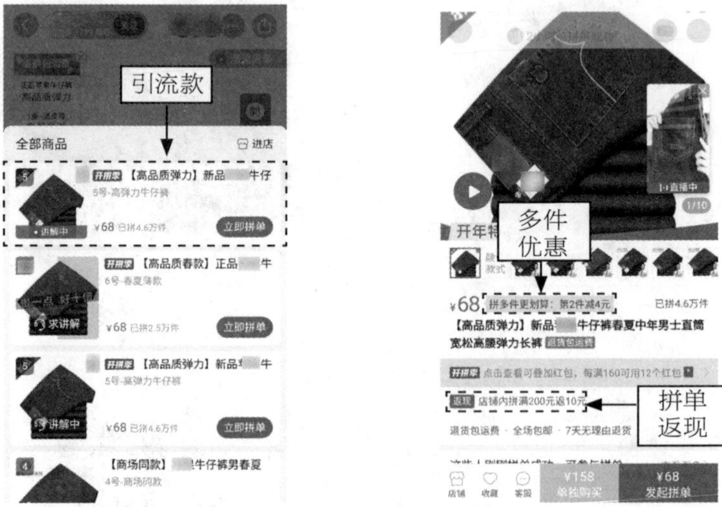

图4-27　牛仔裤的直播间示例

以多件优惠活动为例，进入拼多多商家后台，在左侧导航栏中选择“店铺营销→营销工具”选项，进入相应界面，在右侧窗口中选择“多件优惠”工具，即可进入“多件优惠”界面，单击“创建”按钮，如图4–28所示。

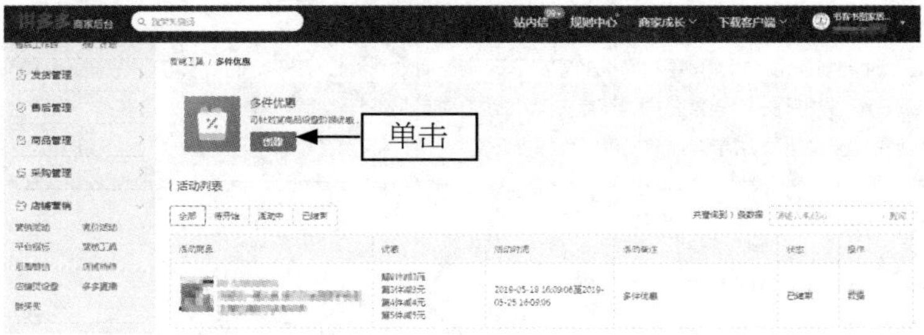

图4–28　单击“创建”按钮

进入“创建多件优惠”操作界面，商家需要设置相应的优惠活动信息，包括活动时间、活动商品、优惠设置和活动备注，如图4–29所示。设置完成后，单击“创建活动”按钮，即可创建多件优惠活动。

图4–29　“创建多件优惠”操作界面

需要注意的是，多件优惠活动针对的是一个订单，而不是多个订单。也就是说，买家如果分别多次对同一个商品下单，是无法享受多件优惠活动的。多件优惠活动的优惠类型可分为两种不同的形式，分别为减钱和打折。

（1）减钱：在商品页中展示“第2件减×元”标签。

（2）打折：在商品页中展示“第2件打×折”标签。

另外，根据爆款产品的推广节奏，商家可以在多件优惠的阶梯设置中设置不同的阶段优惠力度。阶梯设置最多只能设置4个阶段，即多件优惠最多只支持5件商品。如果买家购买了6件商品，那么第6件商品是没有优惠的，必须全款购买。

◆ **专家提醒：**

拼单返现活动同样也是拼多多平台力推的营销工具，经大数据验证，用得好的商家可以提升店铺 15% 的营收。

拼单返现活动是指在一个自然日内，买家在某个商家的店铺累计消费满一定金额，即可获赠一张平台优惠券，优惠券成本由商家自行承担。拼单返现活动可以大幅提升客单价，买家为了获取平台优惠券，会下单购买更多的商品。

第5章

直播推广：提升直播间粉丝关注

如今，“电商+直播”已成为行业标配，拼多多平台也紧跟自媒体电商潮流，开启了直播带货功能来帮助商家提升用户黏性和流量转化效率。本章主要介绍直播间的推广技巧，帮助商家提升直播间的粉丝关注量。

5.1 直播推广：四大优势助力推广

多多直播的推出，给广大拼多多商家带来了更好的商品引流和销售渠道。当然，直播带货要想取得成功，商家还需做好直播间的推广。拼多多的直播推广工具不仅操作简便，而且效果稳定，能够快速帮助商家实现订单大幅上涨的目标。

5.1.1 双端投放，流量更大

商家可以通过电脑端和手机端创建直播推广计划，相关渠道如下：

1. 电脑端

在拼多多商家后台的左侧导航栏中，❶选择“推广中心→推广概况”选项，进入“拼多多营销平台”界面；❷切换至“直播推广”选项卡；❸单击“新建推广计划”按钮，即可创建直播推广计划，如图5-1所示。在电脑端的“直播推广概况”主页，商家还可以查看全部推广计划以及相关的数据趋势图。

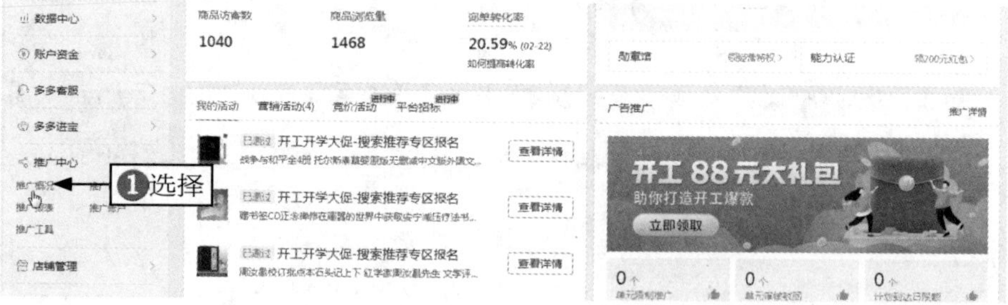

图5-1 电脑端创建直播推广计划的入口

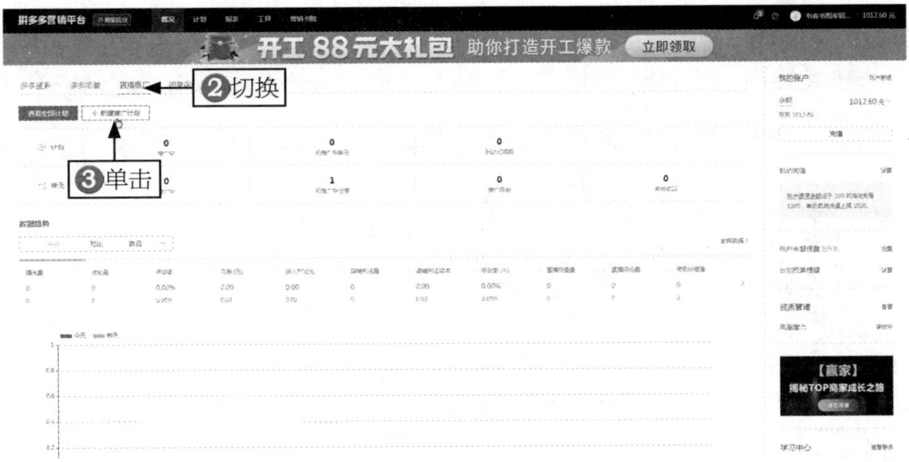

图5-1　电脑端创建直播推广计划的入口（续）

2. 手机端

商家可以在手机端进入“多多直播”界面，开播后在直播界面底部点击“直播推广”按钮，即可创建直播推广计划，具体方法见5.2.2节。直播推广可以将直播间投放到热门活动资源位上，以便实现快速引流，如图5-2所示。

图5-2　热门活动资源位

5.1.2　点击收费，成本更低

多多直播推广计划是一种典型的CPC（Cost Per Click，每次点击付费广告）推广方式，只按点击收费，展现不扣费，引流成本比较低，如图5-3所示。

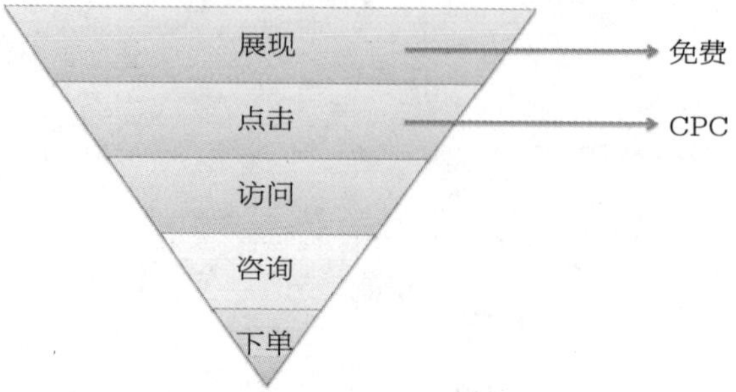

图5-3　CPC扣费方式

商家通过创建直播推广计划，让直播间在用户端的排名位置更靠前，从而获得更多的曝光展现机会和优质流量，最终实现商品销量和店铺交易额的大幅提升。

5.1.3　精准触达，高效增粉

直播推广支持相关人群定向，可以抓取更精准的流量。商家在创建直播推广计划时，可以设置专享直播定向人群，包括直播活跃人群和直播购买意向人群等，精准触达感兴趣的用户，从而缩短引导粉丝关注店铺的路径，帮助商家将更多兴趣用户收入"囊"中。

5.1.4　长期转化，粉丝价值

直播推广不仅能够精准投放，让直播间实现精准曝光，给商家带来更多潜在消费人群。同时，直播推广还可以实现精准转化，其带来的消费者都是有明确购买意向的买家，粉丝长期转化价值要高于单品3倍。另外，直播推广能够有效关联店铺中的其他商品，形成连锁反应，带动整个店铺的商品销量。

◆ **专家提醒：**

拼多多的直播推广渠道虽然有很多，但只有适合商家自己的渠道，才能带来好的推广和转化效果。

5.2　创建计划：快速进行直播推广

商家可以使用直播推广工具来增加直播间的观看人数，吸引更多粉丝关注。尤其是有平台活动的时候，商家可以通过热门资源位的曝光，让直播间获得更大的流量，同时转化效果也更加明显。

本节将介绍创建直播推广计划的基本方法，商家需要熟练掌握这些操作，通过直播带货来实现“弯道超车”。

5.2.1　通过电脑端创建直播推广计划

商家可以利用电脑端的“直播推广”工具创建直播间推广计划，在各种场景资源位中展示商家的直播间，下面介绍具体的操作方法：

（1）进入拼多多商家后台的“推广中心→推广计划→直播推广”页面，在“推广计划”选项卡中单击“新建计划”按钮，如图5-4所示。

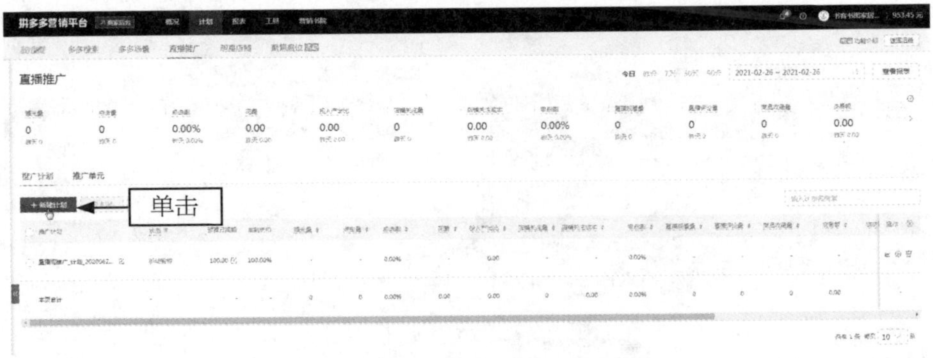

图5-4　单击“新建计划”按钮

（2）进入“新建推广计划”页面，在“推广计划”板块中设置相应的计划名称、预算日限和分时折扣，单击“继续”按钮，如图5-5所示。

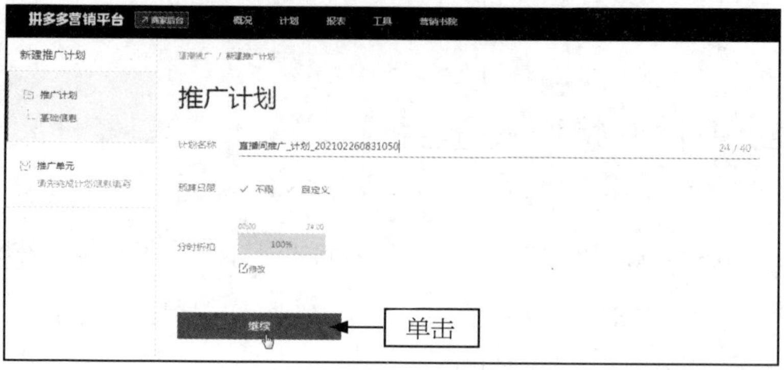

图5-5 单击“继续”按钮

◆ **专家提醒：**

“推广计划”板块中各选项的设置方法如下：

（1）计划名称：在此处输入直播推广计划的名称。

（2）预算日限：设置直播推广计划的消耗日限，包括“不限”和“自定义”两种方式，自定义的最低预算为100元。

（3）分时折扣：设置直播推广计划的投放时段，默认为全天无折扣投放，如图5-6所示。在设置分时折扣时，需要注意的是，在不同的时间段，商品的流量和转化情况都有区别，商家可以根据自己的经验设置自定义的投放时段。在时间段列表中，单击或框选等操作选择需要修改时，在弹出的窗口中即可设置该时段的折扣，可设置自定义折扣、无折扣（100%）和不投放（0%）等方式。

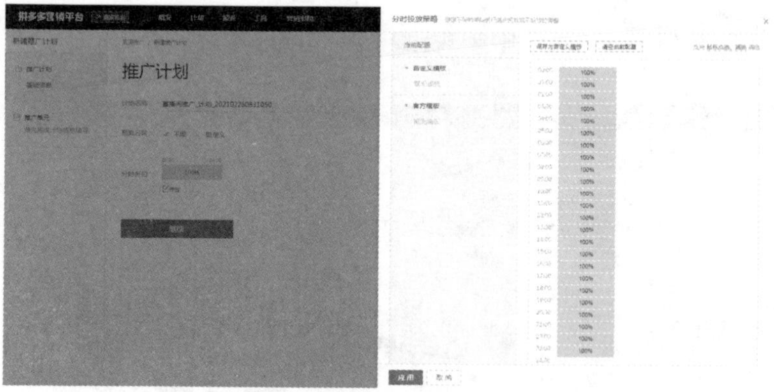

图5-6 设置分时折扣

（3）进入“推广单元”板块，设置基础信息（单元名称）和资源位及人群，系统会根据直播间商品为商家匹配场景资源位，如图5-7所示。

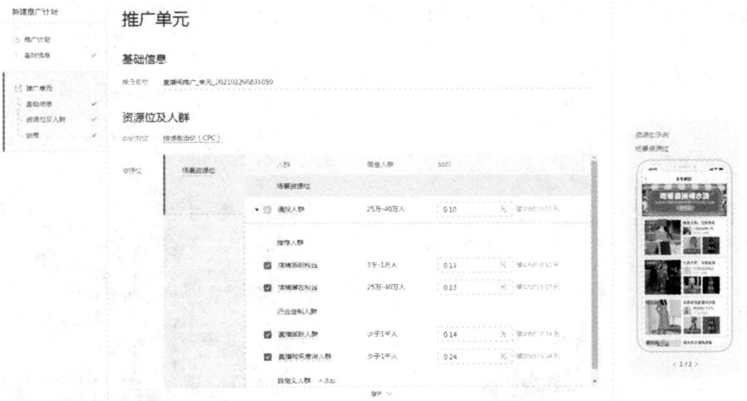

图5-7　设置基础信息和资源位及人群

> ◆ **专家提醒：**
>
> 推荐人群中的店铺活跃粉丝，是指浏览或购买过商家的店内商品的用户；店铺潜在粉丝是指近期有推广商品所属子类目行为或对商家的竞品店铺感兴趣的用户。
>
> 行业定制人群中的直播活跃人群，是指近期在与商家同类型的直播间有过多次观看、高频互动以及购买等行为的用户；直播购买意向人群是指具备高潜力购买商家的直播间商品的用户。

（4）接下来进入“创意”板块，单击“创意图片”选项下方的“添加”按钮，如图5-8所示。

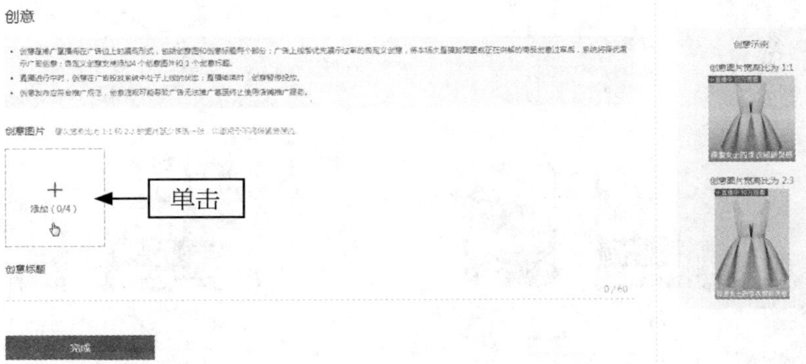

图5-8　单击“添加”按钮

（5）弹出“添加创意图片”窗口，在“素材库”下方单击“本地上传”按钮，如图5-9所示。

（6）在电脑中选择相应的图片后，弹出“本地上传图片裁剪”对话框，适当裁剪图片或者设置图片比例（如方图或长图），如图5-10所示。

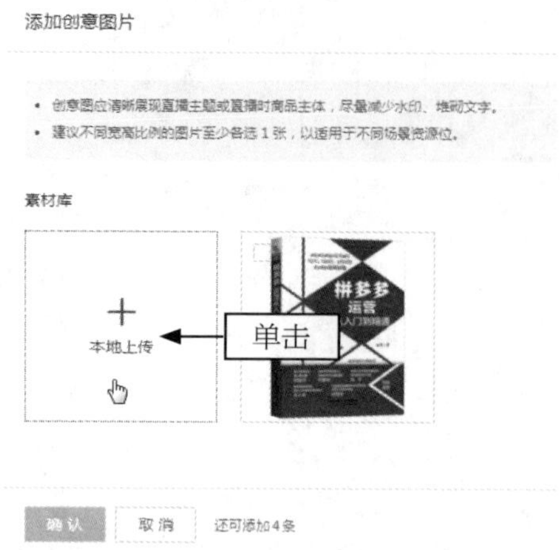

图5-9　单击“本地上传”按钮

图5-10　适当裁剪图片

（7）单击“确认”按钮，即可上传创意素材，如图5-11所示。

（8）❶在“素材库”中选中相应的创意素材（最多选择4张图片）；❷单击“确认”按钮，如图5-12所示。

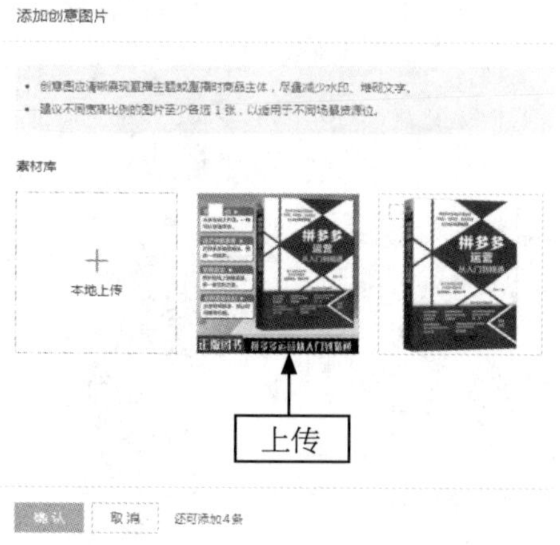

图5-11　上传创意素材

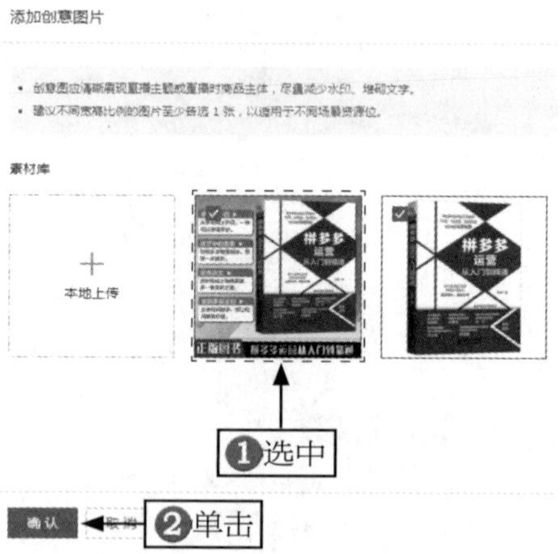

图5-12　单击“确认”按钮

（9）❶即可添加创意图片；❷输入相应的创意标题；❸单击“完成”按钮，即可创建直播推广计划，如图5-13所示。

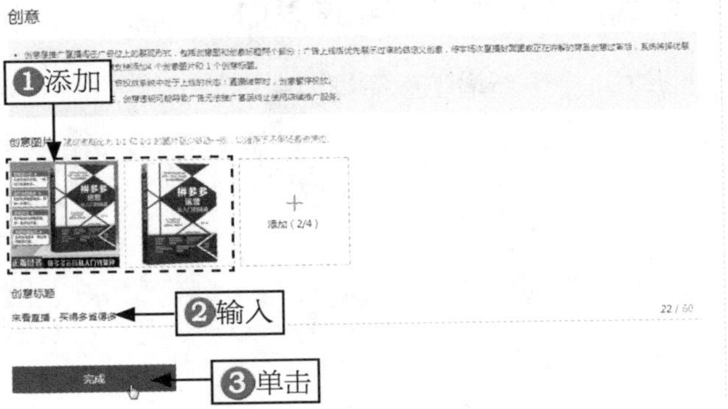

图5-13　单击“完成”按钮

◆ **专家提醒：**

在创建直播推广计划时，商家需要注意以下事项：

（1）分时折扣不能设置为0%，否则直播间无法得到曝光。因此，商家可以结合自己的直播时段合理设置直播间推广的分时折扣，从而避免出现在直播时没有得到推广的情况。

（2）当商家在进行直播的过程中，创意也会在广告投放系统中处于上线的状态；当商家结束直播时，则创意也会同时暂停投放。

5.2.2　通过手机端创建直播推广计划

在手机端使用多多直播功能开启直播，点击底部的“直播推广”按钮，如图5-14所示。在弹出的窗口中，选择创建“自动推广”或“极速推广”计划，点击“确认推广”按钮，即可马上进行推广，如图5-15所示。

图5-14　点击“直播推广”按钮

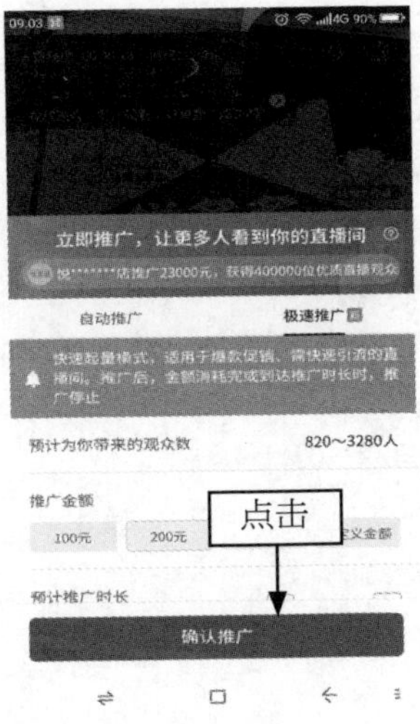

图5-15　点击“确认推广”按钮

5.2.3 手机端直播推广计划新增入口

手机端的“推广中心”中新增了直播推广计划的创建入口，具体方法如下：

（1）打开拼多多商家版App，进入“店铺”界面，在“常用应用”选项区中点击“推广中心”按钮，如图5-16所示。

（2）进入“推广中心”界面，在“数据看板”选项区中点击“直播推广”按钮，如图5-17所示。

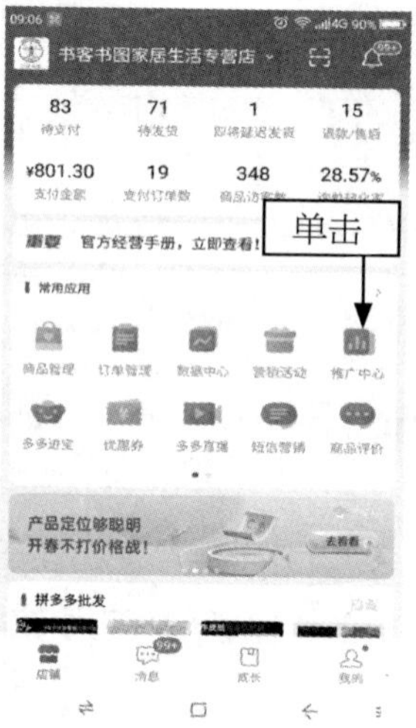

图5-16　点击“推广中心”按钮

图5-17　点击“直播推广”按钮

（3）切换至“直播推广”选项卡，可以查看直播推广计划的数据概况和趋势图，点击底部的按钮，如图5-18所示。

（4）进入“设置推广方案”界面，选择“直播间推广”选项，如图5-19所示。

（5）点击“创建推广计划”按钮，如图5-20所示。

（6）进入“创建推广计划”界面，在“预算日限”选项区中点击“自定义”按钮，如图5-21所示。

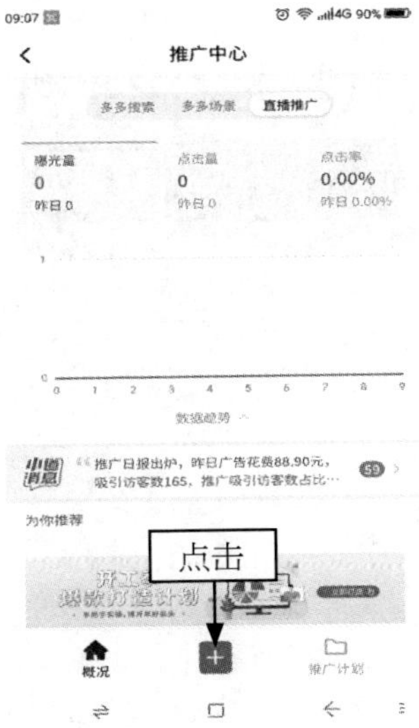

图5-18　点击+按钮

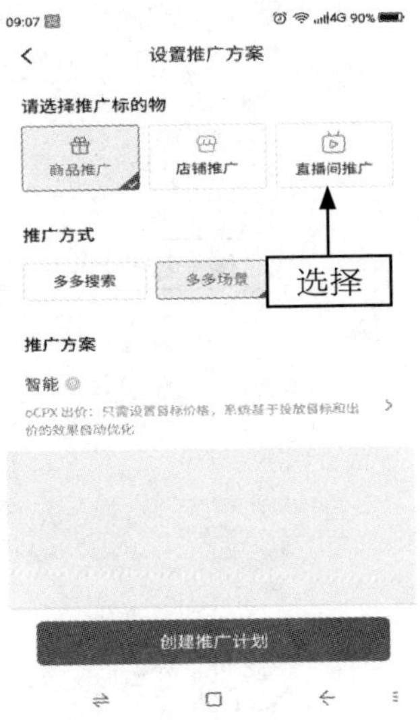

图5-19　选择“直播间推广”选项

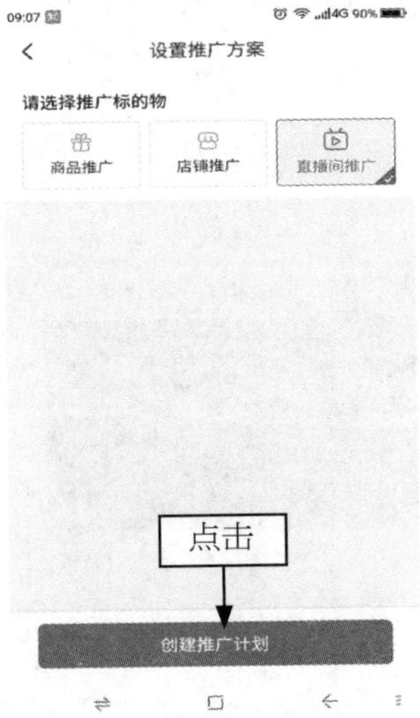

图5-20　点击“创建推广计划”按钮

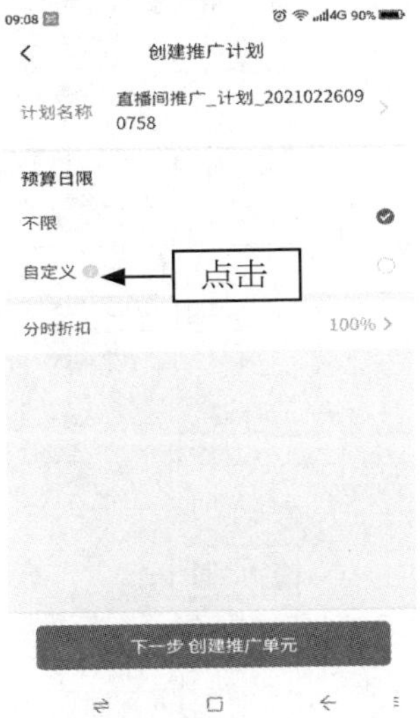

图5-21　点击“自定义”按钮

（7）❶选中“自定义”单选按钮；❷点击“额度”按钮，如图5-22所示。

（8）弹出“自定义预算日限”窗口，❶输入相应的预算日限数额；❷点击“完成”按钮，即可设置自定义的直播推广预算日限，如图5-23所示。

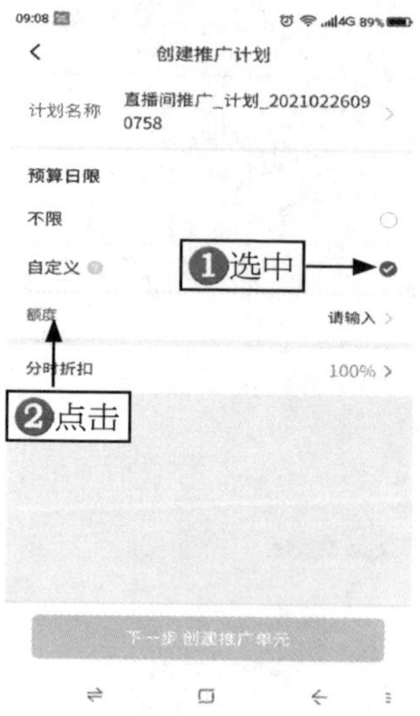

图5-22　点击“额度”按钮

图5-23　点击“完成”按钮

（9）点击“分时折扣”按钮进入其设置界面，❶选择相应的时间段；❷点击“编辑”按钮，如图5-24所示。

（10）弹出“编辑分时折扣”窗口，输入相应的折扣比例，如图5-25所示。

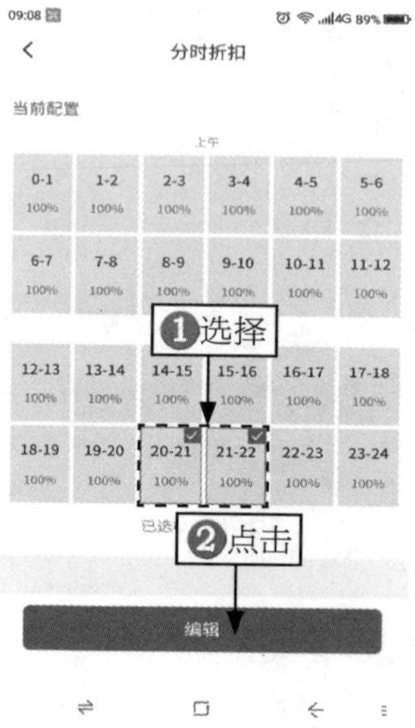

图5-24　点击“编辑”按钮

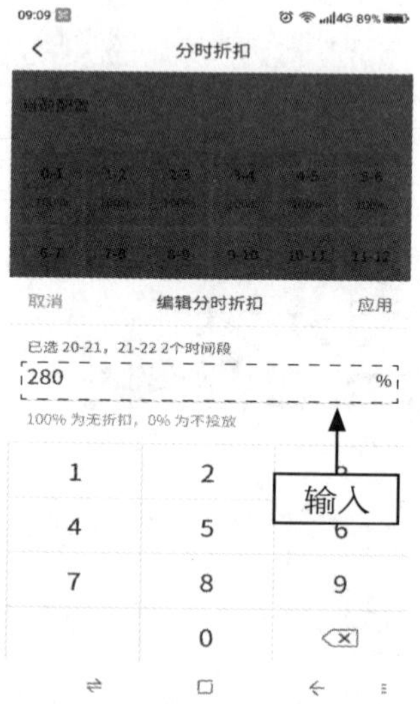

图5-25　输入相应的折扣比例

（11）点击“应用”按钮，即可修改相应时段的分时折扣，如图5-26所示。

（12）返回“创建推广计划”界面，点击“下一步 创建推广单元”按钮，如图5-27所示。

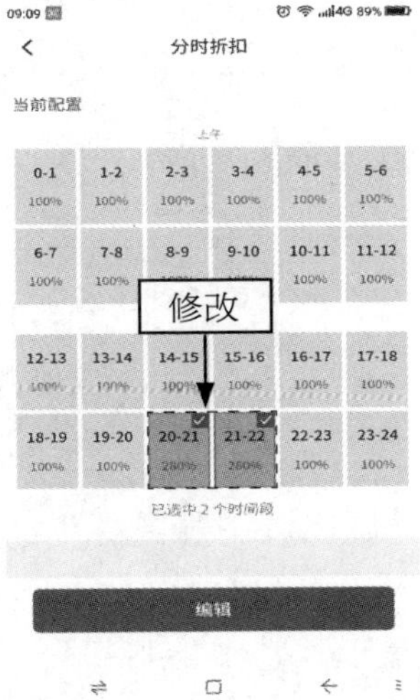

图5-26　修改相应时段的分时折扣

图5-27　点击“下一步 创建推广单元”按钮

（13）进入“创建推广单元”界面，点击“资源位”按钮，如图5-28所示。

（14）进入“资源位”界面，点击“下属人群”按钮，如图5-29所示。

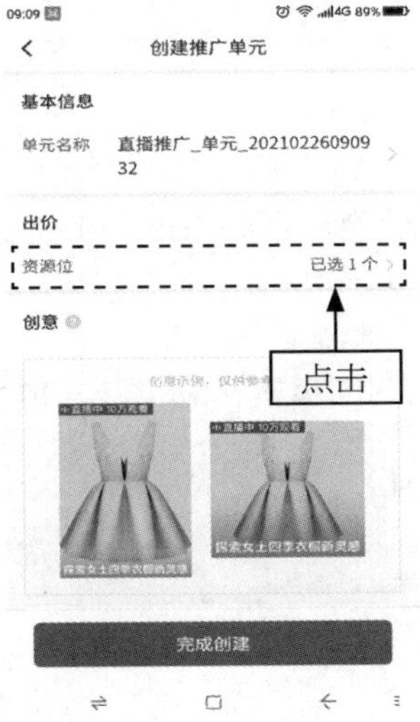

图5-28　点击“资源位”按钮

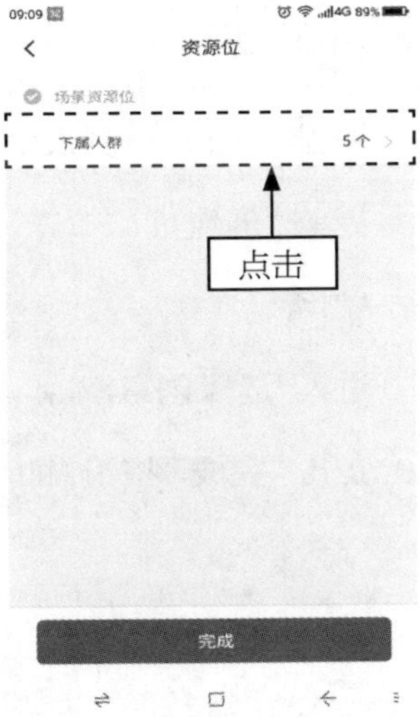

图5-29　点击“下属人群”按钮

（15）进入“场景资源位 下属人群”界面，设置通投人群和常用人群的出价，如图5-30所示。通投人群和常用人群的推广效果好，但是竞争力也大，如果商家想拿到更多曝光则需要提升出价，建议首次使用时直接采纳系统建议出价即可。

（16）在该界面底部点击“添加自定义人群”按钮，如图5-31所示。

图5-30　设置人群出价

图5-31　点击“添加自定义人群”按钮

（17）进入“添加自定义人群”界面，设置其他自定义人群，如图5-32所示。

（18）返回“创建推广单元”界面，在“创意”选项区中点击“自定义图片”按钮，如图5-33所示。

（19）进入“选择创意图片”界面，选中相应的创意素材，如图5-34所示。

（20）点击“完成”按钮，即可添加创意图片，如图5-35所示。

图5-32　“添加自定义人群”界面

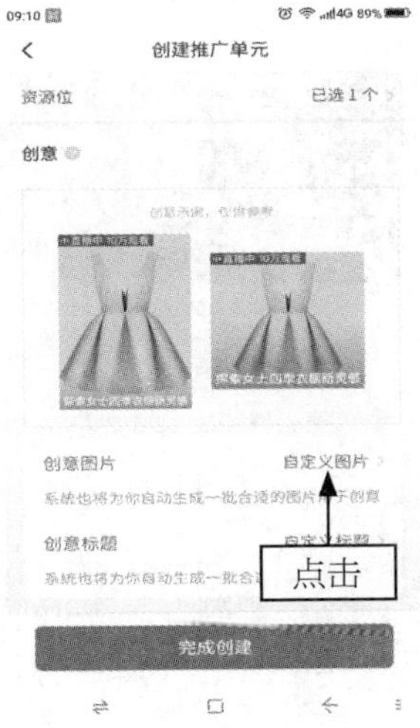

图5-33　点击“自定义图片”按钮

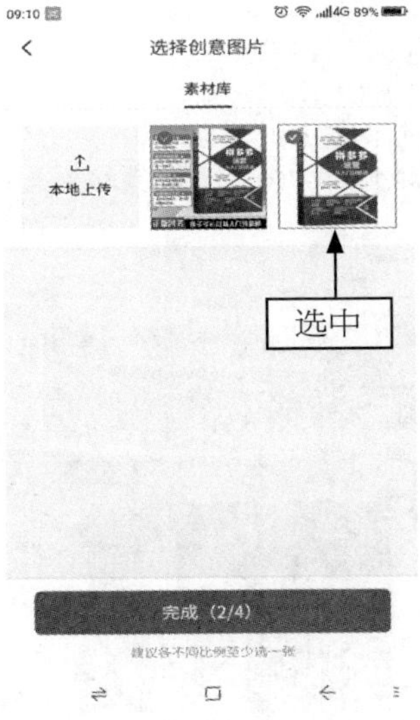

图5-34　选中相应的创意素材

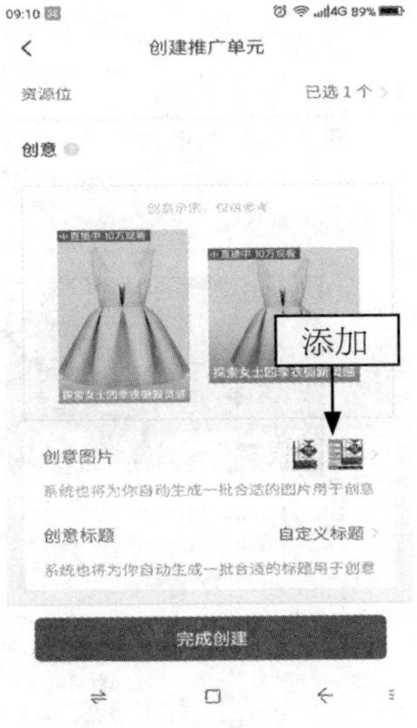

图5-35　添加创意图片

（21）点击“自定义标题”按钮，弹出“编辑自定义标题”窗口，在文本框中输入相应的标题内容，如图5-36所示。

（22）点击“完成”按钮，❶即可设置创意标题；❷点击“完成创建”按钮，即可创建直播推广计划，如图5-37所示。

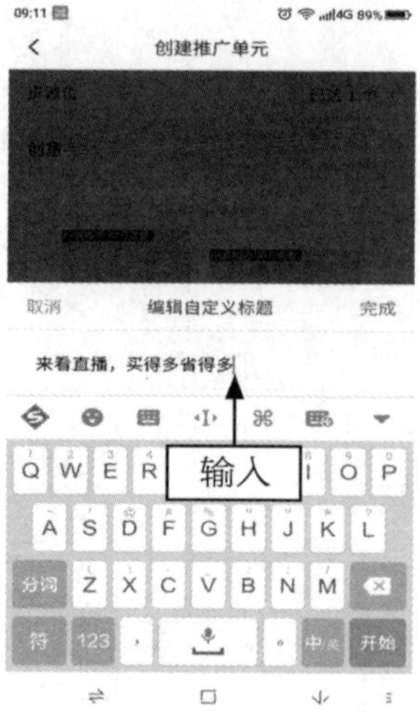

图5-36　输入相应的标题内容

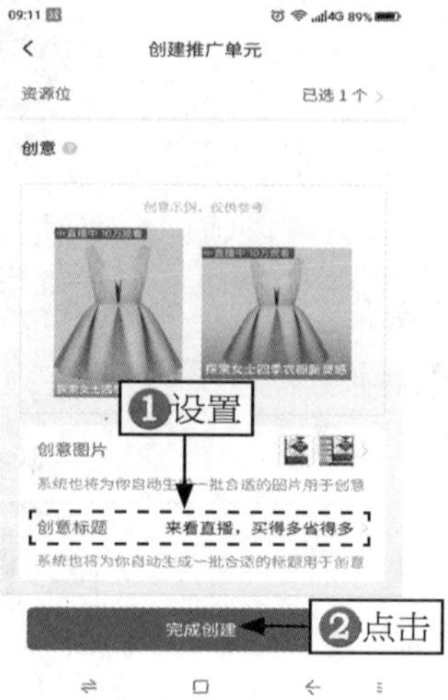

图5-37　点击“完成创建”按钮

◆ **专家提醒：**

直播推广计划中的创意是推广主体在广告资源位上的展现形式，包括创意图片和创意标题两个部分，如图 5-38 所示。商家在测图测款时，可以设置多个创意图片和创意标题，这些创意在广告位上都会获得均等的曝光机会，从而快速测试出最佳的直播封面图和标题。

图5-38　创意图片和创意标题示例

5.3 计划设置：提升直播推广效果

拼多多的直播推广工具，其操作原理为：先圈定一部分用户，然后将要推广的直播间展示到一部分资源位上。同时，这些用户在这些资源位中产生的所有行为都会通过后台数据展现在商家面前。

其实，要在拼多多平台上推广直播间，商家不仅要提升自己的推广能力，同时还需优化好直播间的“内功”，找准时机集中精力加大推广力度，打造爆款直播间。另外在推广后期，商家还需配合其他付费推广形式和活动资源，让直播间的自然流量来源更加稳定，拉长观众的停留时间。

5.3.1 自动推广：保证直播间转化效果

“自动推广”的主要目标是保证直播间的转化效果，系统将会对感兴趣的用户展示商家的直播间。商家只需设置“单日推广金额上限”选项，系统会自动完成出价、人群和场景资源位的设置。

在手机直播间的“推广计划”窗口中，切换至“自动推广”选项卡，❶设置相应的“单日推广金额上限”选项；❷点击“确认创建”按钮，即完成推广计划的创建，操作完成后直播间开始获取曝光，如图5-39所示。

商家创建好“自动推广”计划后可以长期使用，每次开播会自动开启直播推广计划，不需要再次进行设置，适合长期给直播间进行引流的店铺在日常直播带货时使用。

如果商家需要暂停推广，只需点击“暂停推广”按钮即可。暂停后点击“重新开启”按钮，重新开启“自动推广”计划，如图5-40所示。另外，商家也可以根据需要调整单日推广金额上限，并点击“确认修改”按钮即可。

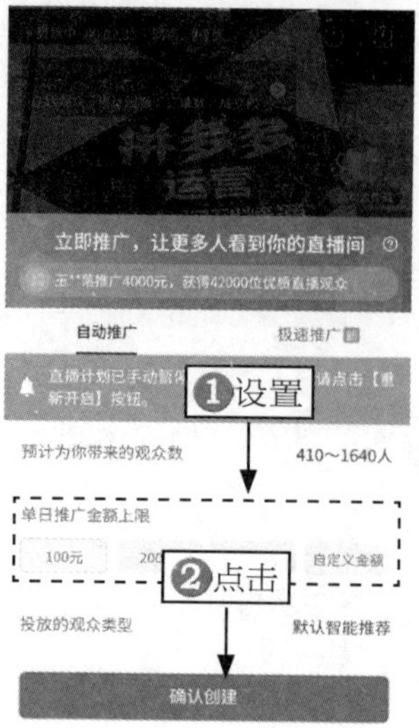

图5-39　点击“确认创建”按钮

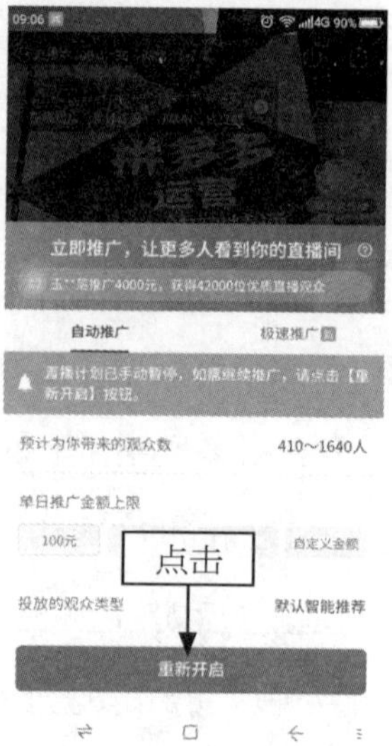

图5-40　点击“重新开启”按钮

◆ **专家提醒：**

在“自动推广”选项卡中，系统会根据单日推广金额上限预估能引入的观众数量，当商家新建或者修改推广订单的金额不足时，系统会提示商家充值，充值后可继续创建或修改推广计划。

5.3.2　极速推广：增加直播间的观看量

当商家需要通过直播来做低价促销或爆款大促活动，或者需要快速清仓与甩货时，即可创建“极速推广”计划，为直播间快速带来大量观众。

“极速推广”计划的主要作用如下：

- 增加直播间的观看人数，强势引流。
- 快速增加直播间的人气，引爆热度。

商家每次开播时，都需要单独购买“极速推广”服务。在手机直播间的“推广计划”窗口中，切换至“极速推广”选项卡，❶设置相应的“推广金额”和“预计推广时长”选项，系统会智能推荐投放的观众类型；❷点击“确认推广”按钮，即可创建推广计划，直播间开始获取曝光，如图5-41所示。

创建“极速推广”计划后，设置的选项参数无法修改。当推广金额消耗完毕，或者达到所设置的预估推广时长后，“极速推广”计划将会关闭，直播间停止获取曝光。如果商家还需要进行推广，可以点击“再次投放”重新开启“极速推广”计划。

点击“查看推广记录”按钮，查看“极速推广”计划的购买记录，如图5-42所示。需要注意的是，单场直播创建的“极速推广”计划是有上限的，最多能购买50个推广订单。

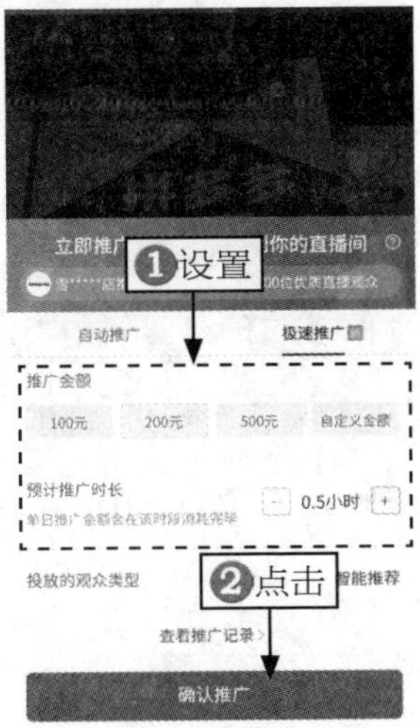

图5-41　点击“确认推广”按钮

图5-42　查看推广记录

> **◆ 专家提醒：**
>
> “自动推广”计划和“极速推广”计划可以同时开启，两者不会产生冲突。例如，商家在开播时先开启“自动推广”计划，则系统会不间断地为直播间进行曝光引流，保证转化效果。当商家需要为直播间快速引流引爆氛围时，同时开启“极速推广”计划，系统则会根据商家的推广金额进行一次大量引流。

5.3.3　优化推广：提升直播流量竞争力

在拼多多营销平台的“直播推广”页面中，选择相应的推广计划，进入直播推广计划详情页面，根据数据修改和优化推广计划，如图5-43所示。

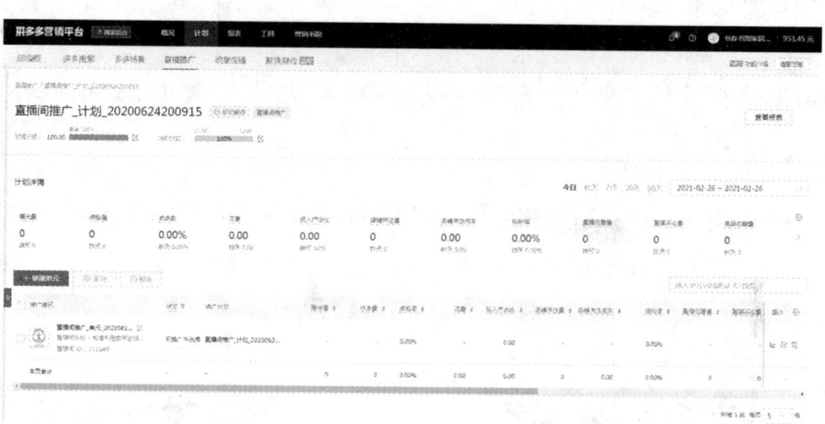

图5-43　直播推广计划详情页面

1. 编辑推广计划

在直播推广计划的标题下方，商家可以查看和修改预算日限与当前折扣。

（1）修改预算日限：单击“预算日限”右侧的“编辑”按钮☑，打开“预算日限编辑”窗口，在该窗口中自定义设置直播推广计划的预算日限，避免金额不足时推广被停止，如图5-44所示。

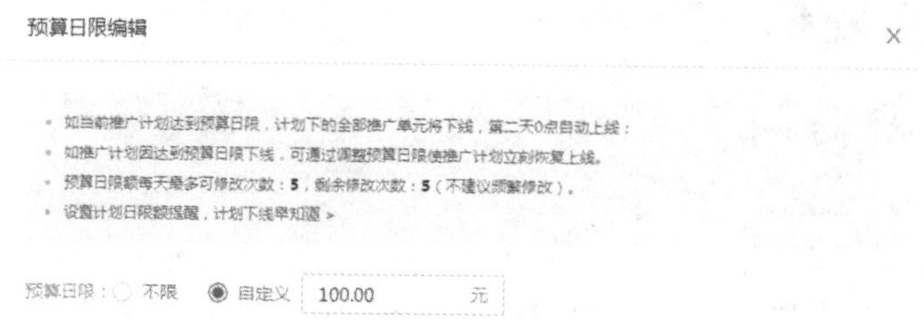

图5-44　“预算日限编辑”窗口

◆ **专家提醒：**

商家在“预算日限编辑”窗口中单击“设置计划日限额提醒”链接，进入“预算日限提醒”界面，设置相应的提醒条件和提醒方式，如图 5-45 所示。

（2）修改分时折扣：❶单击“当前折扣”右侧的“编辑”按钮☑；❷打开“分时投放策略”窗口，在该窗口中自定义设置直播推广计划的分时折扣，避免错过大流量时段，如图5-46所示。商家可以通过数据分析，找出直播间流量和转化最高的时间段，然后侧重投放这些优质的时间段，这样才能有效提升点击率。

图5–45　设置预算日限提醒

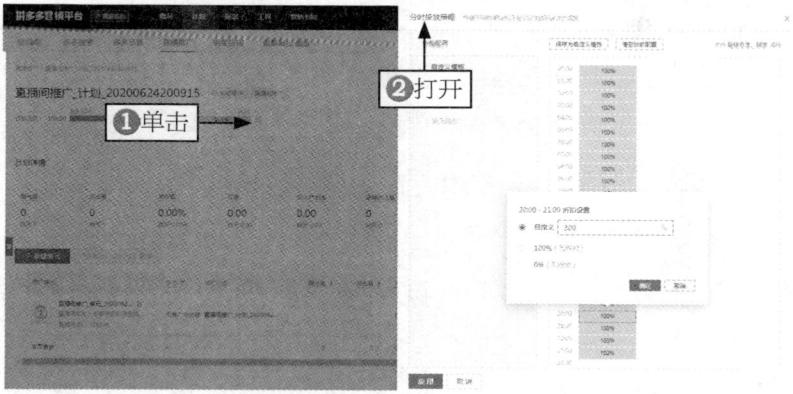

图5–46　修改分时折扣

2. 查看推广数据

在直播推广计划详情页面的“计划详情”选项区中，商家可以单击相应的日期标签，切换查看今日、昨天、7天、30天和90天的数据详情。图5–47所示为90天的数据详情。

图5–47　90天的数据详情

◆ **专家提醒：**

在直播推广计划表格的“状态”栏中，主要包括以下几种状态：

（1）推广中：表示计划在推广账户中处于上线状态。

（2）余额不足：表示账户余额不足，在推广账户中处于下线状态。

（3）到达日限额：表示推广计划花费达到商家所设置的预算日限，在推广账户中处于下线状态。

（4）手动暂停：表示商家已手动暂停推广计划，在推广账户中处于下线状态。

（5）无推广单元：表示直播推广计划中没有正在推广中的单元。

（6）非投放时段：表示推广计划在这个时段被设置为不投放，在推广账户中处于下线状态。

（7）限制推广：如果商家使用推广服务的商品或店铺因违反拼多多店铺推广规则、滥发信息规则或其他平台规则，或因店铺（商品）服务质量不达标（品质退货率、介入率以及纠纷率等），则会显示限制推广状态，详情可进入商家后台中的“店铺管理→违规信息或推广概况→违规记录”页面查看。

（8）店铺推广受限：表示商家的账户投放直播推广计划受限，如有疑问可联系与自己对接的小二进行沟通。

商家也可以单击日期选框，在弹出的“日历”窗口中选择相应的时间段，查看自定义日期内的直播推广计划的数据详情，如图5-48所示。

图5-48　设置自定义时间段

在数据列表中单击“自定义数据概览”按钮⚙，打开“自定义数据列表项”窗口，在该窗口中编辑要显示的数据列表项，如图5-49所示。

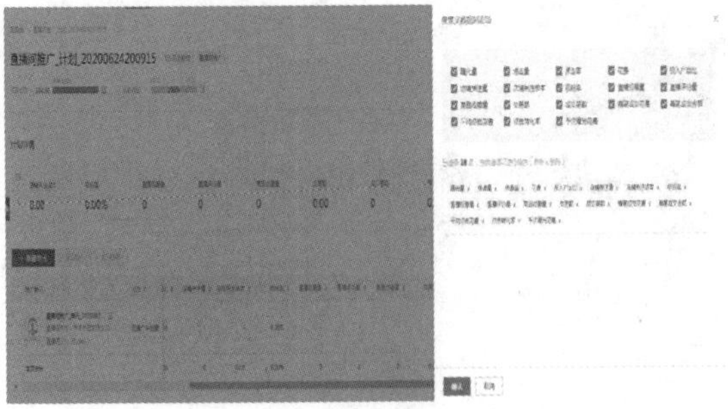

图 5-49　“自定义数据列表项”窗口

在数据列表中单击相应的项目，打开“直播推广计划总览数据趋势”窗口，商家可以按统计项或日期来选择查看相应数据指标的趋势图。图5-50所示为该直播推广计划的今日曝光量趋势图。

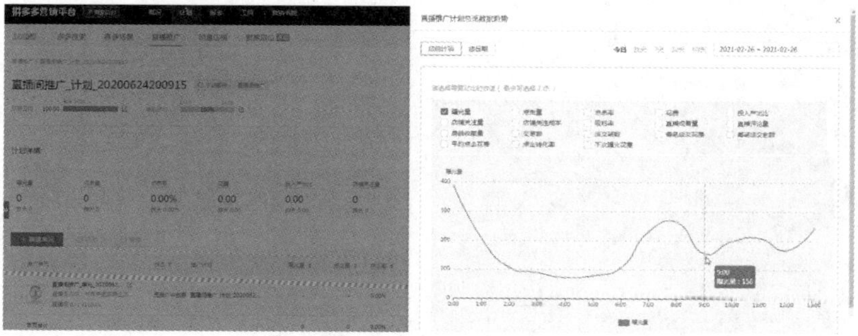

图5-50　曝光量趋势图

在直播推广计划详情页面中单击“查看报表”按钮，进入相应页面，上方为“推广计划概况”列表，商家可以快速了解直播推广计划的关键数据情况，如图5-51所示。

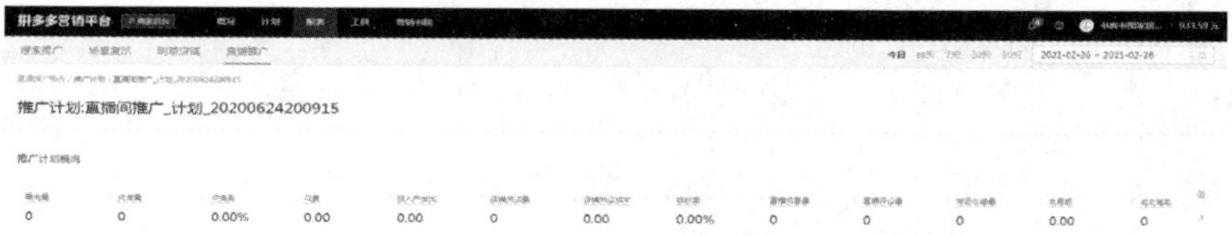

图5-51　“推广计划概况”列表

中间为“趋势对比”数据图表，在“按统计项”选项卡中，选择两个数据指标进行对比。图5-52所示为曝光量和点击量的数据对比情况。

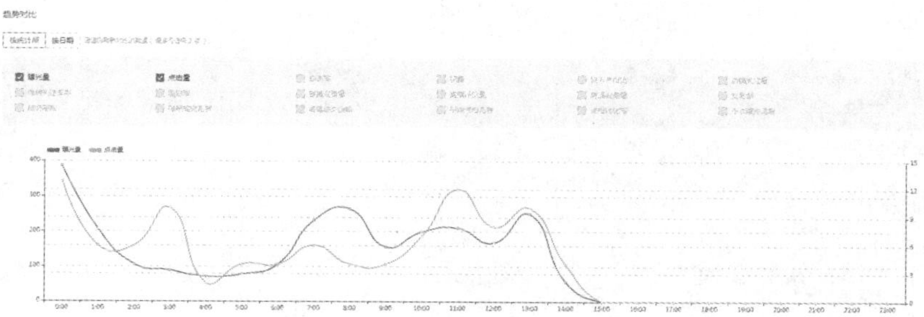

图5-52　曝光量和点击量的数据对比情况

在“按日期”选项卡中，在列表框中选择相应的数据指标，查看不同日期的数据对比情况，如图5-53所示。

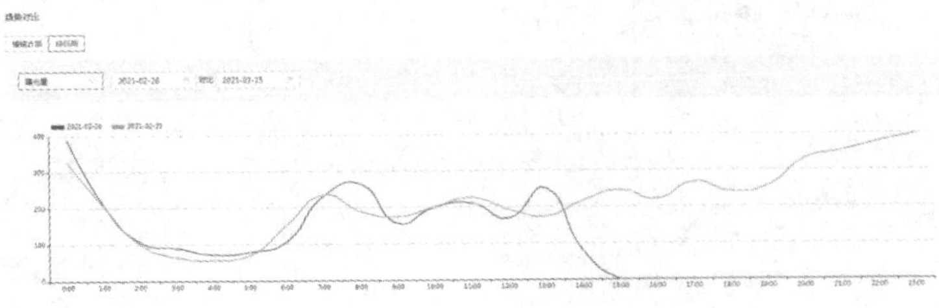

图5-53 “按日期”选项卡

在最下方的“分级详情”选项卡中，商家可以选择查看推广单元、资源位、人群或创意的分级详情数据情况，如图5-54所示。单击右侧的“导出报表”按钮 ，将直播推广计划的数据报表下载到电脑中，进行更为复杂的分析。

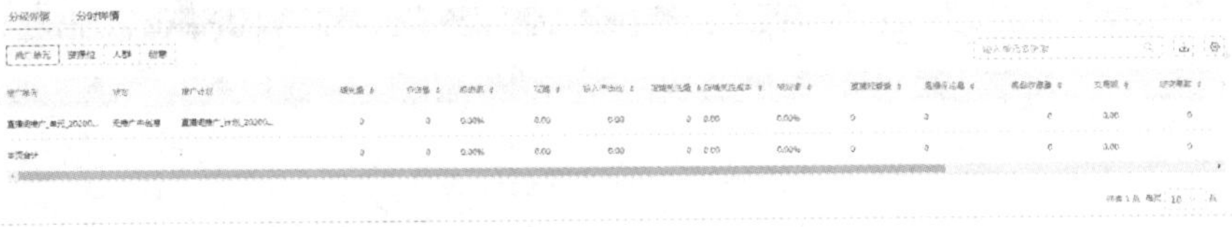

图5-54 “分级详情”选项卡

切换至“分时详情”选项卡，可以查看直播推广计划中的各个数据指标当天各时段的数据详情，商家可以找出点击率、吸粉率和投入产出比较高的时段来进行重点推广，如图5-55所示。

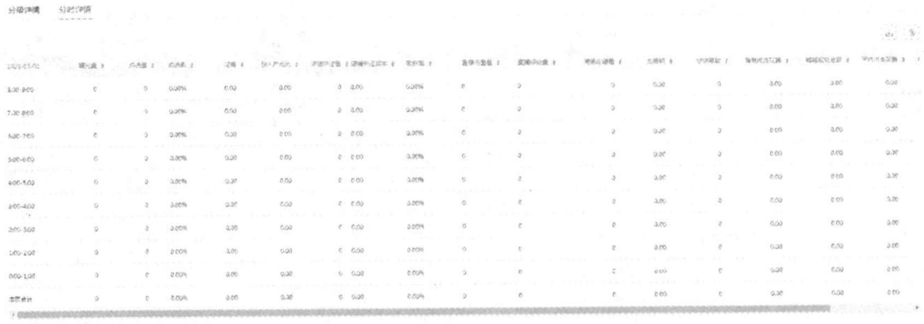

图5-55 “分时详情”选项卡

在直播推广计划的数据报表中有一系列的数据指标，商家必须了解这些数据指标的具体含义，才能有针对性地对直播推广计划进行优化和调整，从而找出推广效果最好的标题、创意图片和投放时段。表5-1所示为直播推广计划报表中各数据指标的具体含义或相关公式。

表5-1　各数据指标的具体含义或相关公式

数据指标	具体含义或相关公式
曝光量	推广创意在广告位被买家看到的次数
点击量	推广创意在广告位被点击的次数。注意：虚假点击将被反作弊体系过滤，该数据为过滤后的数据
点击率	点击率=点击量 ÷ 曝光量，表示创意图片对买家的吸引力，点击率越高表示吸引力越大
花费	推广创意在本次推广上所产生的费用
投入产出比	投入产出比=交易额 ÷ 花费，即本次推广每花费 1 元在 14 天转化周期内带来的支付交易额
店铺关注量	推广创意在广告位被点击后，买家在 14 天转化周期内，通过推广创意关注或直接关注该店铺的次数
店铺关注成本	店铺关注成本=非粉丝推广消耗 ÷ 店铺关注量
吸粉率	吸粉率=店铺关注量 ÷ 非粉丝点击量
直播观看量	直播推广带来的直播间观看数量
直播评论量	直播推广带来的直播间评论数量
商品收藏量	推广创意在广告位被点击后，买家在 14 天转化周期内，通过推广创意收藏商品或直接收藏该店铺内商品的次数
交易额	交易额=直接成交金额+间接成交金额，即推广创意在广告位被点击后，买家在 14 天内直接购买该直播间内商品的订单金额，以及通过推广商品详情页跳转至店铺内其他商品并购买的订单金额
成交笔数	成交笔数=直接成交笔数+间接成交笔数，即推广创意在广告位被点击后，买家于 14 天内直接在该直播间内购买商品的成交笔数，以及通过推广商品详情页跳转至店铺内其他商品并购买的成交笔量
每笔成交花费	每笔成交花费=花费 ÷ 成交笔数，即每成交 1 笔的平均花费
每笔成交金额	每笔成交金额=交易额 ÷ 成交笔数，即每成交 1 笔带来的支付交易额
平均点击花费	平均点击花费=花费 ÷ 点击量，即推广创意每获得 1 次点击的平均花费
点击转化率	点击转化率=成交笔数 ÷ 点击量
千次曝光花费	千次曝光花费=花费 ÷ 曝光量 ×1 000，即推广创意每曝光 1 000 次的平均花费

注：表中的相关数据指标的解释来源于拼多多，如有更新请以官方最新的信息为准

3. 编辑推广单元

在拼多多营销平台的“直播推广”页面中，切换至“推广单元”选项卡，可以查看推广单元的数据概览，同时在“操作”栏中还可以执行“查看报表”“暂停”

和“删除”推广单元等操作，如图5-56所示。

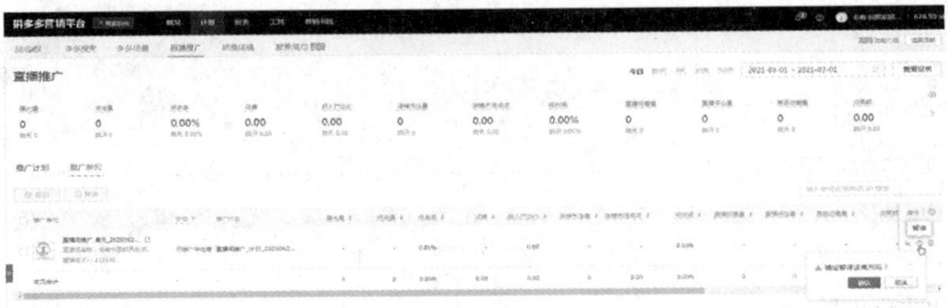

图5-56　“推广单元”选项卡

单击推广单元的名称，进入推广单元详情页面，可以对推广单元的“资源位”“人群”“创意”和“直播场次”等选项进行编辑，如图5-57所示。

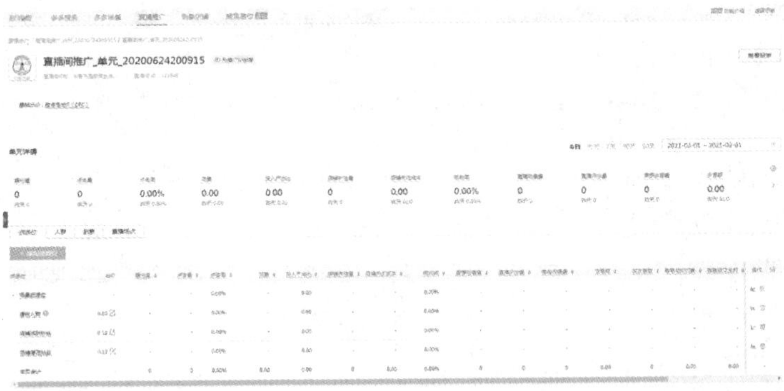

图5-57　推广单元详情页面

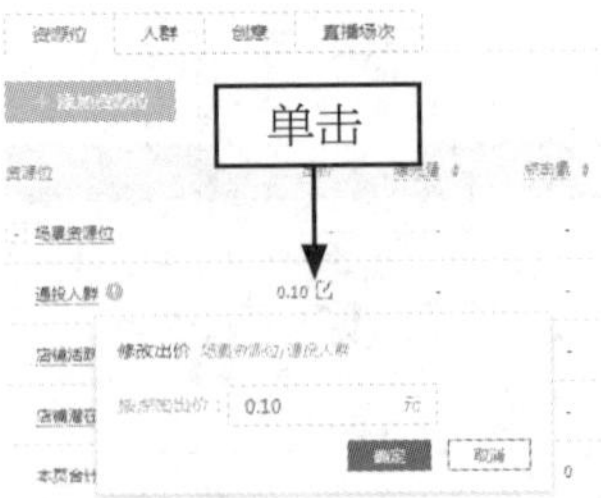

图5-58　修改资源位出价

在“资源位”选项卡中，单击“添加资源位”按钮，添加新的广告投放资源位。在“资源位”列表中，单击“出价”栏中的“编辑”按钮☑，可以修改相应场景资源位的出价，如图5-58所示。

切换至“人群”选项卡，可以查看直播推广单元的相关人群投放数据以及修改人群出价，如图5-59所示。商家可以统计分析上一场直播的投放人群数据、删除点击率和投入产出比数据低于推广单元整体水平的定向人群，同时逐步增加数据表现较好的人群出价，然后通过观察这两个指标的数据表现情况来选择是否要继续进行优化调整。

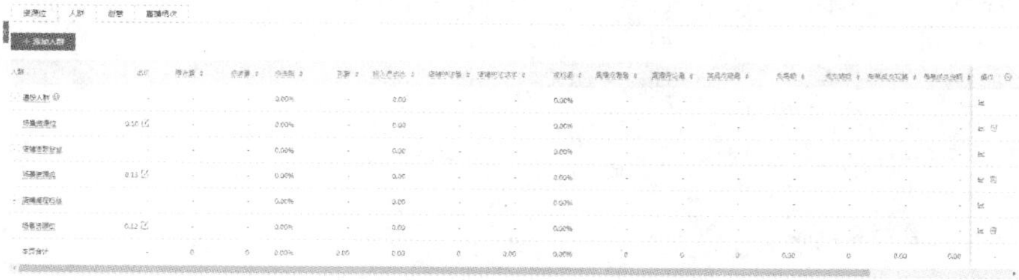

图5-59　“人群”选项卡

❶单击“添加人群”按钮；❷打开“添加资源位及人群”窗口，如图5-60所示。商家可以在此添加新的投放人群，系统会根据商家设置的出价来自动预估覆盖人群数量。商家可以选择CTR/CVR表现较好的人群定向方式，并适当上调出价，快速提升推广直播间的点击率和ROI。

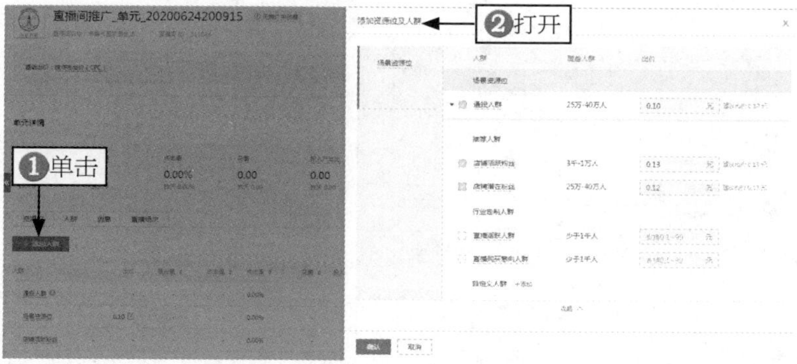

图5-60　“添加资源位及人群”窗口

◆ **专家提醒：**

CTR（Click Through Rate，点击通过率），即点击广告的实际数量。CVR（Click Value Rate，转化率）是衡量CPA（Cost Per Action，按成果数计费）广告效果的指标。ROI（Return On Investment）一般指投资回报率。

切换至“创意”选项卡，在“状态”栏中可以查看推广创意的当前状态。如果推广单元的创意显示为“已驳回”状态，将鼠标指针移至状态文字上，在弹出的提示框中单击“去修改”按钮，如图5-61所示。

打开“添加自定义图片和标题”窗口，在该窗口中添加创意图片和创意标题，如

图5-62所示。要提升直播间的点击率，创意图片和创意标题是关键所在，商家可以通过独特的图片风格和创意造型，让直播间在资源位中脱颖而出。

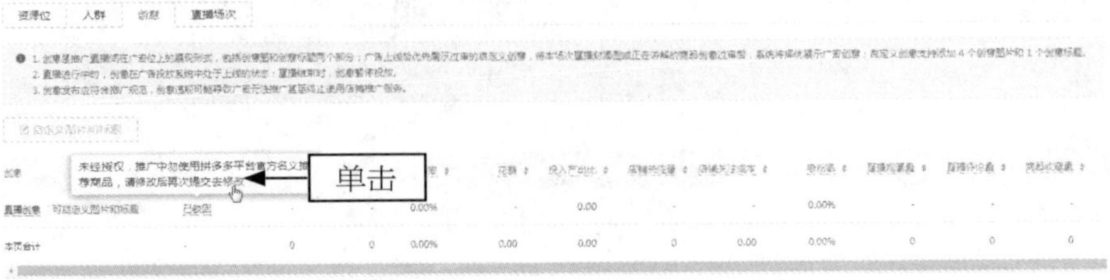

图5-61　单击“去修改”按钮

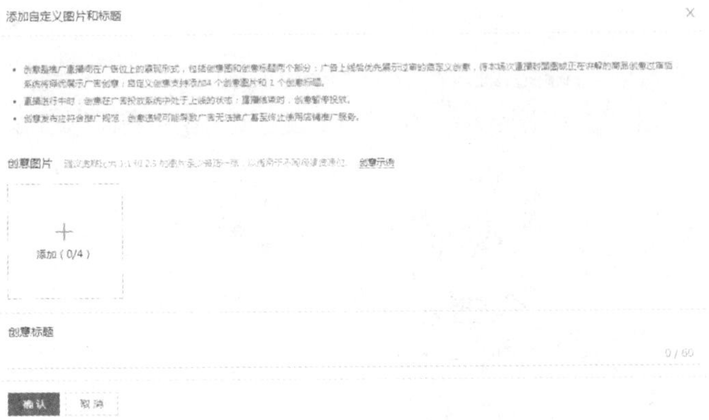

图5-62　“添加自定义图片和标题”窗口

◆ **专家提醒：**

大部分买家在逛拼多多时，浏览速度都是比较快的，可能短短几秒会看几十个同类型的产品，通常不会太注意图片中的内容。因此，商家一定要在创意图片上放置能够引起买家购买欲望的有效信息，而不能让信息成为买家浏览的负担。

5.3.4　创意设计：提升广告的投放效果

在创建或编辑直播推广计划时，商家除了可以自定义上传创意图之外，也可以使用素材库工具和神笔马良制图工具，制作精彩的创意图效果。

1. 使用素材库工具制作创意

“素材库”是一个一站式创意管理推广工具，能够帮助商家轻松查看与上传创意，助力提升直播间广告的投放效果。

进入拼多多商家后台的“推广中心→推广工具”页面，在“创意工具”选项卡中选择“素材库”工具，如图5-63所示。

图5-63　选择“素材库”工具

即可进入“素材库”页面，如图5-64所示。在“场景”菜单中选择明星店铺、营销海报或者搜索/展示等推广场景，然后单击“快速制作素材”按钮或者“本地上传”按钮，制作或上传创意图片。

图5-64　“素材库”页面

将鼠标移至“本地上传”按钮右侧的问号图标 ? 上，即可查看上传图片的基本要求，如图5-65所示。单击“本地上传”按钮，弹出“打开”对话框，选择相应图片，单击“打开”按钮，裁剪图片并确认，即可将图片上传到素材库中，如图5-66所示。

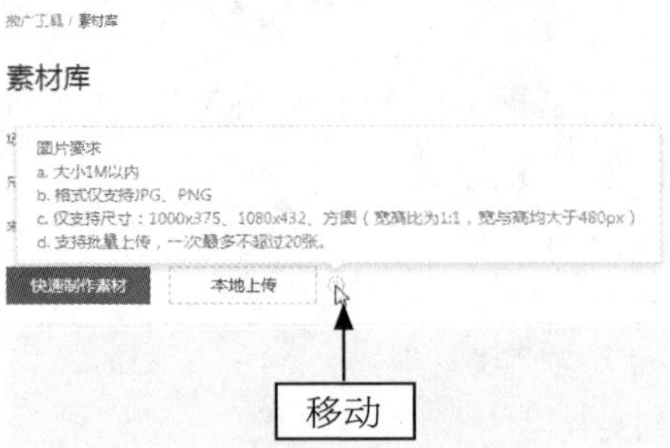

图5-65　查看图片要求

图5-66　将图片上传到素材库中

2. 神笔马良-banner制图工具

在“推广工具”页面的“创意工具”选项卡中选择“神笔马良”工具，即可进入“神笔马良”页面，如图5-67所示。“神笔马良”包括营销海报制作和商品主图制作等应用场景以及主图竞争力分析、牛皮癣检测、清晰度提升和白底图制作等小工具。

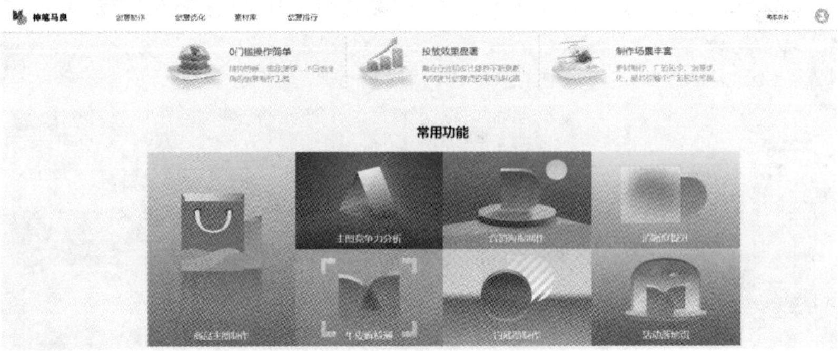

图5-67　“神笔马良”页面

◆ **专家提醒：**

“神笔马良”工具的技术优势如下：

（1）图像识别：机器识别商品主体及其所属行业。

（2）智能抠图：以图像识别为基础，识别商品主体及其边界，为图片主体抠除背景。

（3）智能文案：智能理解商品内容，自动生成多样且生动的广告文案。

（4）批量图片处理：批量对多张图片进行统一自动化处理，节省时间。

例如，如果商家的直播推广素材图片比较模糊，可以直接使用“神笔马良”

工具的“清晰度提升”功能来解决该问题，如图5-68所示。

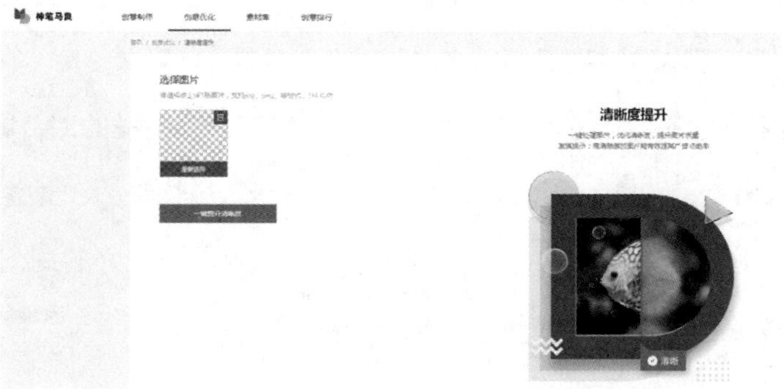

图5-68　“清晰度提升”功能

5.3.5　付费结合：直播和其他推广工具

在拼多多平台上，比较传统的推广玩法就是“爆款4部曲”，具体流程如图5-69所示。

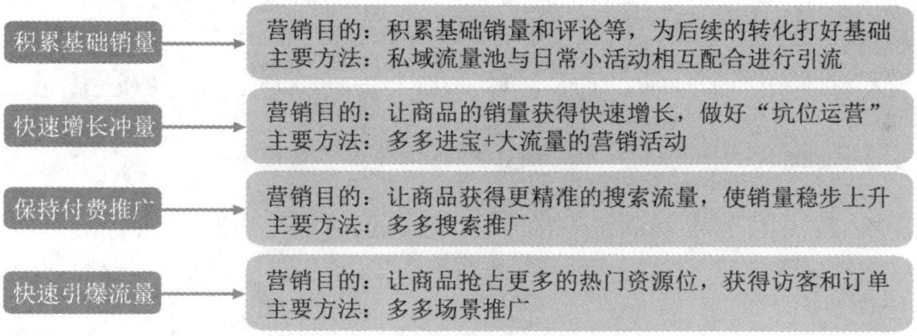

图5-69　“爆款4部曲”推广法

随着短视频和自媒体的发展，如今直播带货成为一种非常热门的营销方式。在拼多多平台上，商家也可以将传统的推广玩法与直播推广相结合，实现快速增粉、提升转化、全店动销、提升复购率以及高效打造爆款等目标。

买家在拼多多上搜索商品时，直播间同时也会获得展现，因此商家可以使用其他付费推广工具来给直播间的商品进行精准引流，具体包括以下三种方法。

1. 多多搜索引流+直播卖货

什么是搜索推广？买家在搜索商品时，商家只要购买相应的关键词，即可让自己的商品从万千商品中脱颖而出，快速被买家看到。商家在使用“多多搜索”引流时，关键在于做好关键词和人群的设置，为直播间带来精准的消费者。

（1）关键词。关键词一定要精准，不仅要流量（点击率）大、搜索人气（搜索热度）高，而且相关性也要高，必须是成交数据（转化率）最好的词，这样才能给推广的商品带来精准流量和高转化效果，如图5-70所示。

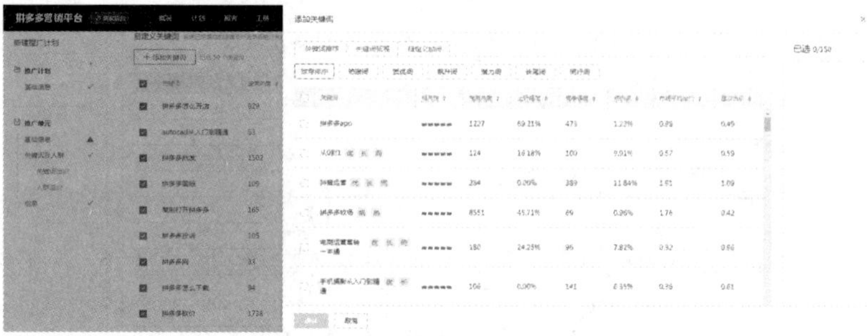

图5-70 “多多搜索”推广计划的关键词设置

（2）人群定向。在设置“多多搜索”的人群定向时，应尽量选择成交转化高的人群进行投放，如图5-71所示。新手商家可以直接使用系统提供的智能推荐人群，系统会结合商家的店铺商品特性，智能挑选转化效果好的人群，可用于日常销售的广告投放策略。

图5-71 “多多搜索”推广计划的人群设置

（3）地域定向。商家可以在“人群溢价”中添加一个“地域定向”，根据商品的主要消费群体，精选成交转化高的地域来投放，如图5–72所示。

图5–72　“多多搜索”推广计划的地域定向设置

2. 多多场景引流+直播卖货

商家在创建“多多场景”推广计划时，重点在于人群和资源位的配置，为直播间带来更加精准的流量，具体方法如下：

（1）人群。“多多场景”推广计划的人群点击率和转化率要高，使引流效果更加精准，如图5–73所示。投放人群要在前期尽量测试好，将全部人群设置同样的溢价比例，然后经过几天的推广运营后，再观察数据反馈情况，找到点击率高的人群来提高溢价比例，同时降低点击率低的人群溢价比例。

图5–73　“多多场景”推广计划的人群设置

（2）资源位。“多多场景”推广计划的资源位流量一定要足够大，保证引流的数量，如图5–74所示。资源位则建议优先投放优选活动页，点击率和转化率通常会高于其他位置。同时，在人群出价的基础上，对不同的资源位设置不同的溢价比例来获取更加优质的流量。

图5-74　“多多场景”推广计划的资源位设置

3. 直播间关注+付费推广转化

前面的付费推广主要是为了实现快速和精准引流，然后将这些精准流量聚集到直播间中来实现高效成交转化。当然，商家还需要做好直播间的一些基本运营工作，如封面、标题、欢迎语、活动和带货语言技巧等，多引导观众关注、收藏和分享直播间，成为店铺粉丝，如图5-75所示。当观众在直播间中成为高黏性的沉淀客户后，还可以再次使用付费推广工具进行二次引流和成交。

图5-75　使用欢迎语引导观众关注直播间

第6章

直播运营：打造百万月销直播间

商家只有做好直播运营的相关工作，如遵守平台的直播规则、做好封面和标题的优化及把握好直播各阶段的细节事项等，这样才能让自己的直播间获得更多的曝光和流量，为店铺带来更多高客单价的品质人群。

6.1 直播规则：解析拼多多的直播间违规场景

商家要想在拼多多平台上开播带货，就必须遵守平台制定的规则，若违反平台的直播规范，平台有权对商家进行处理。图6-1所示为《拼多多商家直播管理规范》的部分内容，商家可以进入拼多多规则中心搜索该规则并查看具体细节。

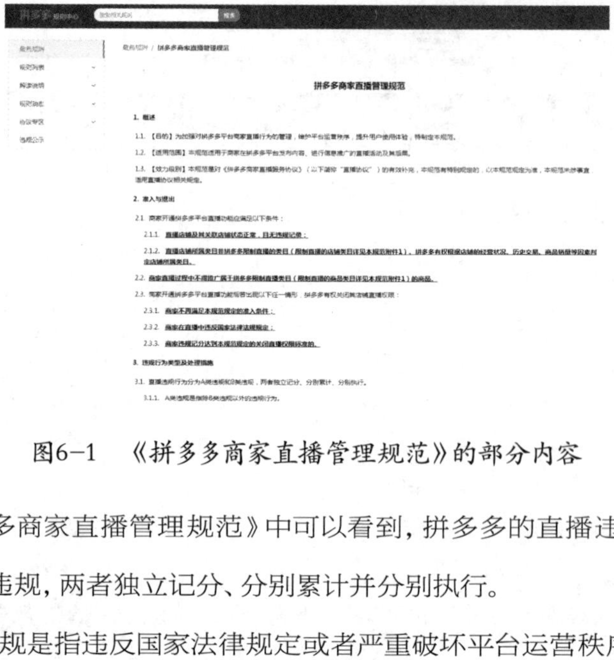

拼多多商家直播管理规范

1. 概述

1.1. 【目的】为加强对拼多多平台商家直播行为的管理，维护平台运营秩序，提升用户使用体验，特制定本规范。

1.2. 【适用范围】本规范适用于商家在拼多多平台发布内容、进行信息推广的直播活动及其后果。

1.3. 【效力级别】本规范是对《拼多多商家直播服务协议》（以下简称“直播协议”）的有效补充，本规范有特别规定的，以本规范规定为准，本规范未涉事宜适用直播协议相关规定。

2. 准入与退出

2.1. 商家开通拼多多平台直播功能应满足以下条件：

2.1.1. 直播店铺及其关联店铺状态正常，且无违规记录；

2.1.2. 直播店铺所属类目非拼多多限制直播的类目（限制直播的店铺类目详见本规范附件1）。拼多多有权根据店铺的经营状况、历史交易、商品销量等因素判定店铺所属类目。

2.2. 商家直播过程中不得推广属于拼多多限制直播类目（限制直播的商品类目详见本规范附件1）的商品。

2.3. 商家开通拼多多平台直播功能后若出现以下任一情形，拼多多有权关闭其店铺直播权限：

2.3.1. 商家不再满足本规范规定的准入条件；

2.3.2. 商家在直播中违反国家法律法规规定；

2.3.3. 商家违规记分达到本规范规定的关闭直播权限标准的。

3. 违规行为类型及处理措施

3.1. 直播违规行为分为A类违规和B类违规，两者独立记分、分别累计、分别执行。

3.1.1. A类违规是指除B类违规以外的违规行为。

图6-1 《拼多多商家直播管理规范》的部分内容

从《拼多多商家直播管理规范》中可以看到，拼多多的直播违规行为分为A类违规和B类违规，两者独立记分、分别累计并分别执行。

- B类违规是指违反国家法律规定或者严重破坏平台运营秩序的行为。
- A类违规是指除B类违规以外的其他违规行为。

同时，A类违规和B类违规按照违规情节的轻重，分别划分为情节一般和严重。拼多多会根据商家的具体违规情况，对其违规情节轻重进行判断，并给予相关处理。

6.1.1 常见的“一般违规”场景

“一般违规”场景的处理方式通常是警告，或者暂停直播并扣分。扣分的标准为2~24分，当商家的累计扣分达到一定节点后，平台将在一定期限内关闭商家的直播功能，如表6-1所示。

表6-1　商家违规记分累计达到一定分值的处理措施

违规类型	累计违规记分	处理措施
A 类违规	12 分	关闭直播功能 1 日
	24 分	关闭直播功能 7 日
	48 分	关闭直播功能 30 日
B 类违规	24 分	关闭直播功能 7 日
	48 分	关闭直播功能 30 日
	72 分	关闭直播功能 90 日
	96 分	永久关闭直播权限

注：A 类违规记分在每年 12 月 31 日 23 时 59 分 59 秒（以拼多多实际记分时间为准，下同）清零。B 类违规记分每两个自然年清零一次，清零时间为第二年 12 月 31 日 23 时 59 分 59 秒。注意，正在执行的违规处理措施不会因记分清零而撤销。

需要注意的是，每次违规的具体记分分值以拼多多实际认定为准，相关规定为："当A类违规记分达到48分后，拼多多将以每12分为一个处理节点，即每增加12分，执行一次关闭直播功能30日的处理；若商家因单次A类违规记分后达到两个或以上处理节点的，仍执行一次关闭直播功能30日的处理。"

"一般违规"场景主要包括影响用户体验、侵犯他人合法权益、扰乱市场秩序。"严重违规"场景主要包括传播淫秽低俗信息、发布平台禁止的商品和信息及传播危害国家安全、破坏民族团结与社会稳定的信息。下面挑选一些商家容易放错的重点规则进行讲解。

1. 影响用户体验

影响用户体验是指商家在直播过程中的一系列违规行为，对于用户的观看体验造成不良影响，具体如图6-2所示。

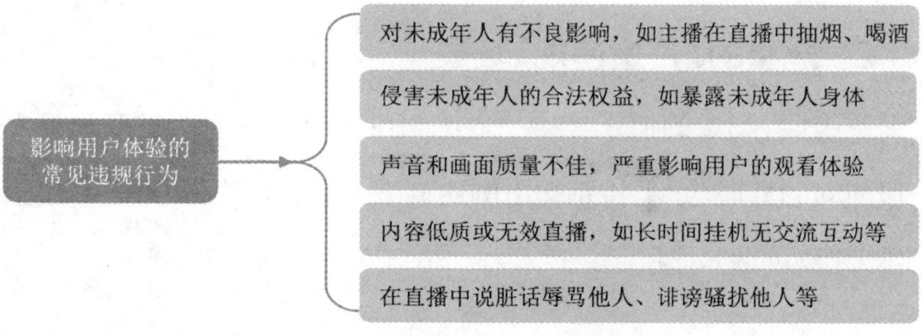

图6-2　影响用户体验的常见违规行为

2. 侵犯他人合法权益

侵犯他人合法权益是指商家的违规直播行为对其他用户的合法权益造成侵犯，具体如图6-3所示。

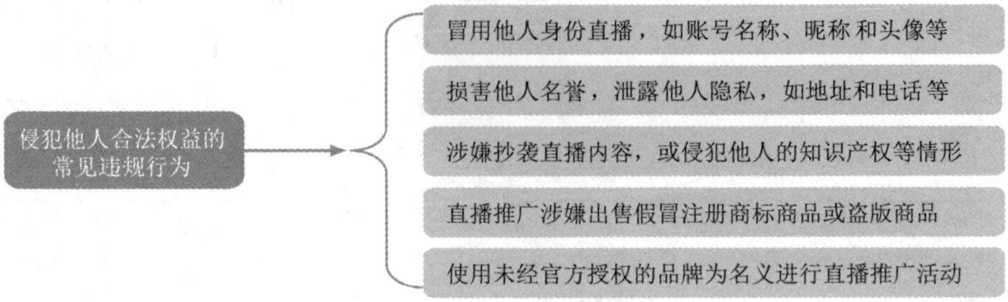

图6-3　侵犯他人合法权益的常见违规行为

3. 扰乱市场秩序

扰乱市场秩序是指商家在直播中进行不正当竞争，从事非法经营贸易等违规行为，具体如图6-4所示。

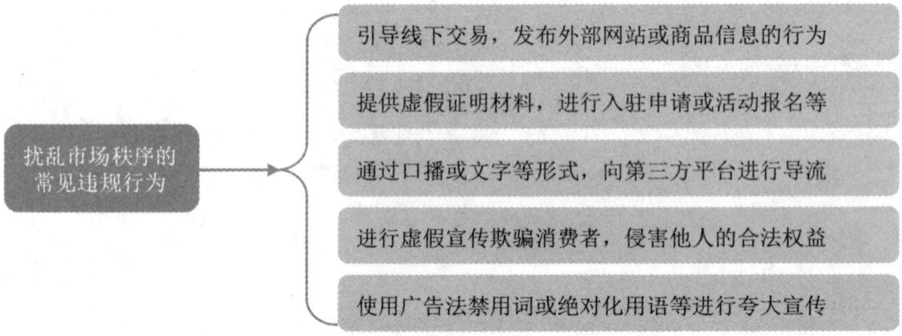

图6-4　扰乱市场秩序的常见违规行为

6.1.2　严重的“严重违规”场景

“严重违规”场景的扣分为25~96分，出现此类违规行为的商家将会被系统关闭一段时间的直播功能，特别严重的还将被永久关闭直播权限。“严重违规”场景的常见行为如图6-5所示。

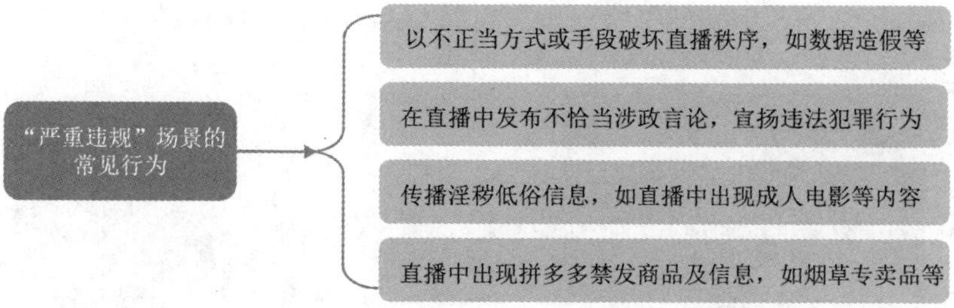

图6-5　"严重违规"场景的常见行为

6.2　视觉优化：让直播间上推荐赢得更多流量

商家在拼多多平台上直播时，还需要对直播间进行一定的视觉优化处理，包括直播封面、直播标题、直播公告、广告素材以及主播妆容等细节，从而让直播间获得平台的推荐，赢得更多的流量。

6.2.1　直播封面：提升点击率，成为热门主播

拼多多直播的封面图通常包括主播人像图和带货商品图两种，不同的类型有不同的封面质量标准，下面将进行具体介绍。

1. 主播人像图

对于歌舞娱乐类或者专业技能类的主播来说，可以使用自己的人像图作为直播封面，具有打造个人IP（Intellectual Property，知识产权）的作用。优质人像封面图的相关标准如图6-6所示。

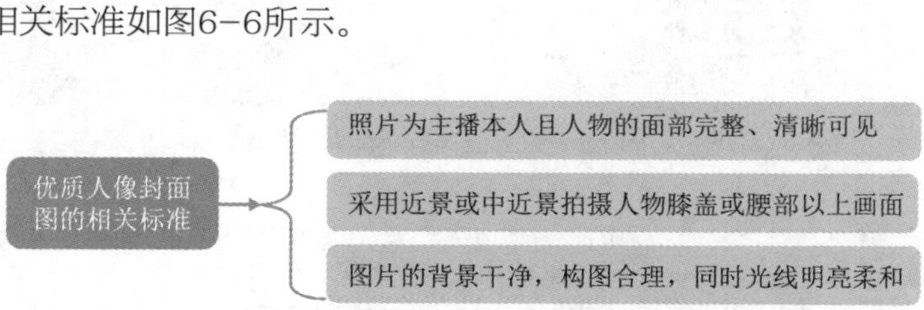

图6-6　优质人像封面图的相关标准

图6-7所示为采用模特主播展示的封面图，展现出优雅的穿搭效果。

图6-7　采用模特主播展示的封面图

图6-8所示为书店和摄影器材带货的直播封面图，主播和商品结合在一起能够让直播主题更加明确。

图6-8　书店（左图）和摄影器材（右图）带货的直播封面图

另外，商家还需注意避免使用一些低质的人像封面图，具体如下：

- 不是主播本人的图片，如网络上随便找的人物图。
- 使用未经授权的明星照片。

直接用直播间的截图。

- 没有美感的大头照或者后期处理太差的图片。
- 多人合照的图片，如图6-9所示。
- 有不雅着装与动作的照片。
- 用床作为道具拍摄的照片，或斜躺着拍摄的照片，如图6-10所示。

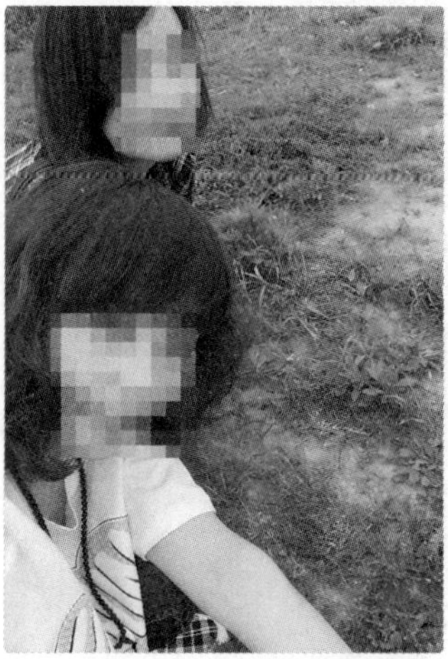

图6-9　多人合照的照片

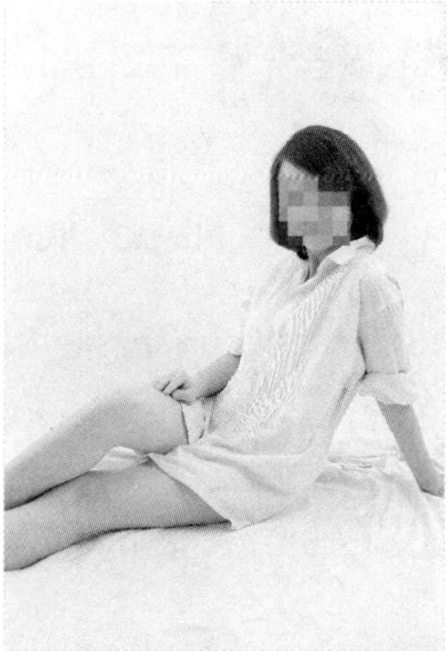

图6-10　斜躺着拍摄的照片

- 文字过多或背景杂乱的照片，如图6-11所示。

图6-11　文字过多（左图）或背景杂乱（右图）的照片

2. 带货商品图

如果商家的目的不是打造个人IP，而是想通过直播来卖货提升商品的销量，那么就可以选择商品图作为直播封面。优质商品封面图的相关标准如图6-12所示。

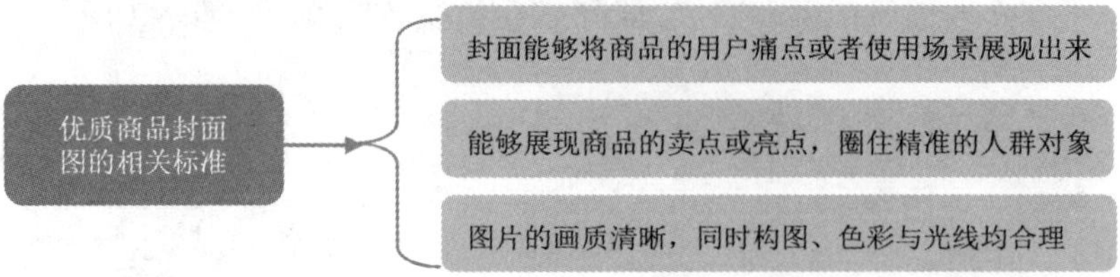

图6-12　优质商品封面图的相关标准

图6-13所示为采用商品的使用场景图作为直播封面。

图6-14所示为展现商品外观特征的直播封面图。

图6-13　商品的使用场景图

图6-14　展现商品外观特征

- 图6-15所示为构图和色彩精美的直播封面图。
- 图6-16所示为展现商品内部细节品质的直播封面图。
- 图6-17所示为充分展现商品的款式与颜色的直播封面图。
- 图6-18所示为充满设计感的商品直播封面图。

图6-15　构图和色彩精美

图6-16　展现商品内部细节品质

图6-17　展现商品的款式与颜色

图6-18　充满设计感的商品直播封面图

另外，商家还需注意避免使用一些低质的商品封面图，具体如下：

- 商品图上的文字太多，背景杂乱，如图6-19所示。
- 采用低水平的Photoshop设计图或拼图，如图6-20所示。
- 随意拍的实物图，构图光线较差，如图6-21所示。
- 使用动漫、表情包或者风光照片等与商品无关的图片。

- 呈现商品的使用效果时，有夸大宣传的嫌疑，如图6-22所示。

图6-19 商品图上的文字太多

图6-20 拼图

图6-21 随意拍的实物图

图6-22 夸张的效果对比图

- 图片效果不美观。
- 为图片加上了不必要的边框。

◆ 专家提醒：

在制作直播封面时，一定要注意图片的大小。拼多多的直播封面图片大小不得低于 800 × 1 200 像素。如果遇到图片不清晰的情况，商家最好重新制作封面图片，甚至是重新拍摄素材，因为画面的清晰度将会直接影响观众的体验。

6.2.2　直播标题：让你的直播间标题脱颖而出

拼多多直播的标题需要简单明了，让观众快速了解你直播的是什么商品或内容，从而快速抓取他们的购物选择。

1. 优质标题

对于不同的直播内容，拼多多商家在设计直播标题时可以采用不同的方法，相关技巧如下：

（1）卖货类直播标题：优质的卖货直播间标题需要明确直播主题，突出内容亮点。下面为卖货类直播标题的一些常用模板。

模板1：使用场景/用户痛点+商品名称+功能价值，示例如图6-23所示。

模板2：情感共鸣型标题，更容易勾起观众的怀旧心理或好奇心，示例如图6-24所示。

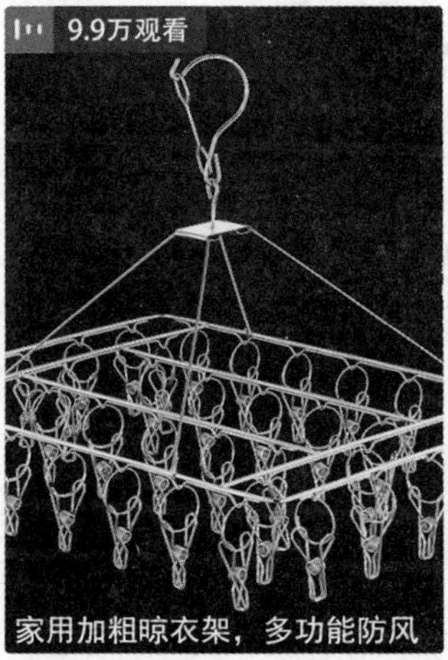

图6-23　功能价值型标题示例

图6-24　情感共鸣型标题示例

模板3：风格特色+商品名称+使用效果，示例如图6-25所示。

模板4：突出活动和折扣等优惠信息，示例如图6–26所示。

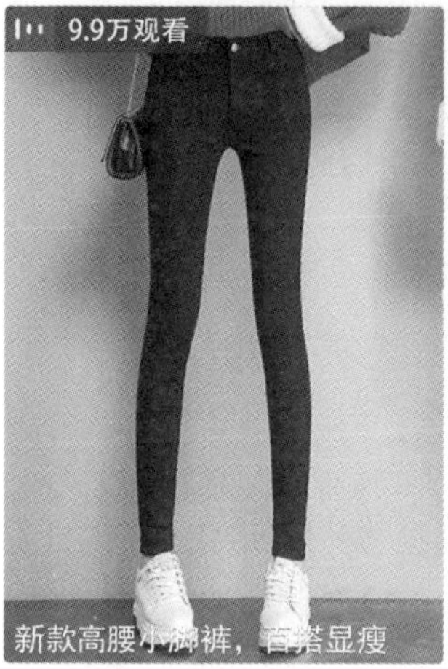

图6–25　使用效果型标题示例

图6–26　突出活动和折扣优惠信息的标题示例

（2）达人才艺类直播标题：通过标题来表现主播的特长或才艺。下面为达人才艺类直播标题的一些常用模板。

模板1：主播或歌单+互动文案，示例如图6–27所示。

模板2：主播身份+互动文案，示例如图6–28所示。

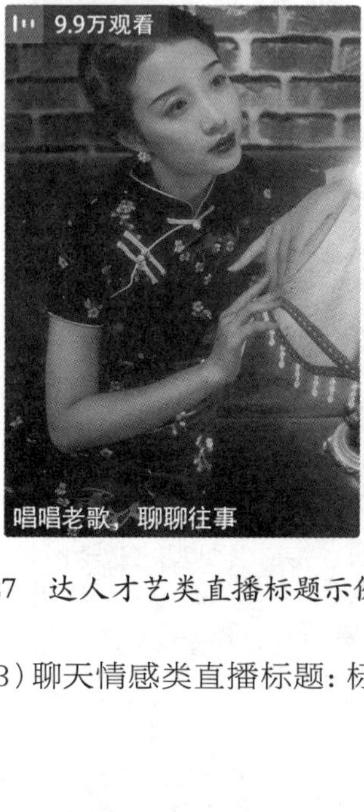

图6–27　达人才艺类直播标题示例（1）

图6–28　达人才艺类直播标题示例（2）

（3）聊天情感类直播标题：标题需要能够直击用户痛点，让观众产生共鸣。

下面为聊天情感类直播标题的一些常用模板：

模板1：顺口溜+个人标签或昵称，示例如图6-29所示。

模板2：聊天主题+进来聊聊，示例如图6-30所示。

图6-29　聊天情感类直播标题示例（1）

图6-30　聊天情感类直播标题示例（2）

2. 低质标题

在撰写直播间的标题时，商家还需注意不要走入误区，一旦使用了低质标题，很可能会对直播间的数据造成影响。图6-31所示为常见的低质直播间标题类型。

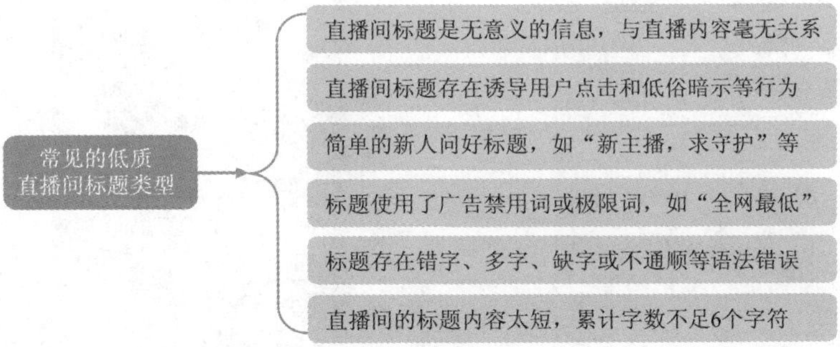

图6-31　常见的低质直播间标题类型

6.2.3 直播公告：让观众一眼看清直播的重点

直播间的公告牌拥有很多使用场景，而且商家可以自行策划其中的文案内容，方便在不同时间进入直播间的观众查看本场直播的重点信息。

1. 直播公告的内容形式

在拼多多平台上，直播公告的内容形式主要有以下几种：

抽奖或秒杀等活动预告，示例如图6-32所示。

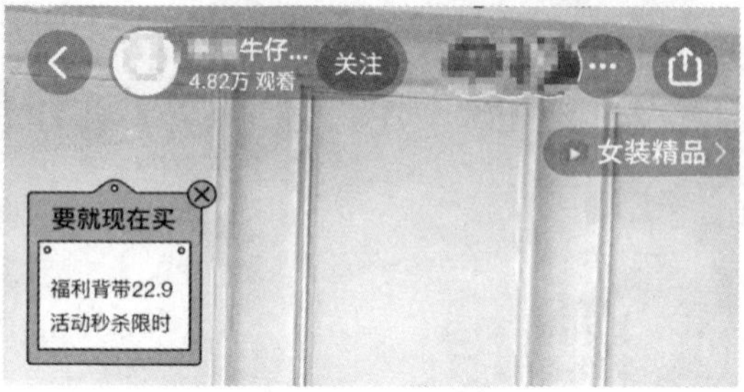

图6-32　活动预告

直播间活动玩法介绍，示例如图6-33所示。

主播基本信息描述，示例如图6-34所示。

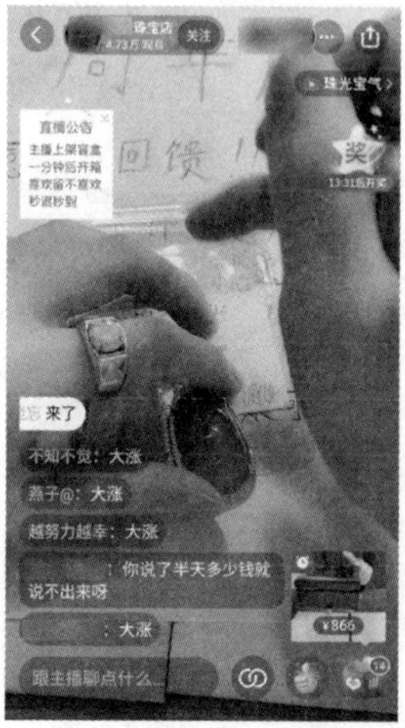

图6-33　活动玩法介绍

图6-34　主播基本信息描述

本场直播内容描述，示例如图6-35所示。

商品介绍或物流信息，示例如图6-36所示。

图6-35　直播内容描述

图6-36　商品介绍或物流信息

2. 电脑端设置直播公告

下面介绍在电脑端设置直播公告的操作方法：

（1）在"多多直播"电脑端创建直播间后，进入直播准备界面，在"直播工具"窗口中选择"公告牌"工具，如图6-37所示。

图6-37　选择"公告牌"工具

（2）弹出“选择公告牌样式”对话框，其中包含一些直播公告牌的模板和使用场景，如图6-38所示。

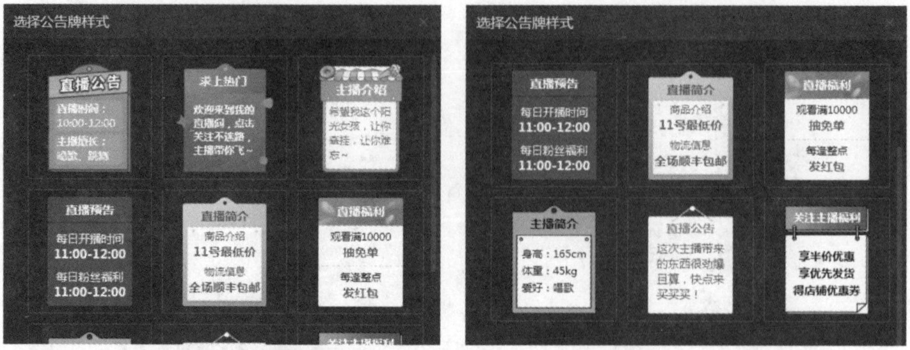

图6-38 “选择公告牌样式”对话框

> ◆ **专家提醒：**
>
> 商家可以多浏览热门直播间的公告牌内容，并收集整理这些公告牌的设计要点，然后选择合适的公告牌放到自己的直播间内，让观众产生购买欲望。

（3）选择相应的公告牌模板后，弹出“编辑公告牌”对话框，单击文字区域即可修改公告牌的内容，如图6-39所示。

（4）单击“预览”按钮，即可预览修改后的公告牌内容，如图6-40所示。

图6-39 修改公告牌的内容

图6-40 预览修改后的公告牌内容

（5）单击“确认并使用”按钮，即可使用该公告牌，同时会显示在直播预览窗口的左上角，如图6-41所示。

（6）在“直播工具”窗口中再次选择“公告牌”工具，弹出“编辑公告牌”对话框，在该对话框中可以执行停用、替换或编辑公告牌等操作，如图6–42所示。

图6–41　使用公告牌

图6–42　“编辑公告牌”对话框

3. 手机端设置直播公告

下面介绍在手机端设置直播公告的操作方法：

（1）在手机端创建直播间后，在直播界面中点击“设置”按钮，在“设置”菜单中点击“公告牌”按钮，如图6–43所示。

（2）弹出“选择样式”窗口，选择相应的公告牌模板，如图6–44所示。

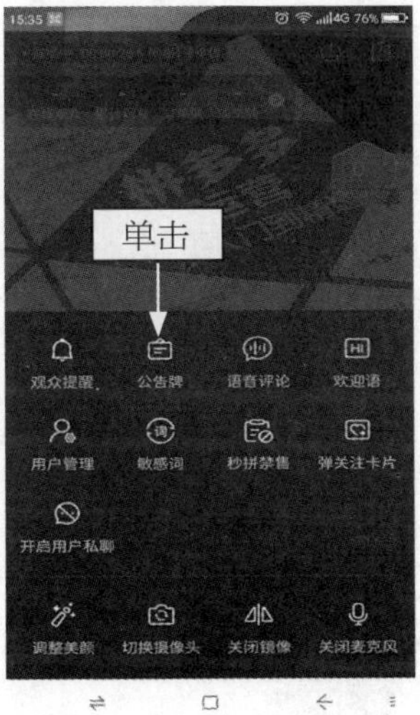

图6–43　点击“公告牌”按钮

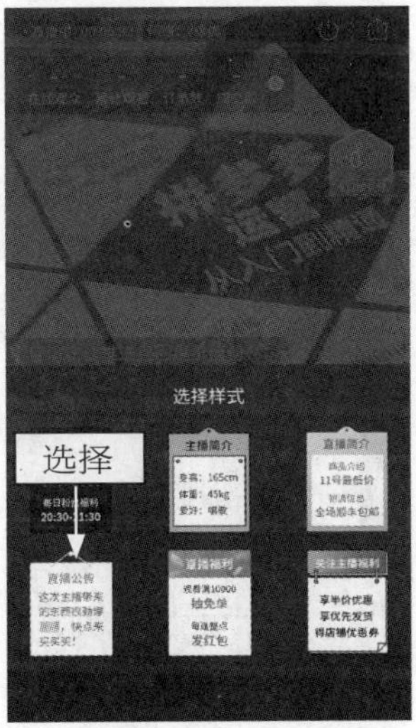

图6–44　选择相应的公告牌模板

（3）弹出“公告栏设置”对话框，显示公告牌的相关内容，如图6-45所示。

（4）点击公告栏中的文字，可以重新输入文字内容，如图6-46所示。注意：公告牌的内容为12~24个字。

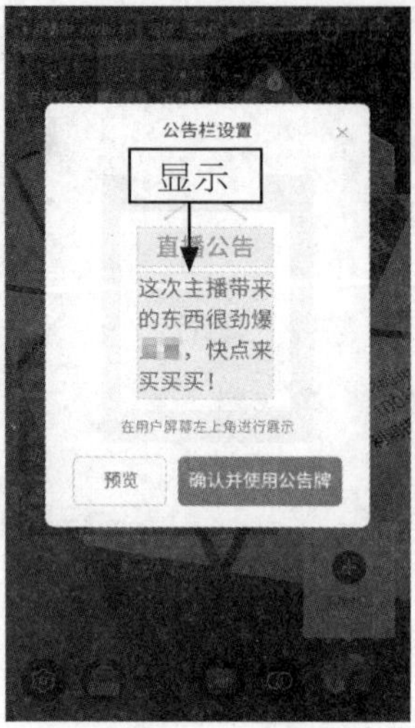

图6-45 “公告栏设置”对话框

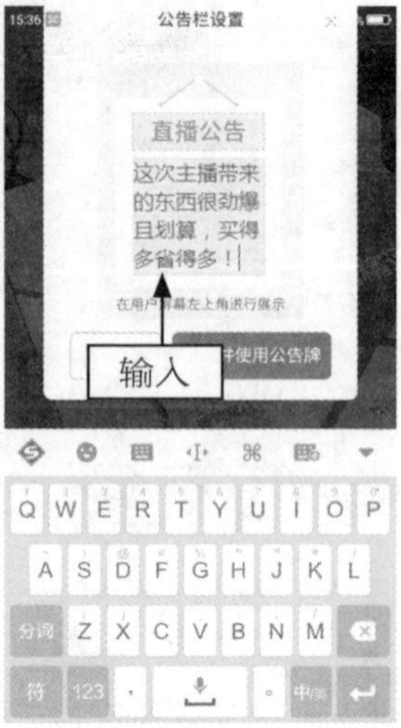

图6-46 重新输入文字内容

（5）点击“预览”按钮，即可预览修改后的公告牌，如图6-47所示。

（6）点击“确认并使用公告牌”按钮，即可为直播间添加公告牌，同时出现“公告牌已展示在用户端”的提示信息，如图6-48所示。

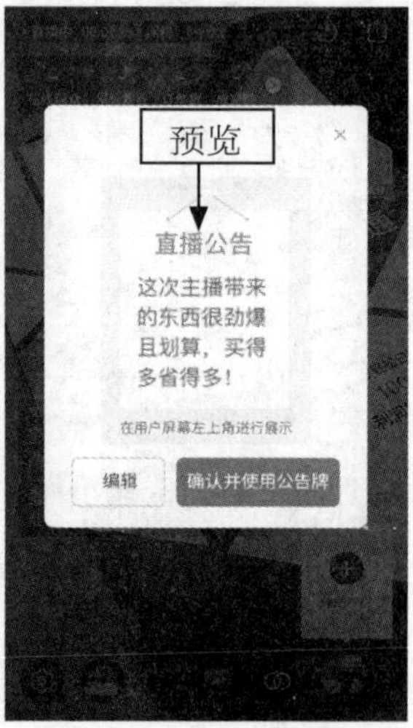

图6-47 预览修改后的公告牌

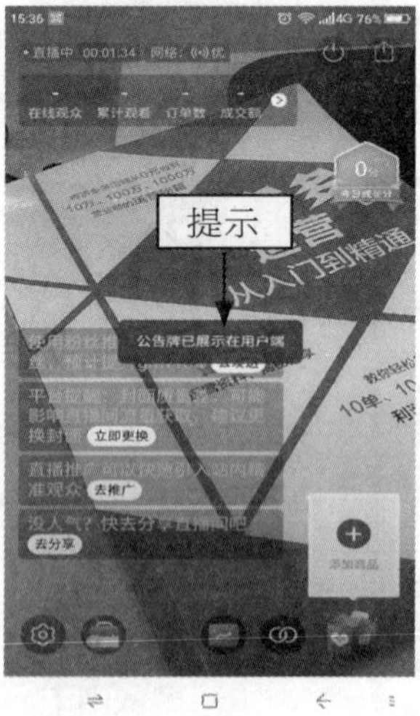

图6-48 出现提示信息

（7）此时，进入该直播间的观众可以在左上角看到公告牌，如图6–49所示。无论观众何时进入直播间，都能看到公告牌中的信息。

（8）商家可以在直播间的“设置”菜单中点击“公告牌”按钮，在底部弹出的菜单中选择编辑、替换或关闭公告牌，如图6–50所示。

图6–49　预览公告牌展示效果

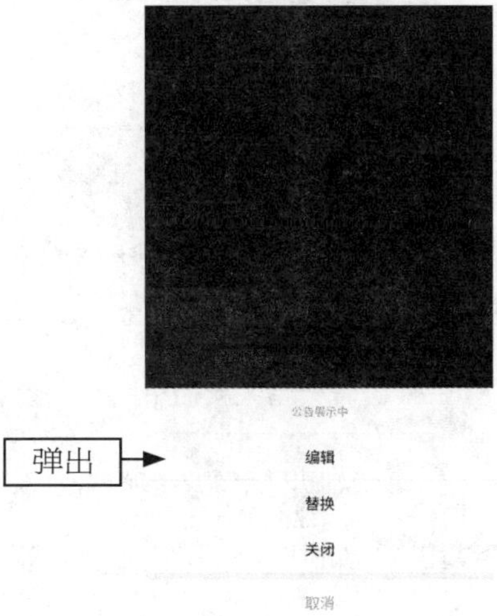

图6–50　“公告牌编辑”菜单

6.2.4　广告素材：全面曝光提升流量使用效率

当商家通过“网页直播”渠道创建直播间时，还需提供广告素材。广告素材主要用于通过“多多搜索”或“多多场景”等推广工具推广直播间时使用，不同工具的展示位置也不同。

当商家通过“多多搜索”工具投放直播广告时，广告素材将会展示在拼多多用户端的搜索结果页面中，如图6–51所示。

当商家通过“多多场景”工具投放直播广告时，广告素材将会展示在各个营销活动页面的直播任务中，如图6–52所示。

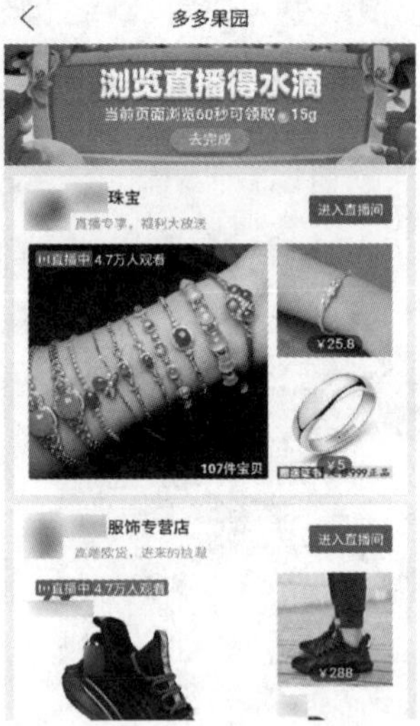

图6-51　搜索结果页面中的广告素材　　图6-52　营销活动页面中的广告素材

如果商家同时用“多多搜索”和“多多场景”工具进行直播间推广，则买家在不同渠道看到的直播间创意图也是不同的。

在“多多搜索”推广渠道中，系统会根据直播间的封面或者广告素材自动生成创意图。因此，如果商家开通了“多多搜索”的推广计划，则一定要上传广告素材，否则一旦直播间封面效果差的话，就会对点击率产生较大的影响。

在“多多场景”推广渠道中，创意图可能是直播间小红盒商品列表中的主图，也可能是广告素材。因此，如果商家开通了“多多场景”的推广计划，则需要在直播间添加直播商品，否则直播间会没有曝光。另外，商家还需要确保直播商品主图的美观度，以免影响点击率。

总而言之，商家在创建直播间时，要尽可能地上传广告素材，避免优质流量的流失。需要注意的是，商家可以在广告素材上添加文案，如直播利益点或者直播商品优势等内容，但不能违反广告创意规则，相关示例分别如图6-53和图6-54所示。

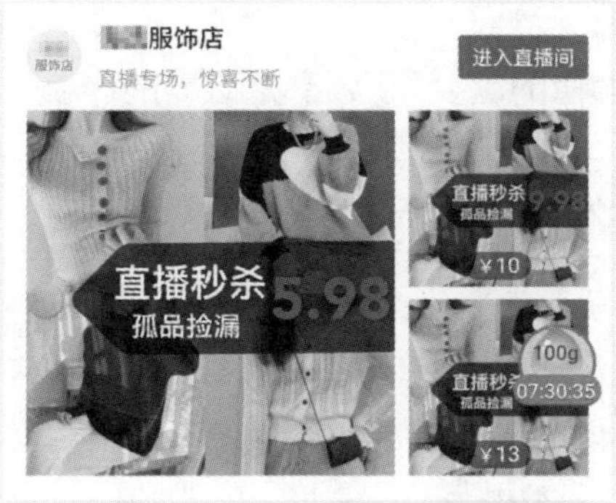

图6-53　直播利益点的文案示例

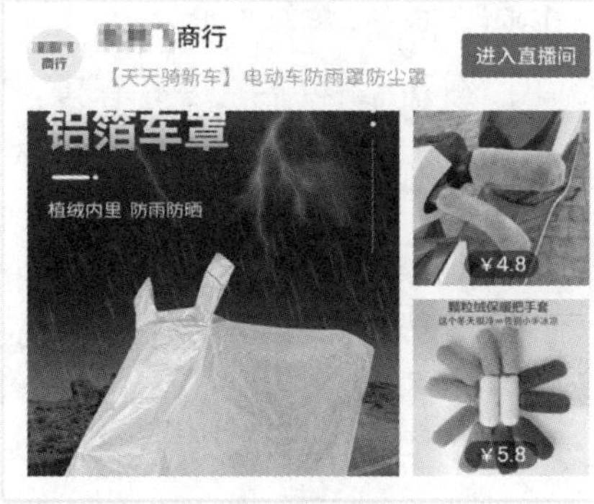

图6-54　直播商品优势的文案示例

6.2.5　主播妆容：简单大方、衣着整洁，提升气质

一个好的妆容，可以让主播看上去更加精神。对于在拼多多平台上开播的主播来说，妆容的基本原则是“简单大方、衣着整洁”。

其实，拼多多主播的妆容和日常生活中的妆容并没有太大的差别，只需注意化妆和穿搭过程中的一些小要领即可，从而更好地把直播主题与个人形象相结合，做到相得益彰，如图6-55所示。

图6-55　在直播间展现良好的主播形象

1. 好的妆容，最能加分

主播在开播时，不管是不是基于增加颜值的需要，化妆都是必需的。另外，主播想要在颜值上加分，化妆是一个切实可行的办法。相较于整容这类增加颜值的方法而言，化妆有着巨大的优势，具体如下：

- 从成本方面来看，化妆相对来说要低得多。
- 从技术方面来看，化妆所要掌握的技术难度也较低。
- 从后续方面来看，化妆所产生后遗症的风险比较轻。

但是，主播的妆容也有需要注意的地方，在美妆类直播中，其妆容是为了更好地体现产品效果的，因而需要比较夸张一些，以便更好地衬托产品的作用。

在其他带货直播中，主播的妆容就应该考虑观众的感受，选择比较容易让人接受的而不是带给人绝对视觉冲击的妆容，这是受直播平台的娱乐性特征决定的。

一般来说，用户选择观看直播，其主要目的是获得精神上的轻松，让身心更加愉悦，因而这些平台上主播妆容的基本要求就是让人赏心悦目。当然，主播的妆容还应该考虑其自身的气质和形象，因为化妆是为了更好地表现主播的气质，而不是为了化妆而化妆，去损坏自身本来的形象气质，如图6-56所示。

图6-56　气质和形象相符合的主播妆容示例

2. 衣着发型，也很重要

主播的形象整洁得体，这是从最基本的礼仪出发而提出的要求。除了上面提及的面部的化妆内容外，主播形象的整洁得体还应该从两个方面考虑，一是衣着，二是发型，下面进行具体介绍：

从衣着上来说，应该考虑自身条件、相互关系和观众感受三个方面，具体如图6-57所示。

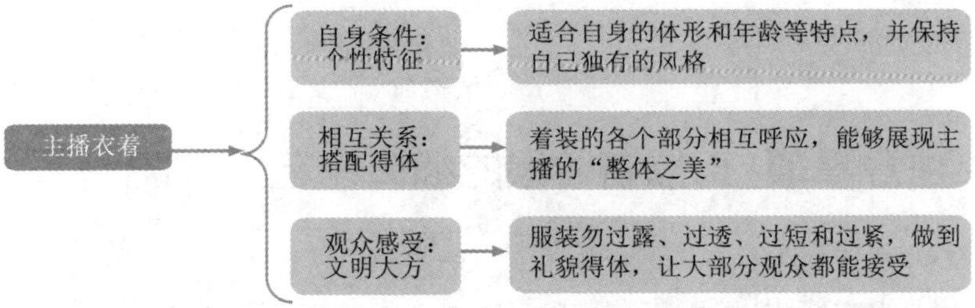

图6-57　主播衣着的整洁得体体现

从发型上来说，主播也应该选择适合自身的发型。例如，脸形偏长的女主播，可以做个“空气刘海”或者蓬松一点的发型，这样能够让主播的脸看起来更短、更小，如图6-58所示。

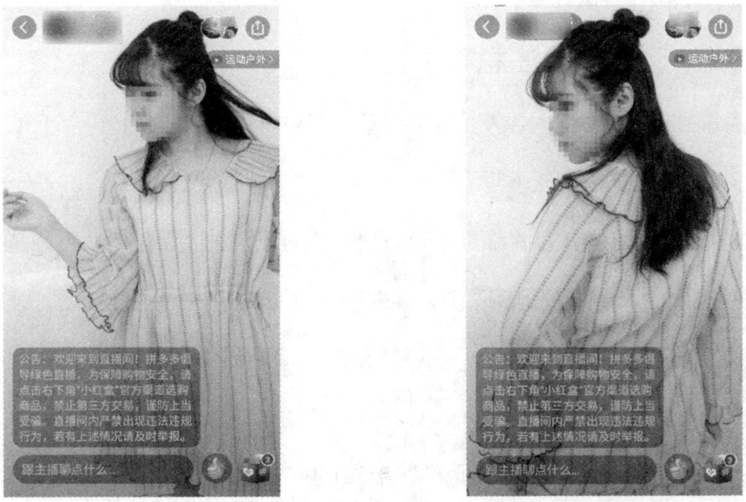

图6-58　主播发型示例

3. 精神面貌，认真投入

在评价人的时候，有这样的说法：自信、认真的人最美。从这一方面来看，人的颜值在精神面貌方面也是有一定体现的。主播在直播时以积极、乐观的态度来面对观众，充分展现其对生活的信心，也是能加分的。

如果主播在直播的时候，再以认真、全身心投入的态度来完成，那么也能让观众充分感受到主播的魅力，从而欣赏主播的敬业美，并对她所带货的商品由衷地感到信服。

6.3 注意事项：直播各阶段的细节一定要知晓

对拼多多直播来说，封面和标题是直播间的"门面"，能够先声夺人吸引观众的第一眼，而"视觉+营销"则是吸引观众长久停留在直播间的"法宝"。

商家在进行直播间的运营时，需要简单清楚地体现直播的最大利益点，通过更多的让利和互动来提升转化。本节主要介绍直播各阶段的注意事项，这些细节主播和商家一定要提前知晓。

6.3.1 直播前的注意事项

直播前主要应做好一系列的准备工作，这样在开播后才不会手忙脚乱。下面列出了直播前的相关注意事项：

（1）基本准备：包括清晰明确的直播主题和点击率高的封面图片，同时还需要做好短信引流和客服预热等工作，重点在于提升开播后的流量。例如，主播在结束上一场直播时，通过口播、字幕或公告牌等形式对下一场直播进行预告，如图6-59所示。

（2）主播准备：主播的气质要与带货的产品风格相符，可以提前做好搭配方案。例如，服装带货类主播不仅要准备好外穿、内搭、下装和鞋子等服饰，同时还要准备帽子、包包、腰带、项链或手表等配饰，尽可能地体现出服装产品的优势和特色，如图6–60所示。

图6–59　直播结束时预告下一场直播

图6–60　服饰类主播的搭配示例

（3）清单准备：商家需要将所有直播商品的清单纸稿打印出来，将商品的功能卖点、价格优惠、使用方法、适用场景和消费群体等列到上面，这样主播在直播时可以照本宣科，避免出现差错。

（4）活动准备：商家需要提前准备一些用于互动活动的小道具，如抽奖转盘、小礼品和粉丝专属优惠券等，如图6-61所示。

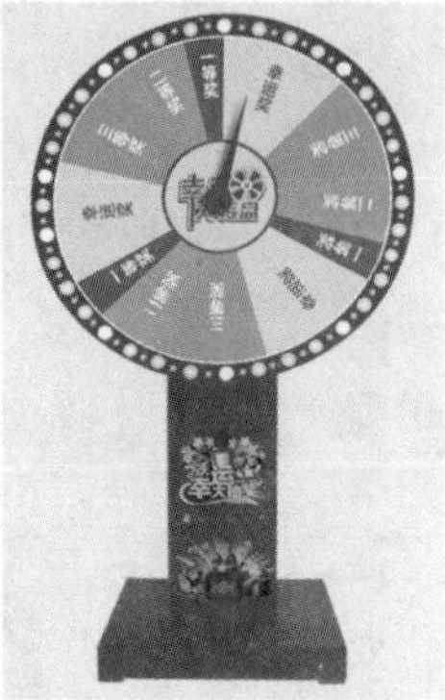

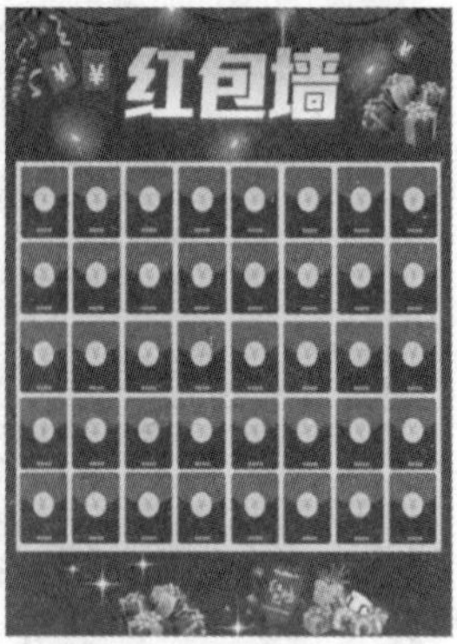

图6-61　直播抽奖转盘（左图）和红包墙（右图）

（5）场景准备：直播中会出现一些特殊状况，或者商家有意策划的一些剧情场景，如“××新品临时到货”“××产品库存不足”“老板临时特批××优惠价”等，这些穿插性的场景内容都可以提前策划，在直播流量高峰时给观众带来惊喜。

（6）设备准备：商家需要预备好手机、电脑、网络和备用电源等设备，以备直播设备出现故障时能够马上替代，保证直播顺利地进行下去。

6.3.2　直播中的注意事项

在主播开播过程中，需要注意以下事项：

（1）积极互动：主播在直播时要多对着镜头说话，产生一种隔空交流的画面感，这样观众才会有互动沟通的欲望。否则，主播如果总是背对着镜头，观众评论交流的积极性自然也不会太高。尤其是在刚开播观众较少的时候，主播要尽量跟每个进来的观众问好。

（2）解答疑问：当直播间的观众提出问题时，主播要及时进行解答，即使是自己不会的问题，也要稍微回应一下，让观众感受到主播对他们的重视程度。例如，在下面这个卖收纳箱的直播间中，很多观众提问最大号有多大，主播不仅通过将不同尺寸的商品摆放在一起进行对比讲解，同时还将最大号的单独拿出来给观众进行展示，让观众一目了然，如图6-62所示。

图6-62　在直播间解答疑问的示例

（3）讲解商品：主播要把控好每个商品的讲解时间，如果商品太多的话，也可以在休息间隙让助播来介绍一些商品或活动。例如，服装主播可以穿上打底衣裤，这样便于快速换装，在有限的时间内给观众讲解更多的商品。

（4）做好场控：场控人员在直播过程中要实时监控直播间的氛围，尤其是在无人互动或者观看人数非常少的时候，一定要及时展开一些小活动，活跃直播间的气氛，避免冷场。另外，对于一些直播间的负面信息，场控人员也要及时进行舆情引导和处理，以免造成不良影响。

（5）保持状态：主播在直播时要始终保持充满激情的亢奋状态，不仅说话的语速要较快，而且音量要大，音调要高，切不可长时间默不作声。助播如果发现主播冷场，也要及时提醒主播，并引导主播保持高亢的情绪。

6.3.3　直播后的注意事项

直播结束后，商家需要做好本场直播的数据分析并进行复盘总结，利用数据去优化直播间的流程、活动、选品、说话技巧和服务等细节。直播后的注意事项如下：

（1）分析观众：通过互动分析和观众分析，找出直播间的流量来源和观众的关注点，如图6-63所示。

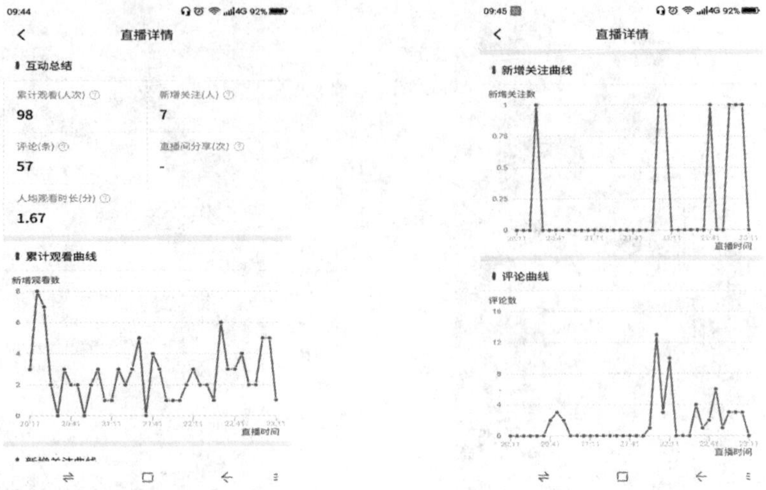

图6-63　互动分析

（2）分析商品：通过本场直播的单品分析数据，找到最佳的带货产品，同时调整下一场直播的货品。

（3）分析主播：根据本场直播的成交订单数据和流量数据，查看数据高的时段，主播是如何做的；数据低的时候，主播又有哪些不足。这样，在下一场直播时，主播可以保持做得好的地方，同时优化做得不好的地方。

第7章

吸粉引流：让直播流量加倍提升

学会了拼多多直播间的创建方法和推广运营技巧后，接下来最重要的一步就是给自己的直播间引流吸粉。在拼多多平台上，商家可以通过多种方式进行引流，提高关注量来给直播间积攒人气，本章将介绍具体的引流技巧。

7.1　流量入口：解析拼多多的直播流量来源

想要通过拼多多直播实现成交带货，流量是不可或缺的基础要素。本节将带领大家深入了解拼多多的流量入口，帮助商家快速引流，为直播间聚集人气。

7.1.1　平台直播流量入口

拼多多上线了全新的直播广场功能，将App上的第二个按钮（原“推荐”频道）改成了“直播”频道，如图7–1所示。

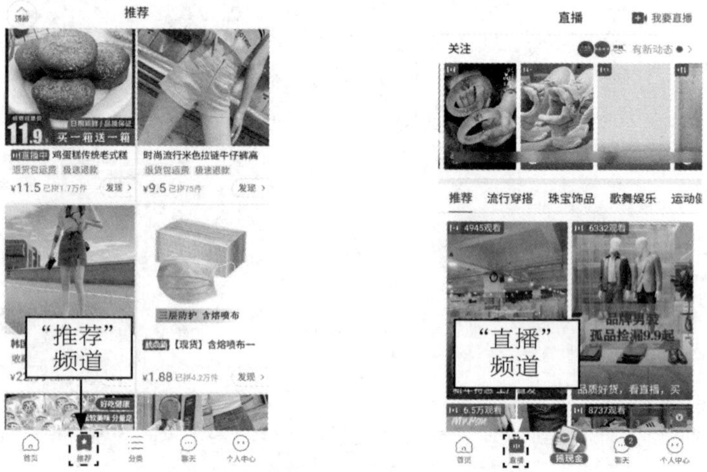

图7–1　“推荐”频道升级为“直播”频道

商家只要做到以下几点，即可获得平台的直播流量推荐。

（1）优质标题：标题含关键字和闪光点，可以加入一些营销推广语汇，同时文字简洁明了，没有出现忌讳语汇。

（2）优质封面：使用清晰的人物或商品封面图，并且能够突出商品的使用场景或用户痛点。

（3）直播间互动：直播间要有良好的互动氛围，主播能够与观众进行积极互动，保持直播间不冷场。

（4）连续开播：每星期至少开播5天，且每天的开播时长超过4小时。

在手机端的“多多直播”主界面，点击店铺名称右侧的“直播推荐权”按钮，如图7-2所示。弹出相应的提示框，商家可以查看其中的4个条件是否都达标，如图7-3所示。如果不达标，商家可以查看示例并整改直播间，即可获取直播广场的推荐权，让直播间获得更多的曝光机会。

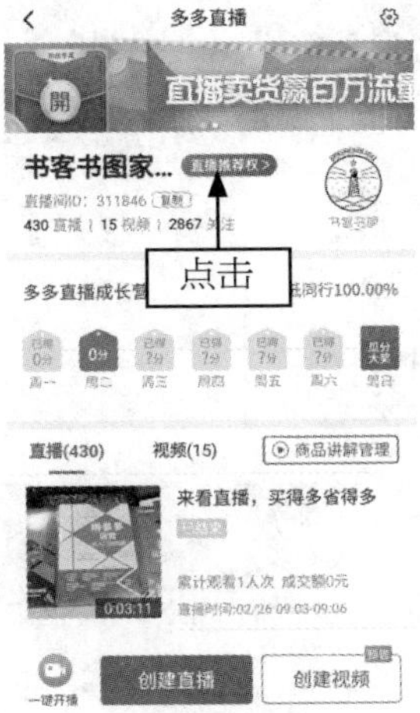

图7-2　点击“直播推荐权”按钮

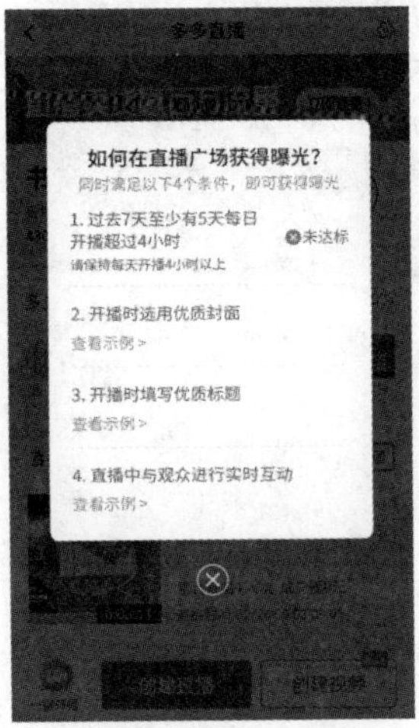

图7-3　查看需要满足的条件

7.1.2　店铺直播流量入口

当商家在拼多多开播后，平台上的所有用户都能通过以下渠道看到直播间。

（1）直播标签：在搜索结果页面、“个人中心→精选推荐”页面及相应营销活动页面的商品列表中，在商品名称的前面会显示“直播中”标签，如图7-4所示。

（2）直播悬浮窗：在店铺主页和直播商品的详情页中，会显示直播间的悬浮窗，如图7-5所示。

对于已经收藏店铺的买家来说，平台还会在以下渠道展示商家的直播间。

（1）直播动态：在“直播”频道主页上方的“关注”选项区中，会置顶显示已关注店铺的直播间。点击“全部动态”按钮进入其界面，可以查看关注店铺发布的直播动态，如图7-6所示。点击直播封面图，可以查看直播回放，如图7-7所示。

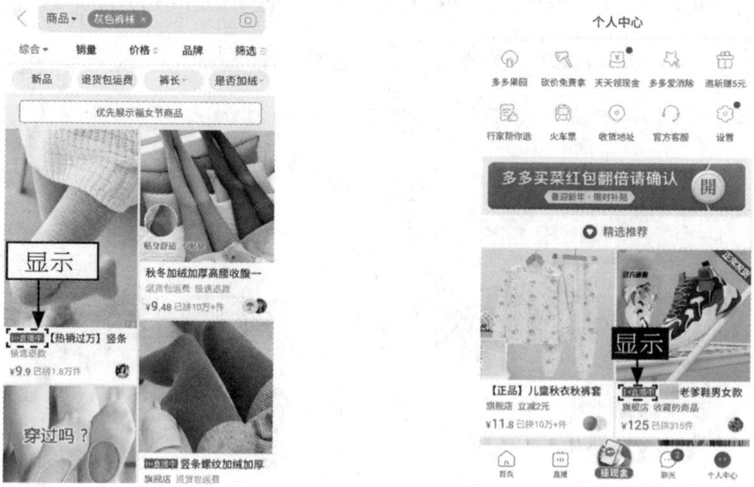

图 7-4　显示“直播中”标签

图7-5　直播悬浮窗

（2）店铺收藏：在“个人中心”频道的“店铺关注”按钮上，将会显示有开播提醒的红点●，如图7-8所示。同时，在“店铺关注”界面的收藏列表中，直播中的店铺将置顶显示，如图7-9所示。

因此，商家可以通过保持稳定的直播频次和提高店铺关注量，给直播间带来更多的流量曝光，相关技巧如图7-10所示。

图7–6　“全部动态”界面

图7–7　查看直播回放

图7–8　“个人中心”频道

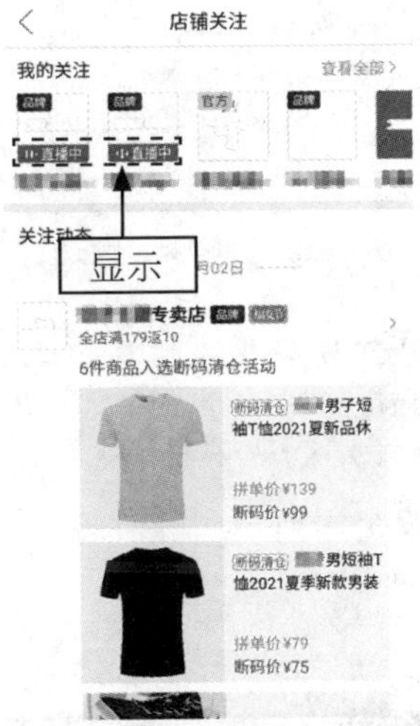

图7–9　“店铺关注”界面

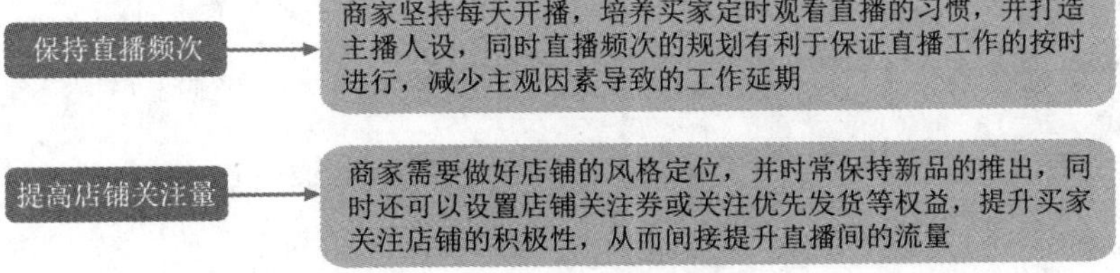

图7–10　提升店铺直播流量的技巧

7.1.3 聊天直播流量入口

在拼多多App的“聊天”频道中，对于有过沟通交流的店铺，当商家开播后，会在店铺名称右侧显示“直播中”标签，如图7–11所示。点击进入聊天详情界面，即可看到商家推送的开播提醒消息，如图7–12所示。

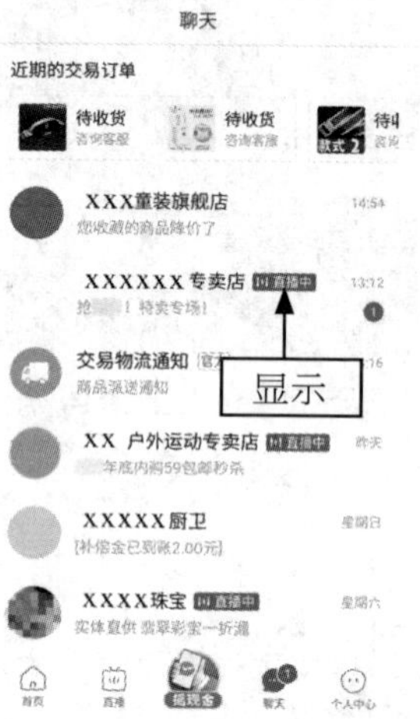

图7–11 “聊天”频道

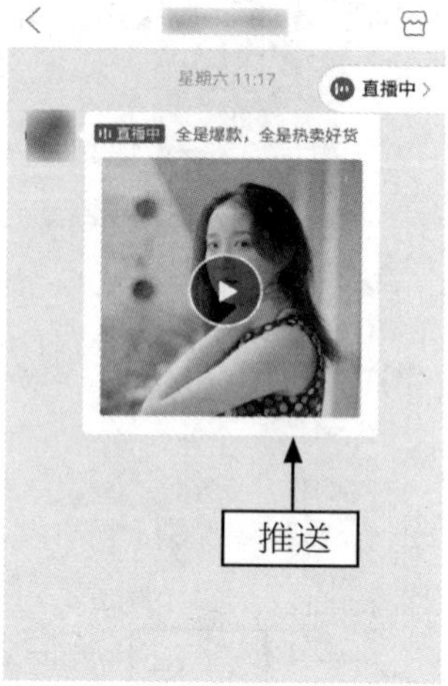

图7–12 聊天详情界面

商家可以设计一些有吸引力的直播封面和标题，吸引有兴趣的买家点击观看。例如，商家可以选择爆款商品的主图或者高颜值的主播作为直播封面图，同时采用简单明了且充满利益点的直播标题来突出直播间的亮点。

7.2 直播预告：提前预告锁定百万精准流量

商家在拼多多平台开播前，可以先发布直播预告视频，同时设置红包来吸引买家订阅。直播预告视频不仅可以快速且有效地为直播间吸粉，而且还能够更全面地传递产品信息，激发买家的潜在需求和增加粉丝的黏性。

7.2.1　直播预告的基本功能

直播预告可以帮助直播间快速引流和涨粉，而且引流时段不受时间限制，能够全天24小时进行引流，同时买家可以在直播预告中提前预定直播。商家发布直播预告后，将会展现到店铺的主页上，如图7-13所示。

> ◆ **专家提醒：**
>
> 直播预告的介绍文案非常关键，通过设置悬念、呈现亮点（产品卖点、优惠价格或者赠品礼包等）和展示价值等方式来设计文案，紧扣用户痛点来展现直播的价值，充分引起买家的兴趣。

图7-13　直播预告展示位置

等到商家正式开播后，店铺主页的直播预告会马上消失，同时平台会给订阅直播预告的买家发送开播通知信息，将买家快速引导至直播间观看并下单。

7.2.2　直播预告的拍摄技巧

直播预告是一种视频形式，因此首先要符合视频的基本内容规范，同时在拍摄视频素材时还需掌握一些方法。

（1）质量高清：视频的画面一定要清晰，用手机拍摄时选择高分辨率模式，并用手持稳定器来固定手机，避免手机晃动导致画面模糊。

> ◆ **专家提醒：**
>
> 手持稳定器能根据用户的运动方向或拍摄角度来调整镜头的方向，无论用户在拍摄期间如何运动，手持稳定器都能保证视频拍摄的稳定。

（2）注意时长：直播预告的视频时长最好在15~60秒。

（3）真人出镜：让主播出镜，介绍下一场直播的主推商品以及其他福利亮点，同时需要强调具体的直播时间。

7.2.3　直播预告的创建方法

在创建直播预告时，重点在于订阅红包的设置，可以更好地激励买家订阅直播。下面介绍创建直播预告的操作方法。

（1）在手机端的“多多直播”主界面，点击“创建视频”按钮，在弹出的“请选择视频类型”菜单中选择“直播预告视频”选项，如图7–14所示。

（2）进入“创建预告”界面，点击“上传视频”按钮，如图7–15所示。

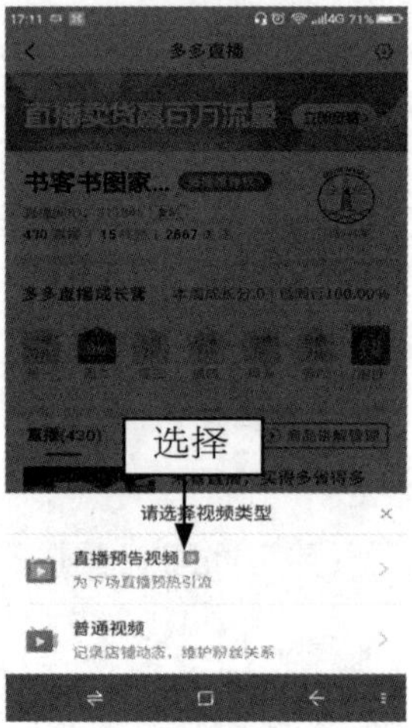

图7–14　选择“直播预告视频”选项

图7–15　点击“上传视频”按钮

（3）选择视频后，进入“预览视频”界面，预览视频内容，如图7–16所示。

（4）点击“下一步”按钮，即可上传视频，点击“选择封面”按钮，如图7–17所示。

图7-16　预览视频内容

图7-17　点击“选择封面”按钮

（5）进入“选择封面”界面，❶选择要作为封面的视频画面；❷并输入相应的封面文案内容；❸点击“确定”按钮，如图7-18所示。

（6）返回“创建预告”界面，在“直播介绍”文本框中输入下一场直播的具体时间，如图7-19所示。

图7-18　设置视频封面

图7-19　设置直播介绍

（7）点击“直播时间”按钮，❶在弹出的“设置开抢时间”窗口中设置直播时间；❷点击“确定”按钮，如图7-20所示。

（8）点击“直播商品”按钮，进入“添加商品”界面，❶选中相应的商品；❷点击“确认添加”按钮，如图7-21所示。

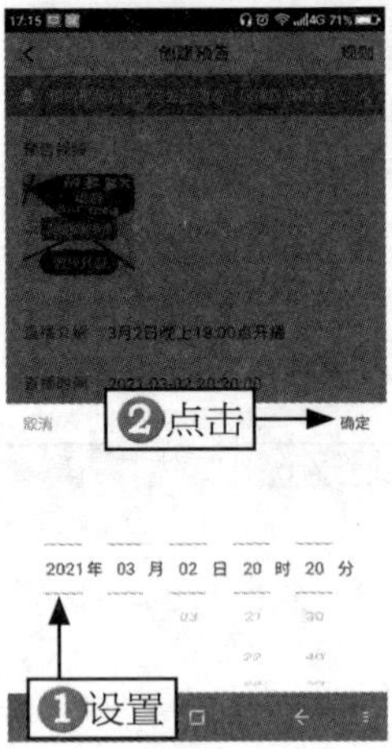

图7-20　设置直播时间

图7-21　添加直播商品

（9）点击“订阅红包”按钮，弹出“订阅红包充值”对话框，❶输入相应的红包金额；❷点击“确认充值”按钮，根据提示进行充值即可，如图7-22所示。

（10）返回“创建预告”界面，❶开启“店铺主页展示直播预告”功能；❷点击“发布预告”按钮，即可完成直播预告的发布操作，如图7-23所示。

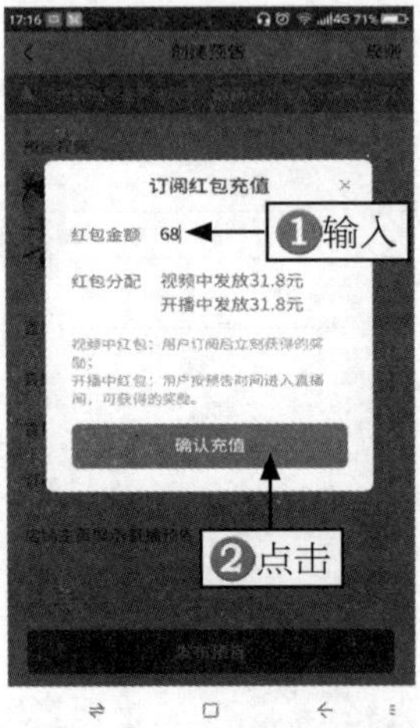

图7-22　设置订阅红包

图7-23　点击“发布预告”按钮

在“订阅红包充值”对话框中，当商家输入红包金额后，系统会按照一定比例分配给开播前的视频中（预告视频红包）和开播中（直播间红包）发放。买家在预告视频中关注并订阅直播后，即可领取预告视频红包。当买家按照预告时间准时进入直播间后，即可领取直播间红包。在设置直播预告的订阅红包时，商家还需注意以下事项，如图7-24所示。

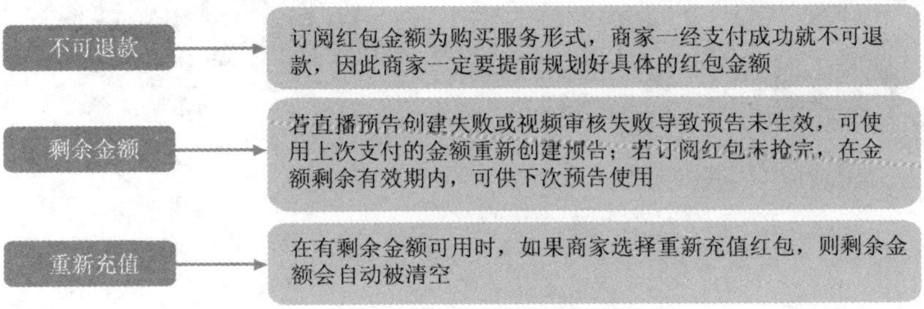

图7-24　设置订阅红包的注意事项

7.3　直播吸粉：轻松引流至店铺多多直播间

对于电商行业来说，流量的重要性不言而喻，很多商家都在利用各种各样的方法来为店铺和产品引流，目的就是希望能够提升产品销量，打造爆款。

拼多多平台仍在不断地增加对于直播间的流量支持，商家可以把握好目前已有的流量入口，并通过各种方式往自己的直播间引流，本节将介绍一些具体的方法：

7.3.1　站外：积极分享直播间链接

拼多多直播间的站外引流渠道非常多，比较常见的有微信和QQ好友，同时还可以通过复制链接的方式分享到其他站外渠道。下面以微信为例，介绍将直播间分享给微信好友的操作方法。

（1）在手机端创建直播间后，点击右上角的分享按钮，如图7-25所示。

（2）在底部弹出的“分享”菜单中，点击“微信”按钮，如图7-26所示。

图7-25　点击“分享”按钮

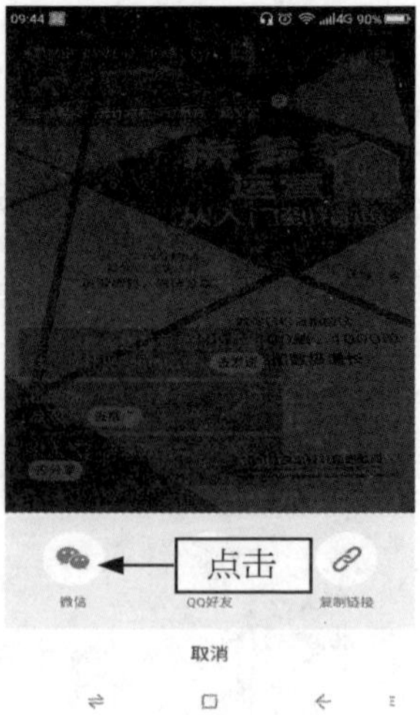

图7-26　点击“微信”按钮

（3）即可打开微信应用程序，并进入“选择”界面，在“最近聊天”列表中选择相应的好友，或者点击“创建新聊天”按钮选择其他的微信好友，如图7-27所示。

（4）选择好友后，弹出“发送给”对话框，点击“分享”按钮，如图7-28所示。在该对话框的文本框中，商家也可以输入一些引流文案，吸引好友点击。

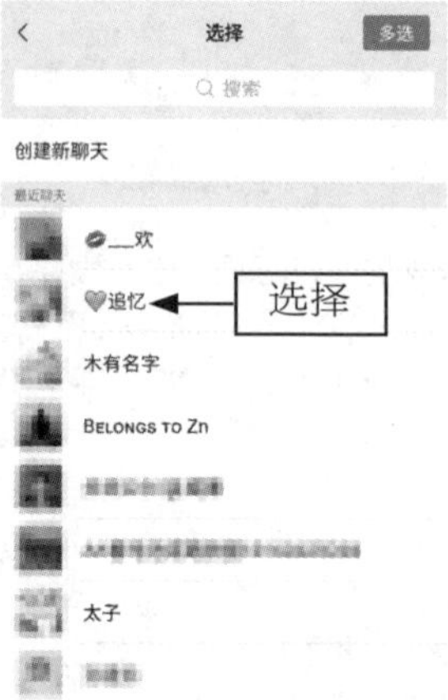

图7-27　选择相应的好友

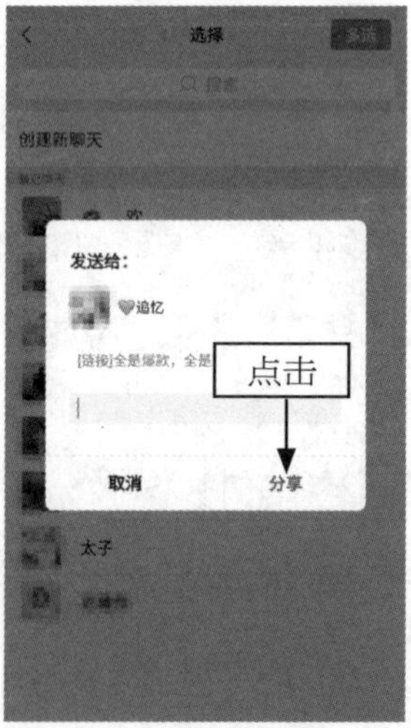

图7-28　点击“分享”按钮

（5）执行操作后，微信好友将收到直播间的链接信息，点击该链接，如图7-29所示。

（6）即可进入直播间，点击“播放”按钮▶，即可观看直播内容，如图7–30所示。

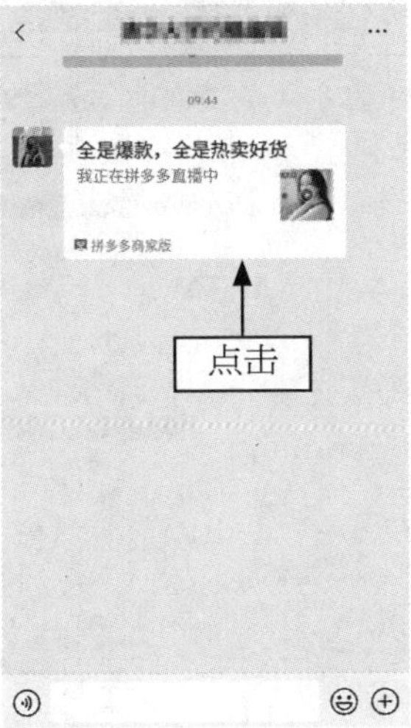

图7–29　点击直播间的链接

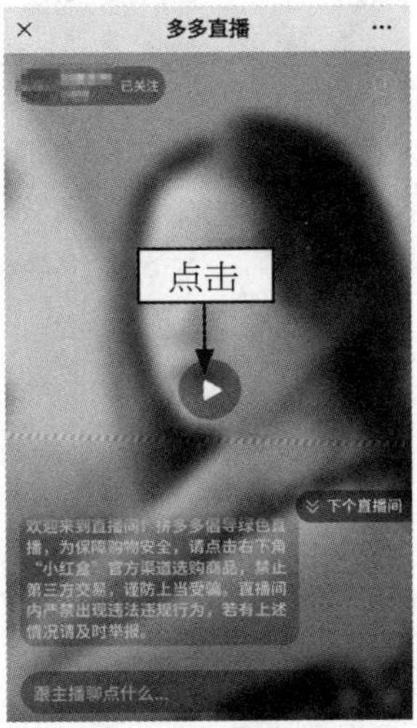

图7–30　点击“播放”按钮

商家开播后，通过微信群、QQ群、抖音或微博等社交网络，积极分享直播间的链接，将这些渠道的流量都集中到直播间，最大程度地增加直播间的粉丝。

7.3.2　短信：用短信营销工具吸粉

对于拼多多直播来说，主播人设的建立、直播商品的选择以及直播活动的策划等要素虽然都很重要，但为直播间引流才是最重要的事情。如果直播间没有流量，就谈不上转化和收益了。

拼多多推出的直播短信提醒功能，可以帮助商家快速给直播间引流，能够召唤用户观看直播，点燃直播热度。商家通过电脑端和手机端两个渠道开启直播开播短信提醒功能，下面介绍具体方法：

1. 电脑端的设置方法

进入拼多多商家后台的“店铺营销→短信营销”页面，在“场景营销”板块中选择“直播短信专用通道”功能，单击“立即创建”按钮，如图7–31所示。

图7-31　单击“立即创建”按钮

进入“短信营销/店铺直播推广”页面，在“发送对象”选项区中，单击“选择人群”按钮，如图7-32所示。

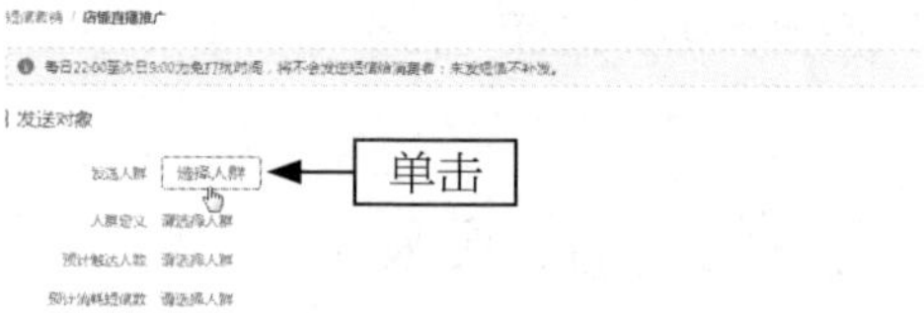

图7-32　单击“选择人群”按钮

弹出“选择发送人群”对话框，在“推荐人群”选项卡中选中相应的人群名称，如图7-33所示。单击“确认”按钮，即可添加发送人群，同时系统会显示预计的触达人数和消耗短信数，如图7-34所示。

在“短信内容”选项区中，单击“添加模板”按钮，弹出“短信模板选择”对话框，选择一个官方模板，或者使用自定义的模板，如图7-35所示。选择好短信模板后，单击“确认”按钮，即可添加短信内容，如图7-36所示。

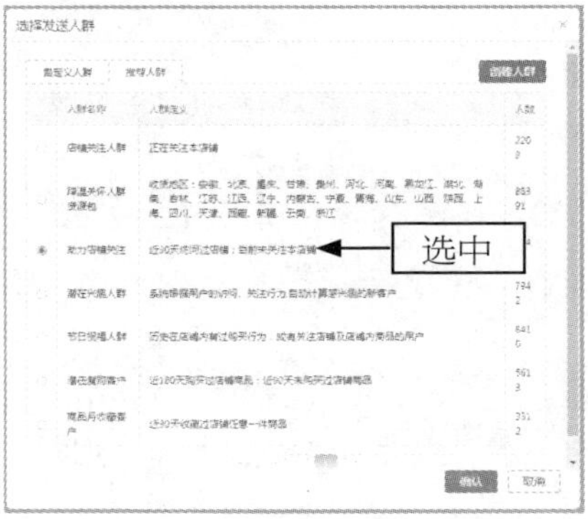

图7-33　选中相应的人群名称

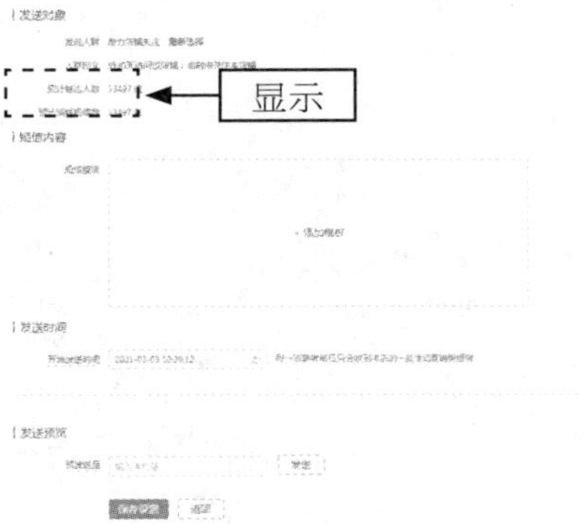

图7-34　添加发送人群

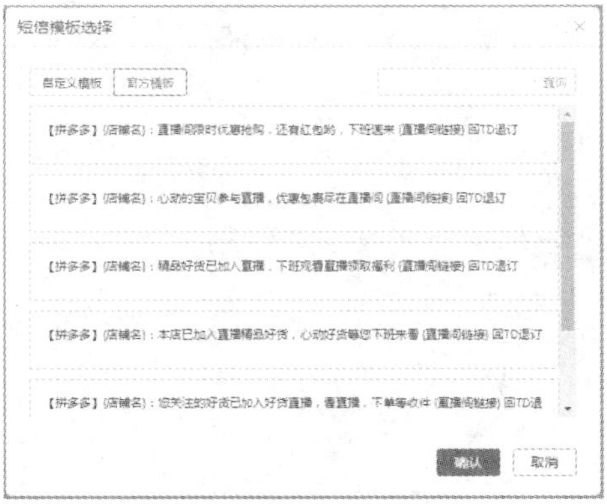

图7-35　选择短信模板

图7-36　添加短信内容

> ◆ **专家提醒：**
>
> 在给直播间引流时，使用短信营销工具不仅成本比其他引流方式低，而且带来的人群数量也更多、更精准，引流效果非常直接、有效。

接下来商家还需设置合适的短信发送时间和收信人手机号码，单击“保存设置”按钮，即可完成“直播短信专用通道”的引流设置。需要注意的是，短信内容尽量控制在70个字符以内（包含短信签名），这样系统只会按一条短信来计算。如果短信内容超过70个字符，每增加67个字符，则多增加一条短信。

另外，商家也可以在“短信营销”页面的“自动关怀”板块中选择“直播短信提醒”功能，单击“立即开启”按钮，如图7-37所示。

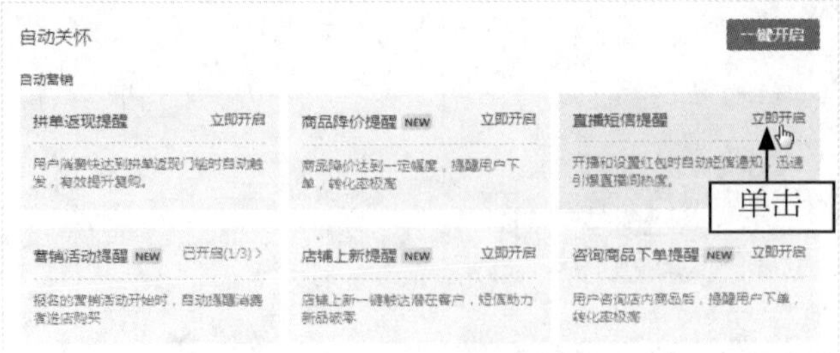

图7-37　单击“立即开启”按钮

在弹出的信息提示框中，系统会提示商家搭配官方策略来提升引流效果，单击“开启”按钮，即可开启“直播短信提醒”功能，如图7-38所示。当商家开播和设置红包时，会自动给相应的人群发送短信通知，迅速引爆直播间热度。

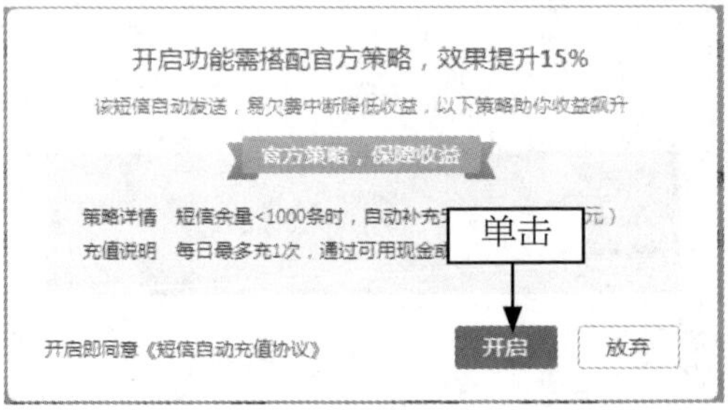

图7-38　单击“开启”按钮

> ◆ **专家提醒：**
>
> 商家可以提前使用短信营销工具，在开播前的1～2天内对直播间进行预告，将直播亮点和开播时间发送给买家，引导买家点击短信中的链接去关注店铺，加深买家对直播信息的印象。

2. 手机端的设置方法

在手机端创建直播间后，在“营销工具”菜单中点击“发短信”按钮，弹出“设置直播提醒短信”对话框，选中相应的提醒功能，点击“一键开启”按钮，即可快速开启该功能进行引流，如图7-39所示。

如果商家在“设置直播提醒短信”对话框中点击了“暂不开启”按钮，则会打开“发送短信”窗口，设置“发送对象”和“发送内容”，同时系统会自动计算出短信消耗数量，如图7-40所示。

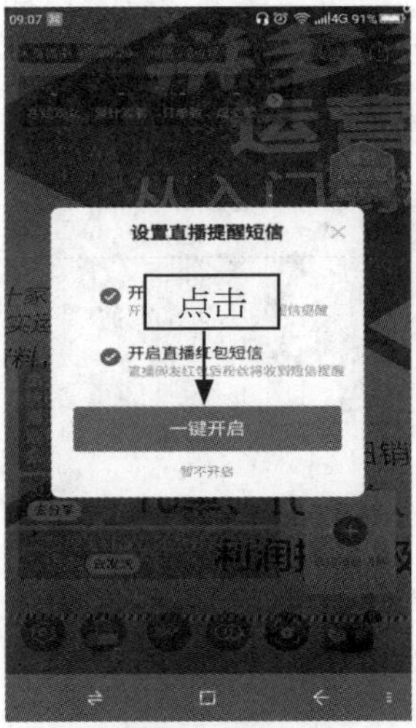

图7-39　点击“一键开启”按钮

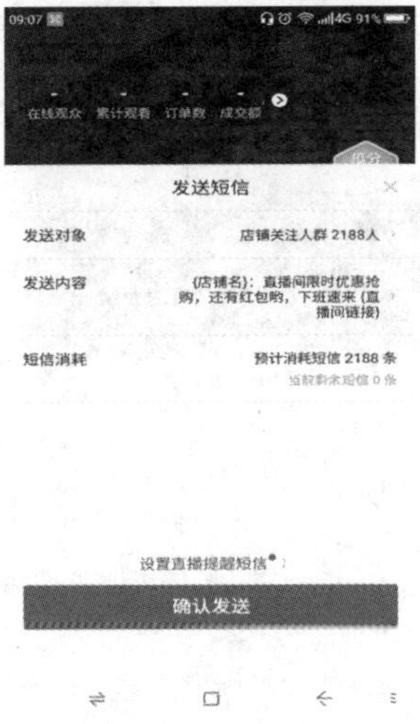

图7-40　“发送短信”窗口

在“发送短信”窗口中，点击“发送对象”按钮，进入“选择发送对象”界面，商家可以添加自定义人群，也可以在“推荐人群”列表中选中相应的发送人群，如图7-41所示。

图7-41　“选择发送对象”界面

在“发送短信”窗口中，点击“发送内容”按钮，进入“选择短信模板”界面，商家可以添加自定义模板，也可以在“官方模板”列表中选中相应的短信内容，如图7-42所示。

在“发送短信”窗口中，点击“设置直播提醒短信”按钮，在弹出的对话框中，开启直播提醒短信和直播红包短信功能，如图7-43所示。

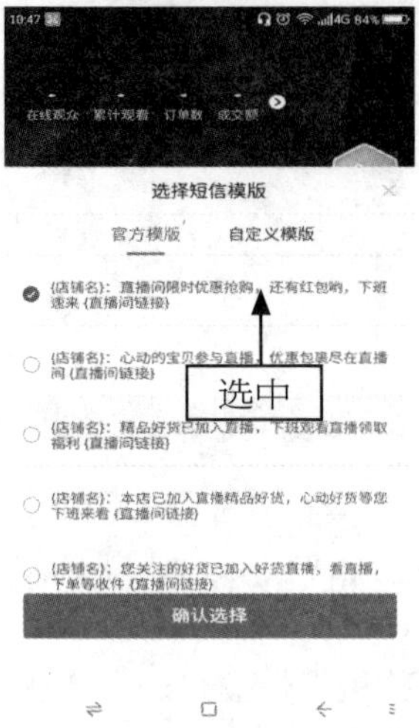

图7-42　选中相应的短信内容

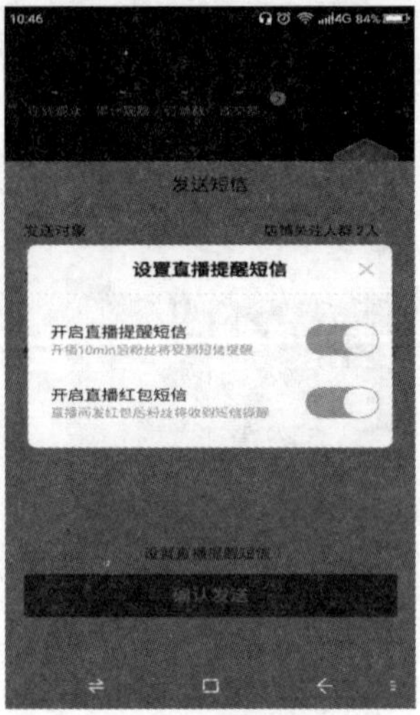

图7-43　设置直播提醒短信功能

7.3.3　客服：引导买家进入直播间

当有买家咨询客服某个商品有没有优惠时，客服可以将直播间链接发送给买家，告诉买家在直播间不仅可以看到商品的详细讲解内容，而且还有限量折扣等优惠活动，引导买家进入直播间下单，如图7-44所示。

图7-44　客服给买家发送的直播间链接

7.3.4　推送：低成本召回沉默粉丝

“粉丝推送”服务可以帮助商家轻松召回店铺内那些沉寂已久的粉丝，让直播间能够精准触达高价值粉丝，具体作用如图7-45所示。

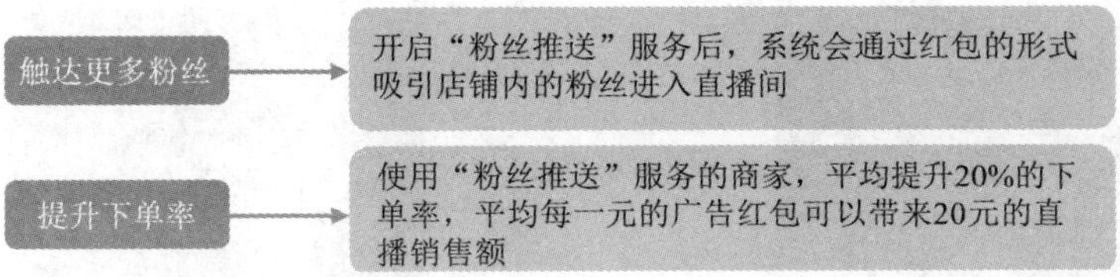

图7-45　“粉丝推送”服务的具体作用

下面介绍设置“粉丝推送”服务的操作方法：

（1）在手机端创建直播间后，在“营销工具”菜单中点击“粉丝推送”按钮，打开“粉丝推送服务”窗口，设置相应的“购买粉丝推送金额”选项，同时系统会按照该金额的100倍自动计算“投放的粉丝数量”，如图7-46所示。

（2）点击“粉丝自动推送服务设置”按钮，弹出“是否开启粉丝自动推送服务”对话框，设置相应的“每日最大推送数”选项，如图7-47所示。

图7-46　设置推送金额

图7-47　设置推送数

（3）点击“请选择时间”按钮，❶设置具体的推送时间；❷点击“确认”按钮，如图7-48所示。

（4）点击“确认开启”按钮并支付成功后，粉丝将会收到“红包推送”的提醒信息，粉丝点击推送信息后，即可进入直播间领取红包，如图7-49所示。

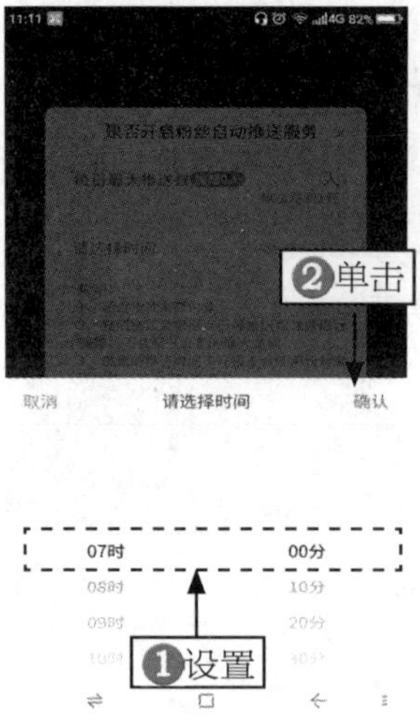

图7-48　设置推送时间

图7-49　进入直播间领取红包

7.3.5　爆单：直播卖货赢百万流量

在手机直播间的“营销工具”菜单中，点击“爆单大奖赛”按钮，在弹出的窗口中可以选择单人版和多人版两种渠道，如图7-50所示。例如，单击“单人版爆单大奖赛”中的“去参与”按钮进入其界面，可以查看活动奖励、活动资格以及比赛规则等介绍，点击“立即开始”按钮即可参与活动，如图7-51所示。

图7-50　“爆单大奖赛”活动入口

图7-51　点击“立即开始”按钮

（1）活动奖励：“单人版爆单大奖赛”的活动奖励为1万流量、推荐加权和多人爆单门票；“多人版爆单大奖赛”的活动奖励则更为丰富，具体如图7-52所示。

（2）活动资格：“单人版爆单大奖赛”的活动资格是要求店铺GMV达到一

定的标准，具体如图7–53所示；“多人版爆单大奖赛”的比赛资格则要求更高，具体如图7–54所示。

图7–52　“多人版爆单大奖赛”的活动奖励

图7–53　单人版活动资格

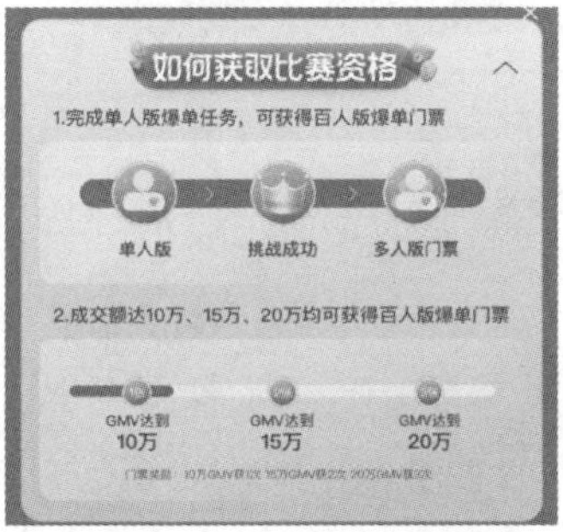

图7–54　多人版比赛资格

（3）比赛规则：“单人版爆单大奖赛”的比赛规则需要完成3轮任务，完成任务后即可获得“多人版爆单大奖赛”的门票，具体如图7–55所示。

图7–55　单人版爆单比赛规则

“单人版爆单大奖赛”每场有3轮比赛，由每轮人均下单GMV数据进行排名。根据商家每天的成交金额，可以获得相应数量的参赛“门票”。

商家可以在直播间的小红盒中添加通用性强、高性价比的商品，为商品配置直播专享券，同时巧用红包和粉丝券功能，提升直播间的下单转化率。另外，新手主播要尽量避开直播高峰时段，进行弯道超车，同时也可以使用直播推广工具，为直播间加速引流和促进观众下单。

7.3.6 用卡：获得精准的定向流量

“流量卡”是一种在多多直播平台中快速获取推荐和曝光的精准引流工具。商家、主播或观众都可以通过直播间右上角的“分享”按钮，将直播间分享到微信群等站外渠道。只要有“有效观众”通过分享链接进入直播间，平台就会给该直播间一定面额的“流量卡”奖励。

在手机直播间的“营销工具”菜单中，点击“流量卡”按钮，打开“流量卡”窗口，点击“去赚取”按钮，如图7–56所示。执进入“分享赚流量”界面，可以查看已赚取的“流量”，如图7–57所示。

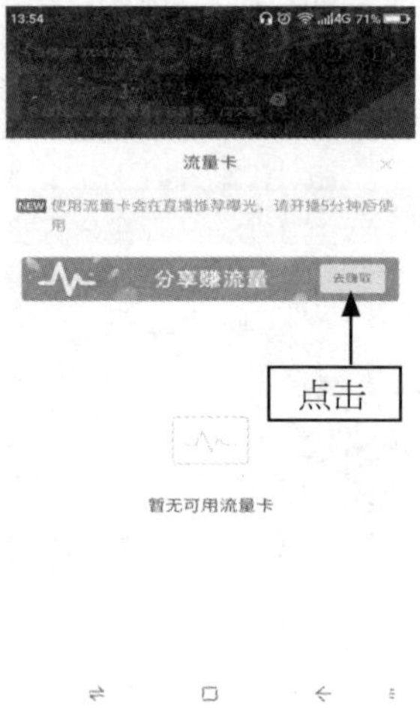

图7–56　点击“去赚取”按钮

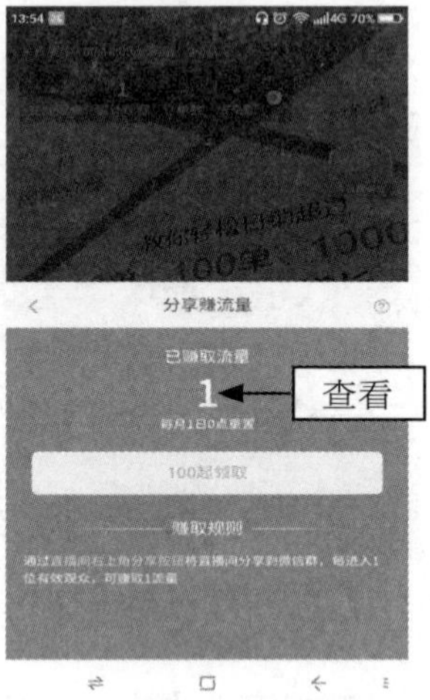

图7–57　查看已赚取的“流量”

> ◆ **专家提醒：**
>
> 通过红包或粉丝券等渠道进入直播间的观众，不会统计为“有效观众”。1个观众在1个自然日内被多个直播间邀请观看，只会统计首次进入的直播间。

7.3.7 补贴：百亿流量扶持助直播

多多直播平台对于开播的商家提供了百亿精准流量补贴，给予商家更优质、更有效的转化途径。商家开播后，只需完成简单任务即可获得流量扶持，保持稳定开播即可获得固定流量曝光。

多多直播平台的流量补贴扶持方案如下：

（1）首播破0：获取“新手推广红包”与快速入门培训课程。

（2）冷启动0→1：获取“鱼跃计划”与流量补贴计划资格。“鱼跃计划”是指平台针对有直播能力的新商家，提供为期半个月的线上集中培训，外加“阶梯流量”扶持，帮助他们实现直播从0→1的突破，快速孵化直播新商家。

（3）快速突破1→10：获取多多直播成长营、多多直播巅峰赛、女装直播排位赛以及拼多多直播大促等资格。图7-58所示为多多直播成长营的任务列表。

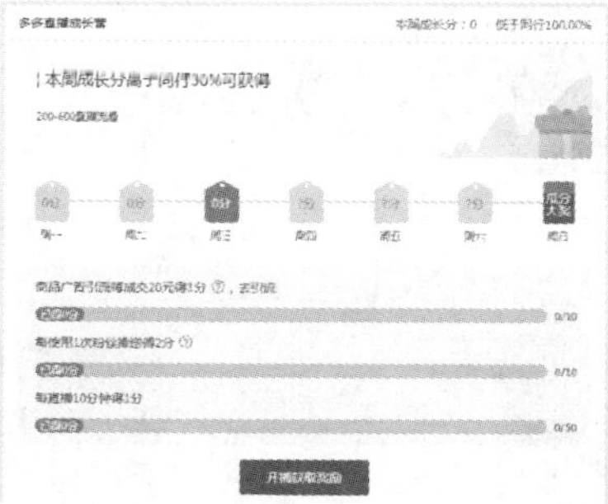

图7-58　多多直播成长营的任务列表

> ◆ **专家提醒**：
>
> 在多多直播成长营中，商品广告引流任务的具体玩法如下：
>
> （1）商家投放商品广告，让商品在搜索结果中获得优先展示。
>
> （2）通过主图和商品详情页，引导买家观看直播。
>
> （3）由主播来充当店铺导购，强力引导直播间的观众下单，快速提升转化率。
>
> （4）复盘广告投放效果，在商家后台的“推广中心”页面及时优化推广策略。

7.3.8　定位：吸引同城粉丝关注量

主播可以通过拼多多用户端开直播，利用其中的“定位”功能，让直播间能够展现到同城直播中，吸引更多本地的粉丝关注和下单。在“直播”频道中点击“我要直播”按钮，进入“开直播”准备界面，点击“开启定位”按钮，如图7-59所示。进入“位置信息”设置界面，开启手机的定位功能，如图7-60所示。

执行操作后，系统会自动定位商家当前所处的地址，如图7-61所示。设置相应的封面和标题后，点击“开始直播”按钮，即可创建直播间，如图7-62所示。同时，系统会根据定位优先向同城人群展示直播间，为直播间快速带来流量。

图7-59　点击“开启定位”按钮

图7-60　开启手机的定位功能

图7-61　自动定位

图7-62　创建直播间

7.3.9　活动：赢得平台的百万流量

拼多多的平台定位为社交电商，以活动多为主要特色。在多多直播上，平台也推出了各种各样的活动帮助商家和主播吸粉引流，快速提升直播间的人气。

1. 优质封面选拔赛

没有人气和流量的新主播，可以直接通过拼多多用户端参与“优质封面选拔赛”活动，获得官方提供的百万流量奖励。

在拼多多App中进入“开直播”准备界面，点击“封面选拔赛”按钮，即可查看具体的活动介绍和奖励，如图7-63所示。在该界面下方的“上传优质封面”选项区中，❶点击上传封面区域；❷根据提示至少上传3张符合要求的封面图片；❸设置直播日期和手机号；❹点击“立即报名”按钮即可参与，如图7-64所示。

图7-63　点击“立即报名”按钮

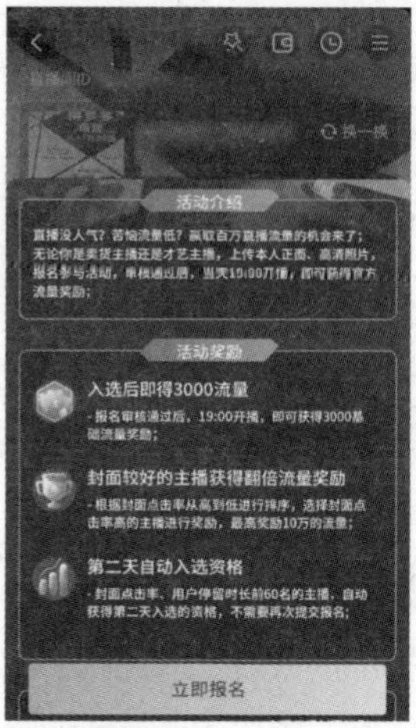

图7-64　活动介绍和活动奖励详情

主播在每天14:00前报名参与当天的活动，报名后系统会在16:00前反馈审核结果。审核通过的主播，在19:00前准时开播，若没有及时开播，则会取消当天的流量奖励，同时连续7天不允许参与此活动。审核未通过的主播，可以继续报名参与第二天的活动。

2. 原创视频大赛

主播可以通过拼多多用户端发布原创短视频，参与周榜评选，赢取百万直播“流量卡”。这样，主播不仅可以通过短视频涨粉，而且还能利用直播快速转化获利。

在拼多多App中进入“开直播”准备界面，点击“原创视频大赛”按钮，即可查看具体的活动规则和活动奖励，如图7-65所示。在活动介绍页面中点击“立即发布”按钮，即可进入“拍视频”功能界面，拍摄和发布原创短视频参与活动。

图7-65　活动规则和活动奖励

3. 讲解赢关注

“讲解赢关注”主要是通过发布高价值的商品讲解视频来获得平台流量奖励的活动方式。在拼多多App中进入“开直播”准备界面，点击“讲解赢关注”按钮，即可查看具体的活动介绍和报名入口，如图7-66所示。

图7-66　“讲解赢关注”的活动介绍和报名入口

主播参与活动后，在分配到商品时应尽快购买并录制讲解视频，否则，如果超时商品将会分配给其他主播。需要注意的是，录制的讲解视频尽量控制在3分钟之内。

第8章

互动玩法：提升粉丝的停留时长

商家要积极参与平台推出的各种活动，同时有效地利用红包和优惠券等营销工具，这样不仅可以增加互动和粉丝的黏性，活跃直播间氛围，而且通过优惠价格的刺激，加上直播间的全方位商品展示，还能够有效提升下单转化率。

8.1 互动功能：增加粉丝的互动频率

商家可以通过拼多多直播间提供的一些互动功能来增加和粉丝的互动频率，不仅能够增加老粉丝的黏性，而且还可以迅速留住新进观众，同时有效引导关注和裂变新粉丝。

8.1.1 商家抽奖：提升停留时长和下单率

“商家抽奖”活动可以有效提升直播间观众的停留时长和下单率。在“配置抽奖活动”窗口中，自行设置抽奖商品、奖品个数和开奖时间，系统会为中奖观众自动生成订单。观众只需提供有效且包邮的收货地址，即可免费参与“商家抽奖”活动，同时还可以通过完成指定任务来提升中奖的概率。

下面介绍“商家抽奖”活动的创建方法：

（1）在手机端创建直播间后，在“营销工具”菜单中点击“商家抽奖”按钮，如图8-1所示。

（2）打开“配置抽奖活动”窗口，点击“添加奖品”按钮，如图8-2所示。

（3）进入“选择店铺商品”界面，选中相应的商品作为奖品，如图8-3所示。

（4）返回“配置抽奖活动”窗口，点击“开奖时间”按钮，选择相应的开奖时间，如图8-4所示。

（5）点击“确认”按钮，即可完成抽奖活动的配置，点击“发起抽奖”按钮，如图8-5所示。

（6）弹出“确认发起抽奖”对话框，确认信息无误后，点击“确认”按钮，即可发起“商家抽奖”活动，如图8-6所示。

图8-1　点击“商家抽奖”按钮

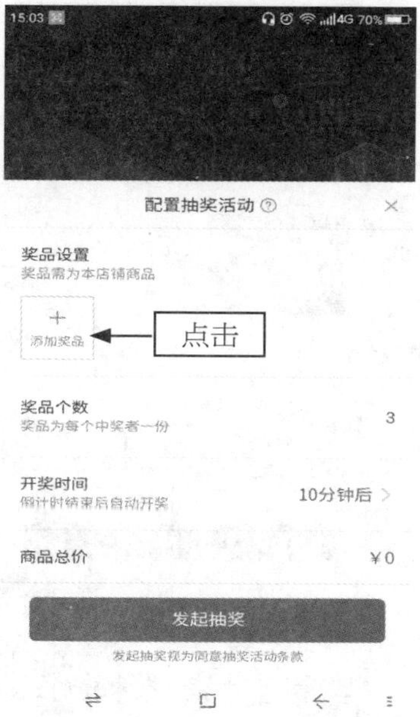

图8-2　点击“添加奖品”按钮

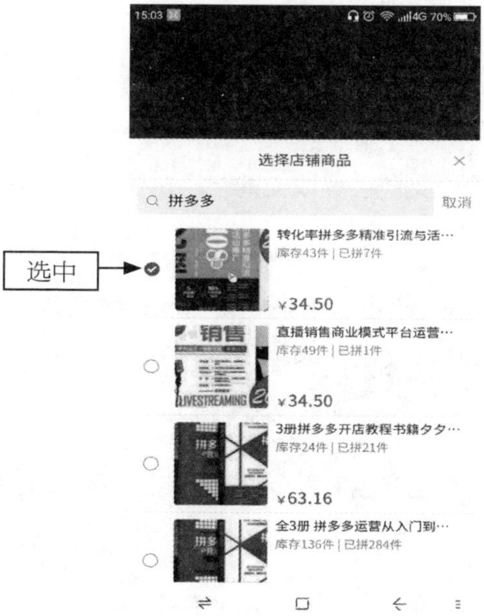

图8-3　选中相应的商品

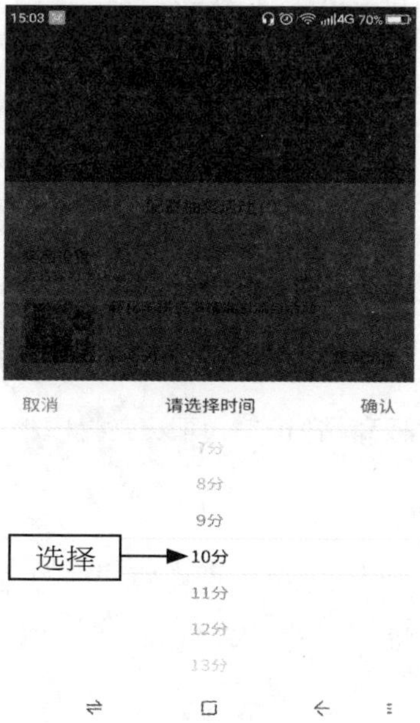

图8-4　选择开奖时间

图8-5　点击“发起抽奖”按钮

图8-6　点击“确认”按钮

◆ **专家提醒：**

商家在发布“商家抽奖”活动的同时，最好搭配主播口播、公告牌、小黑板和图片素材等方式，对直播间观众说明活动参与方法和抽奖规则，吸引他们积极参与。

8.1.2　秒拼功能：聚焦流量到一件商品

秒拼功能是一种既能活跃直播间气氛，又能引导成交的互动玩法，可以快速拉升直播间的GMV。秒拼功能的操作比较简单，下面介绍具体方法：

（1）在手机直播间的“营销工具”菜单中点击“秒拼模板”按钮，打开“秒拼模板商品”窗口，可以查看模板商品的具体要求，点击“导入商品”按钮，如图8–7所示。

（2）进入“选择店铺商品”界面，在相应的商品下方会出现该商品不可选的原因提示，点击“查看详情”按钮，如图8–8所示。

◆ **专家提醒：**

拼多多平台仅针对优质商家开放秒拼功能权限，即“领航员”（衡量店铺综合服务能力的数据指标）在前50%与DSR（Detail Seller Rating，卖家服务评级系统）在前70%的商家。因此，商家要实时监控好店铺的各项数据，并维护好各项评分。秒拼单品的销量和评价等数据会累计到模板商品中，帮助商家获得更多公域流量。

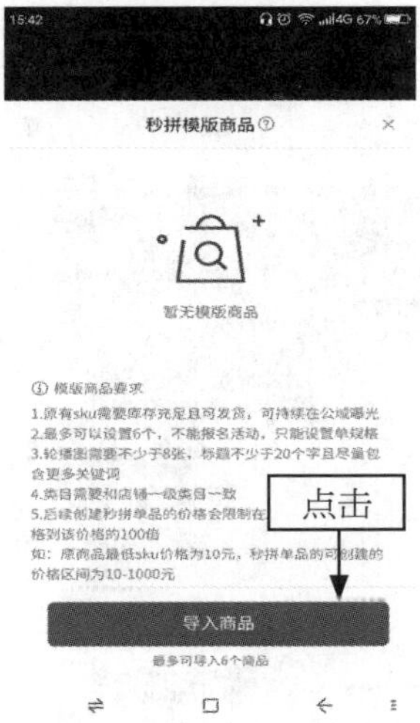

图8-7　点击“导入商品”按钮

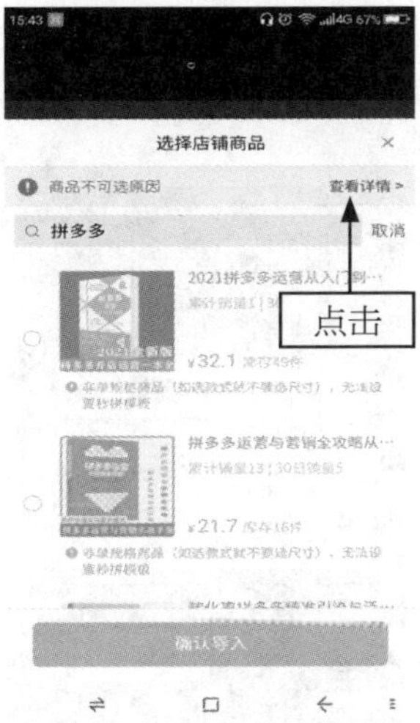

图8-8　点击“查看详情”按钮

（3）弹出“商品问题”对话框，可以查看模板商品的相关要求，如图8-9所示。

（4）返回“选择店铺商品”界面，❶选中符合要求的模板商品；❷点击“确认导入”按钮，如图8-10所示。

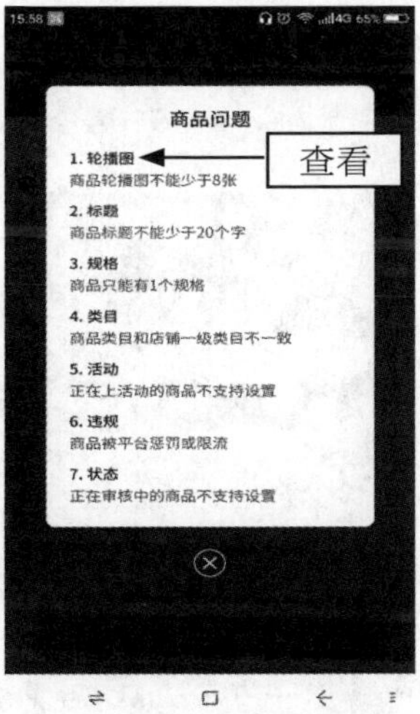

图8-9　查看模板商品的要求

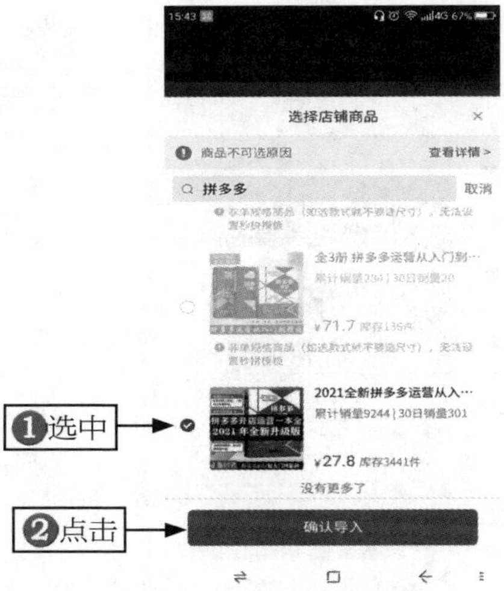

图8-10　点击“确认导入”按钮

（5）弹出信息提示框，等待倒计时读秒完成后，点击“确认导入”按钮，如图8-11所示。

（6）返回直播界面，系统提示模板商品导入成功，点击“创建秒拼商品”按钮◉，如图8-12所示。

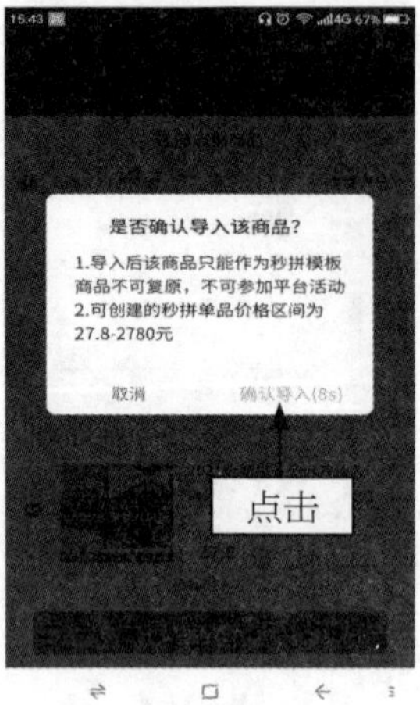

图8-11　点击“确认导入”按钮

图8-12　点击“创建秒拼商品”按钮

（7）弹出“创建秒拼商品”对话框，❶设置相应的商品名称、商品库存和拼单价；❷点击“立即售卖”按钮即可，如图8-13所示。

创建秒拼商品后，将会在小红盒顶部显示该商品，且商品处于“讲解中”状态，这样可以将直播间的所有流量都聚集到一件商品上面，如图8-14所示。

图8-13　点击“立即售卖”按钮

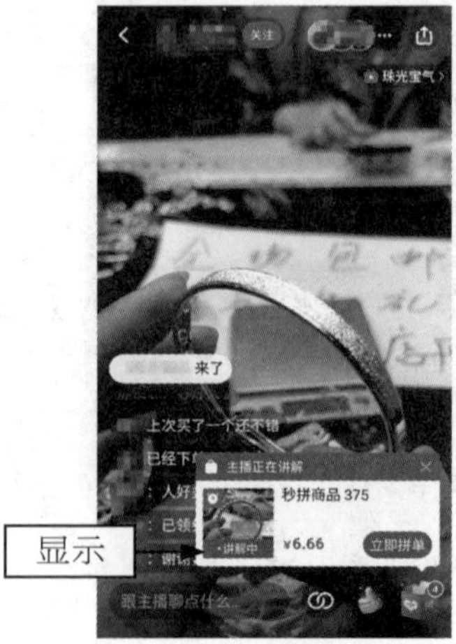

图8-14　显示秒拼商品

8.1.3　连麦功能：活跃气氛同时促成交易

在手机直播间底部点击“连麦”按钮，打开连麦窗口后，选择“连麦主播”或“连麦观众”等方式，如图8–15所示。在右上角的搜索框中输入相应的主播昵称，快速搜索要连麦的主播。

同时，连麦主播列表中会显示推荐主播的头像、昵称、粉丝数和相应标签，点击“邀请”按钮，即可发起直播连麦申请，如图8–16所示。

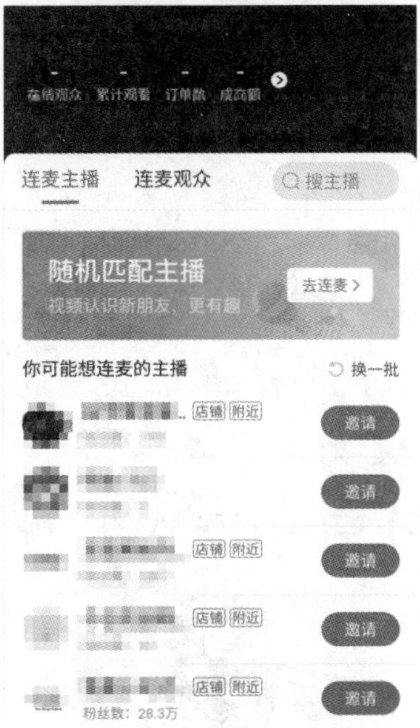

图8–15　打开连麦菜单

图8–16　发起直播连麦申请

当对方同意商家发起的连麦申请后，即可上麦并进入“连麦主播”界面，同时展示双方的直播画面，点击“结束”按钮即可结束连麦，如图8–17所示。直播连麦不仅丰富了直播的应用场景，而且还具有粉丝导流、增加曝光、提高热度和增加黏性等作用，让主播能够收获更多粉丝和成交机会。

图8-17 直播连麦界面与结束方法

8.1.4 粉丝打赏：增加主播的转化获利渠道

拼多多直播间与其他直播平台一样，也加入了粉丝打赏的互动功能。观众在观看直播时，点击直播间右下角的“打赏”按钮，如图8-18所示。

打开“礼物”窗口，❶选择相应的虚拟礼物；❷点击“立即赠送”按钮即可，如图8-19所示。

图8-18 点击“打赏”按钮

图8-19 点击“立即赠送”按钮

当主播获得观众打赏后，进入多多直播手机端的“设置”界面，点击“打赏赚钱”按钮，如图8-20所示。进入“我的钱包”界面，可以查看直播打赏的“钻石收益”和“现金收益”，如图8-21所示。

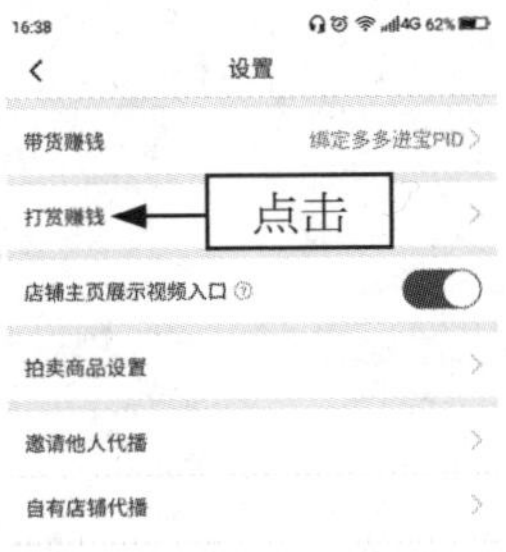

图8-20　点击“打赏赚钱”按钮

图8-21　查看直播打赏收益

❶点击“去提现”按钮；❷系统会出现相应的提现操作提示，如图8-22所示。在“我的钱包”界面中，点击“账单记录”按钮，可以查看收入和提现的相关记录，如图8-23所示。

图8-22　提现操作提示

图8-23　查看账单记录

打赏是一种最原始的直播转化获利模式，现在很多直播平台的盈利大多数还是依靠打赏。所谓打赏，是指观看直播的观众通过赠予主播金钱或虚拟货币，来表达自己对主播或直播内容的喜爱的一种方式。

打赏是一种新兴的鼓励用户付费的转化模式，打赏的最终决定权在观众手上，这样能够激励主播创造好的直播内容。观众给主播打赏，有可能只是因为主播讲的一句话、主播的一个表情，主播的一个搞笑的行为，使用户体验更好。

8.1.5 营销神器：快速吸引买家的关注

直播间最常用的优惠和互动玩法就是发红包，通过利益驱动的方式引导买家关注直播间及刺激他们快速下单。

在手机直播间的“营销工具”菜单中点击“营销神器”按钮，弹出“营销神器”对话框，点击“红包设置”选项右侧的“展开”按钮，如图8-24所示。❶设置相应的红包金额和开抢时间；❷点击“购买服务”按钮即可，如图8-25所示。

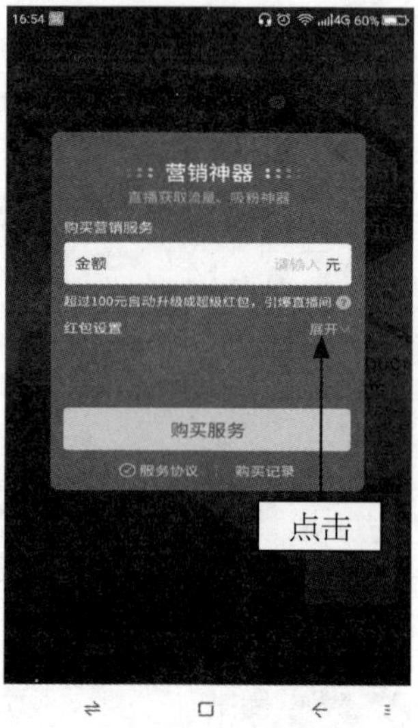

图8-24 点击“展开”按钮

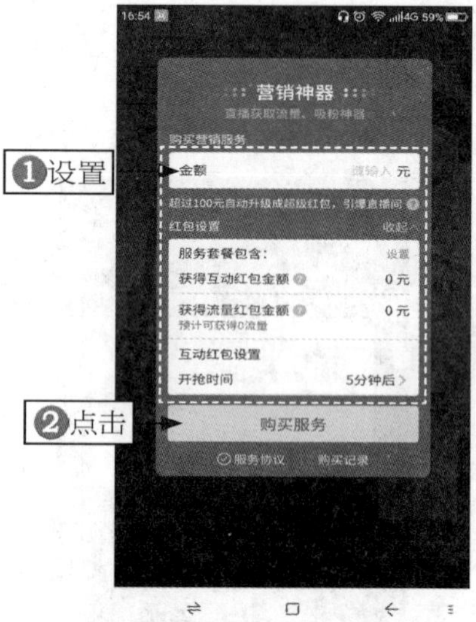

图8-25 点击“购买服务”按钮

◆ **专家提醒：**

点击“开抢时间”按钮，选择红包的发放时间，从而增加观众看直播的时长。注意，开抢时间不要设置得太久，否则观众会失去耐心。点击“购买服务”按钮，即可获赠红包，并提升流量和粉丝转化。

“营销神器”中包括互动红包和流量红包两种形式：

（1）互动红包：商家配置互动红包后，将在指定时间开抢。观众需要分享直播间才可以获得领取资格。互动红包不需要设置份数，系统会自动进行计算。

（2）流量红包：商家配置流量红包后，将立即为直播间进行引流，以供新进入直播间的观众领取。流量红包同样不需要设置份数，每个观众领取的红包金额相比互动红包的金额要更小。如果商家下播时流量红包还未领完，将会在下一次开播时自动发放，为直播间引流。

另外，商家还可以在直播间设置其他的互动玩法，如关注直播间参与限时抽奖或限时秒杀等活动。注意，在活动过程中主播要反复强调活动为观众带来的价值，提升他们参与活动的积极性。

8.2　直播优惠：提升直播间的转化率

优惠券是拼多多商家最常用的营销和互动工具，不仅可以提升用户观看直播和发表评论的积极性，而且还能够快速提升直播间的转化率和销售额，是商家打造爆款的“不二法宝”。

8.2.1　直播专享券：迅速提升单品的销量

直播专享券只针对单个商品优惠，而且只能在直播间领取，最多授权10个直播间，观众可以无条件领券，能够刺激观众及时在直播间下单。直播专享券非常适合为单品进行引流，能够迅速提升单品的销量。

下面介绍创建直播专享券的具体操作方法：

（1）打开拼多多商家版App，进入“店铺”界面，在“常用应用”选项区中点击“优惠券”按钮，如图8-26所示。

（2）进入“优惠券管理”界面，点击“添加”按钮，如图8-27所示。

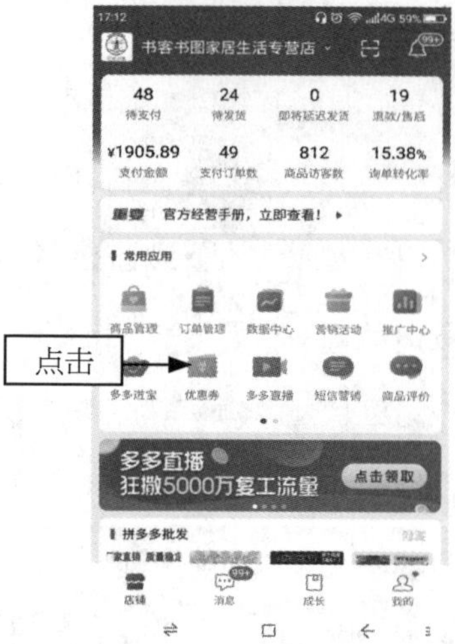

图8-26　点击“优惠券”按钮

图8-27　点击“添加”按钮

（3）进入“优惠券类型”界面，选中“直播券”单选按钮，如图8-28所示。

（4）进入“添加优惠券”界面，选中“直播专享券”单选按钮，如图8-29所示。

图8-28　选中“直播券”单选按钮

图8-29　选中“直播专享券”单选按钮

（5）❶选择相应的直播商品；❷并设置“券的面额”“发行张数”“每人限领”“有效时长”“开始时间”和“结束时间”等选项；❸点击“确认添加”按钮，如图8-30所示。

（6）弹出信息提示框，点击“允许”按钮，如图8-31所示。

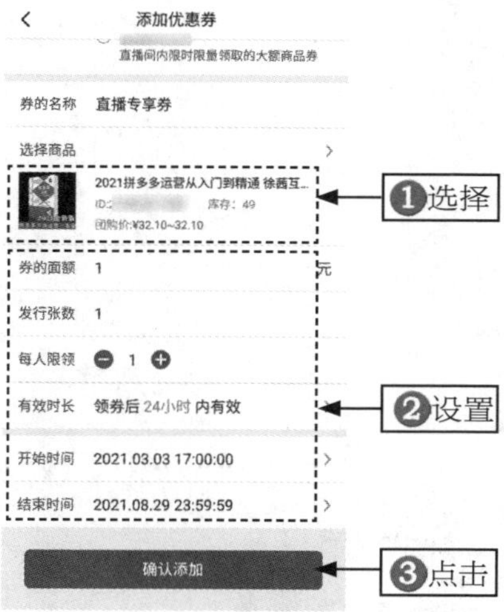

图8-30　点击“确认添加”按钮

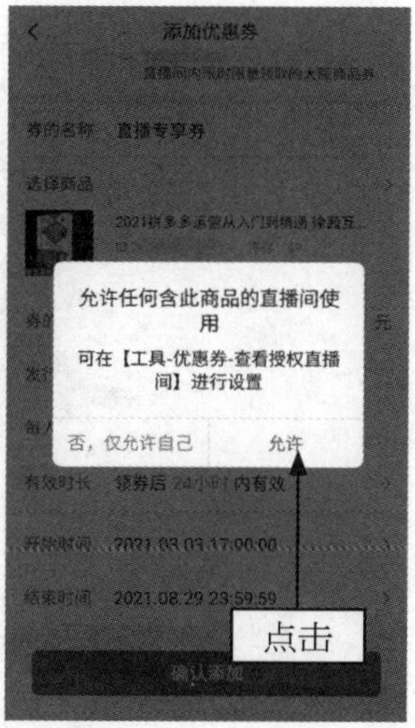

图8-31　点击“允许”按钮

（7）即可成功创建直播专项券，点击“我知道了”按钮，如图8-32所示。

（8）返回“优惠券管理”界面，点击“增加张数”按钮，如图8-33所示。

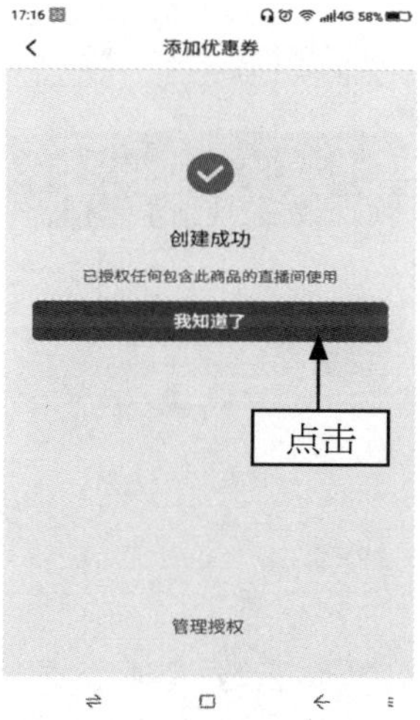

图8-32　点击“我知道了”按钮

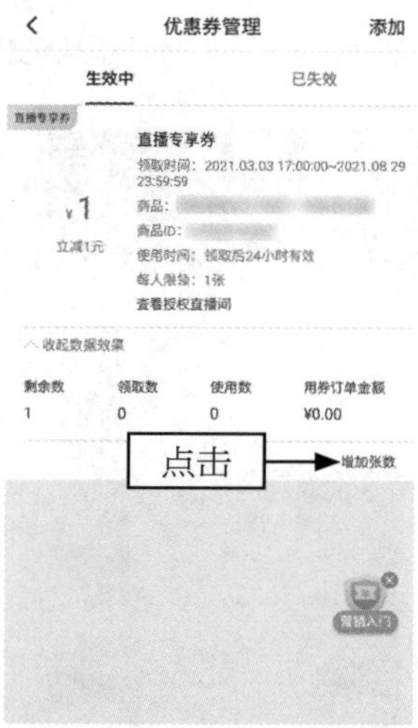

图8-33　点击“增加张数”按钮

（9）弹出“增加张数”菜单，在“新增发行量”文本框中输入要添加的优惠券张数，如图8-34所示。

（10）点击“确认增加”按钮，即可修改优惠券的剩余数量，如图8-35所示。

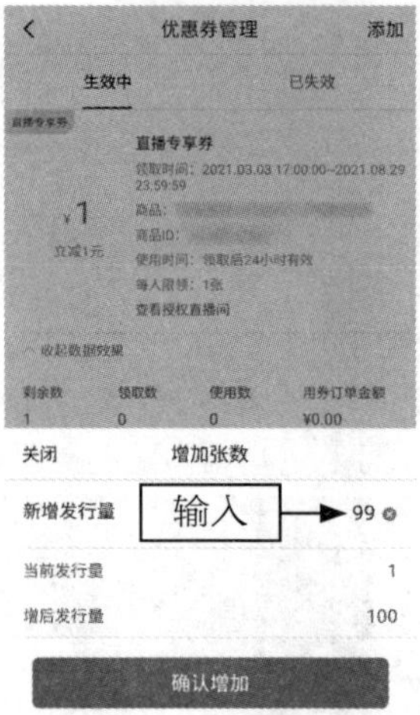

图8-34　输入要添加的优惠券张数

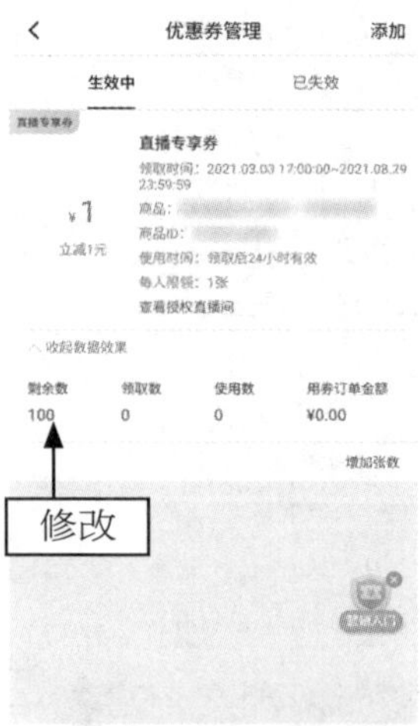

图8-35　修改优惠券的剩余数量

商家创建直播专享券后，无须手动发放，系统会根据商家设置好的发放时间，自动展现到直播间的红盒子商品中。另外，商家也可以在直播间的红盒子中创建直播专享券，在“全部商品”列表中选择相应的商品，点击“配置专享券”按钮，设置相应的优惠券选项并确认即可，如图8-36所示。

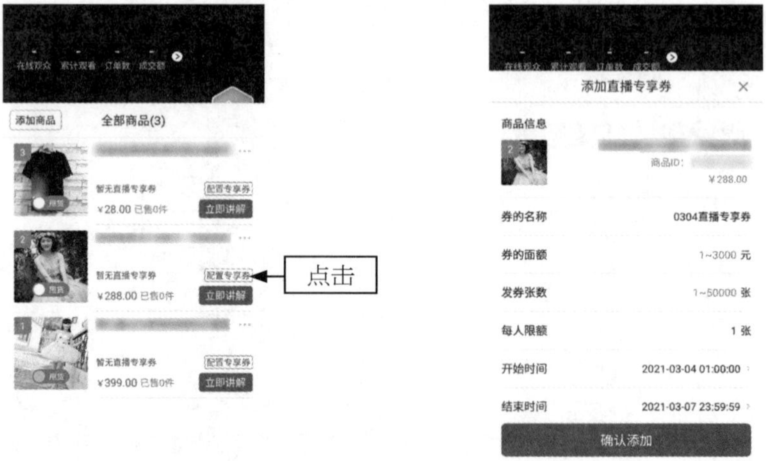

图8-36　通过直播间红盒子配置专享券

观众进入直播间后，在红盒子中看到相应的商品上会显示“直播专享××元券”，点击“领券拼单”按钮，如图8-37所示。进入商品详情页，在弹出的对话框中点击“一键抢券”按钮，即可获取直播专享券，如图8-38所示。

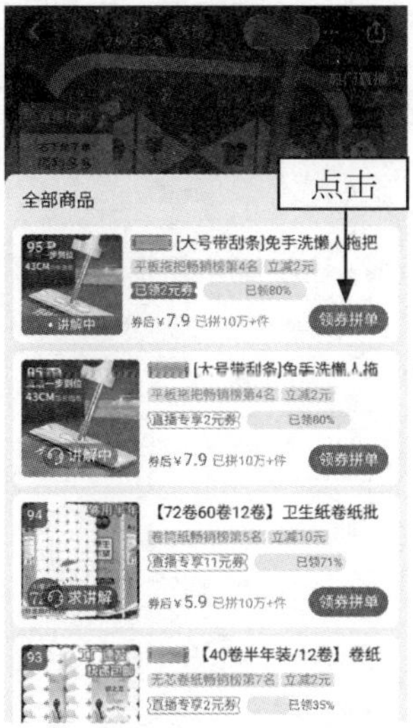

图8-37　点击“领券拼单”按钮

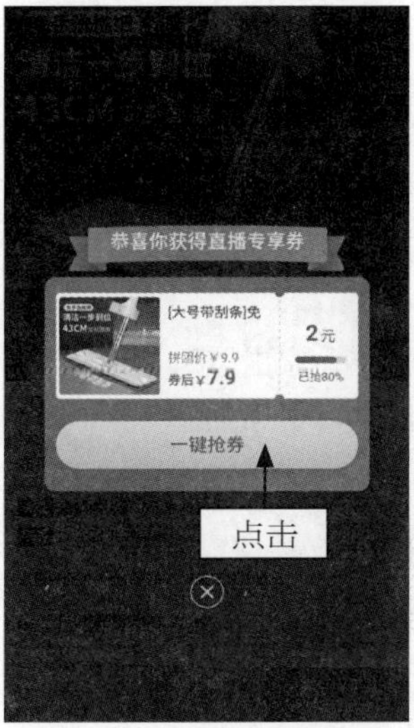

图8-38　点击“一键抢券”按钮

8.2.2　直播粉丝券：吸引粉丝关注及停留

直播粉丝券的面额通常都比较高，因此能够快速吸引粉丝关注店铺，并长久停留在直播间，提升店铺及直播间的人气。

◆ **专家提醒：**

直播粉丝券的主要特点如下：

（1）优惠券维度：只能针对单个商品优惠。

（2）领券渠道：只能在直播间领取。

（3）发放渠道：只能授权给 1 个直播间。

（4）优惠券面额：不低于 5 折，不高于 500 元。

（5）发放方式：商家需要主动在直播间发放优惠券，并且设置领取时效。

（6）领券条件：观众需要关注店铺并且分享直播间后，才能领券。

（7）优惠券有效期：商家可以自主设置直播粉丝券的有效期。

下面介绍创建直播粉丝券的具体操作方法：

（1）在拼多多商家版App中，进入“添加优惠券”界面（方法可参考上一小节），选中“直播粉丝券”单选按钮，如图8-39所示。

（2）❶设置相应的优惠券选项，包括券的名称、选择商品、券的面额、发行张数以及开始时间和结束时间等；❷点击“确认添加”按钮，如图8-40所示。

图8-39　选中“直播粉丝券”单选按钮

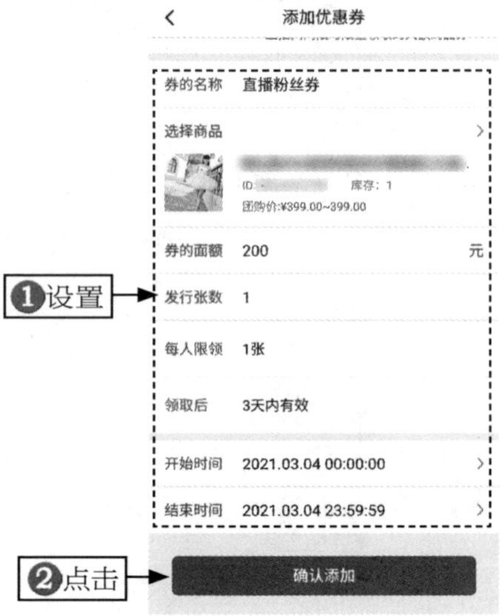

图8-40　点击“确认添加”按钮

（3）即可成功创建直播粉丝券，如图8-41所示。

（4）返回“优惠券管理”界面，即可查看创建的直播粉丝券，如图8-42所示。

（5）当商家开播后，在直播间的“营销工具”菜单中点击“粉丝券”按钮，进入“选择活动商品”界面，❶选中相应的直播商品；❷点击“确认选择”按钮，如图8-43所示。

（6）进入“添加粉丝券”界面，❶设置相应的“券的面额”和“发券张数”选项；❷点击“确认发放”按钮，如图8-44所示。

图8-41　创建直播粉丝券

图8-42　查看创建的直播粉丝券

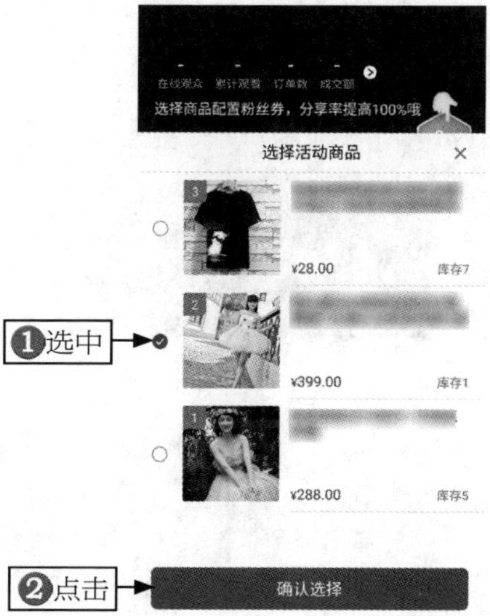

图8-43　点击“确认选择”按钮　图8-44　点击“确认发放”按钮

（7）进入“粉丝券”界面，❶设置开抢时间；❷点击“确认发放”按钮，如图8-45所示。

（8）弹出信息提示框，再次点击“确认发放”按钮，如图8-46所示。

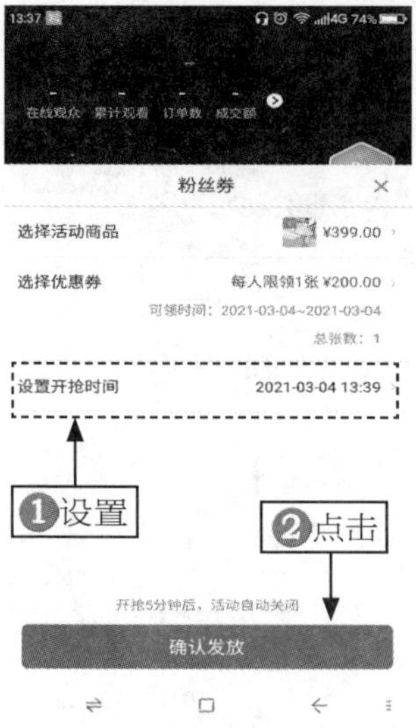

图8-45　点击“确认发放”按钮

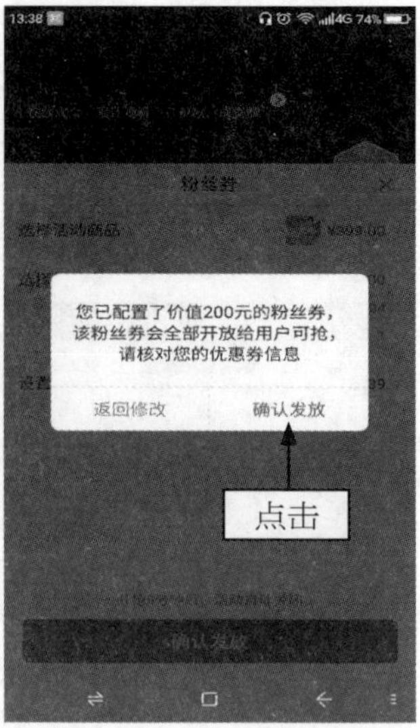

图8-46　点击“确认发放”按钮

（9）返回直播界面，在右侧即可看到“粉丝券”按钮，并显示倒计时开抢的时间，如图8-47所示。

（10）点击“粉丝券”按钮，可以查看直播粉丝券详情，如图8-48所示。

图8-47　显示“粉丝券”按钮

图8-48　查看直播粉丝券详情

观众进入直播间后，点击“粉丝券”按钮，在弹出的对话框中点击“分享到微信后立即报名”按钮，如图8−49所示。然后根据提示将直播间分享给微信好友，如图8−50所示。

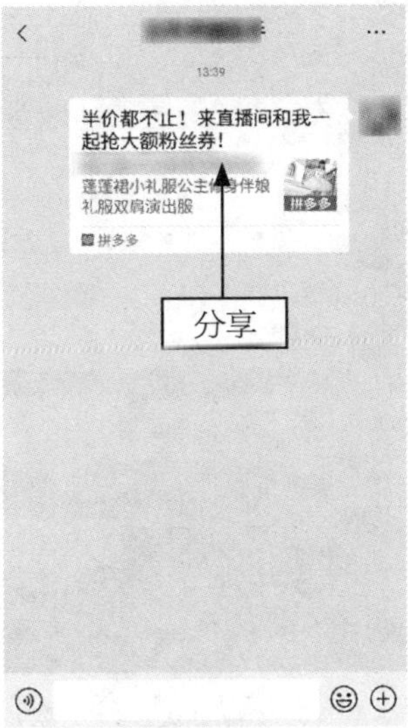

图8−49　点击“分享到微信后立即报名”按钮　图8−50　分享直播间给微信好友

完成微信分享后，返回直播间，即可看到“恭喜您抢到券”的提示信息，点击“立即使用”按钮即可用券下单，如图8−51所示。如果观众暂时不想下单，在直播间右侧仍会显示“已抢到券”的提示信息，提醒观众下单购买，如图8−52所示。

如果商家要吸引买家长期关注自己的直播间，则策划一些长期的福利活动，提升用户留存。商家在直播结束时对下一场直播的时间和商品进行预告，同时提醒观众参与下次直播的优惠券活动。

另外，商家还可以给关注直播间的粉丝设置专属粉丝福利，如图8−53所示。这些方法不仅能够提升直播间氛围，保持老用户的黏性，同时还可以刺激新用户关注，让他们也想要参与商家的直播间粉丝活动。

图8-51　点击“立即使用”按钮

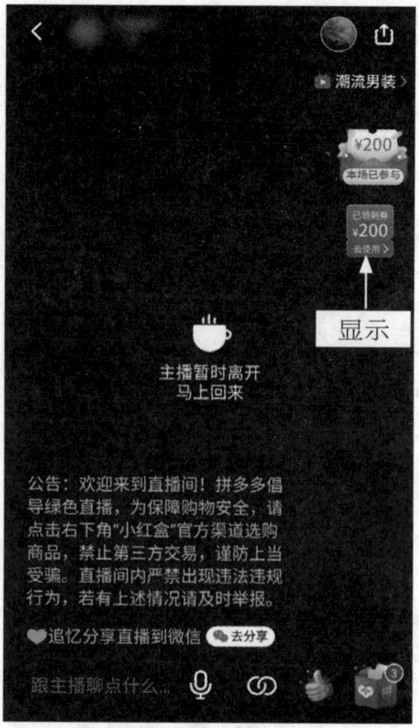

图8-52　显示“已抢到券”的提示信息

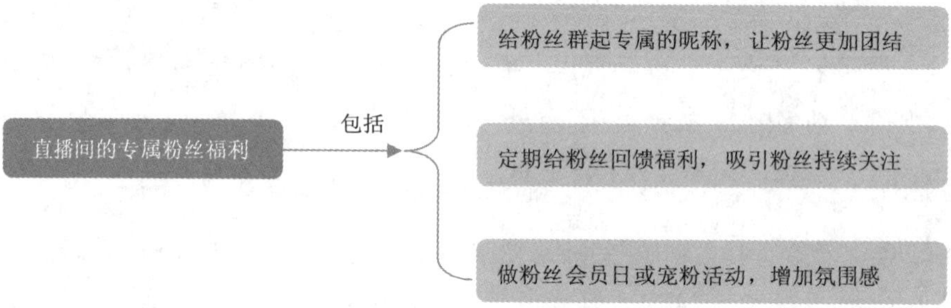

图8-53　直播间的专属粉丝福利

8.2.3　店铺关注券：用优惠抓住粉丝的心

在手机端创建直播间后，在“营销工具”菜单中点击“关注券”按钮，进入“关注券”界面，❶设置相应的优惠券选项，包括券的名称、券的面额、发行张数、有效期、开始时间与结束时间；❷点击“确认添加”按钮，即可创建店铺关注券（简称关注券），如图8-54所示。

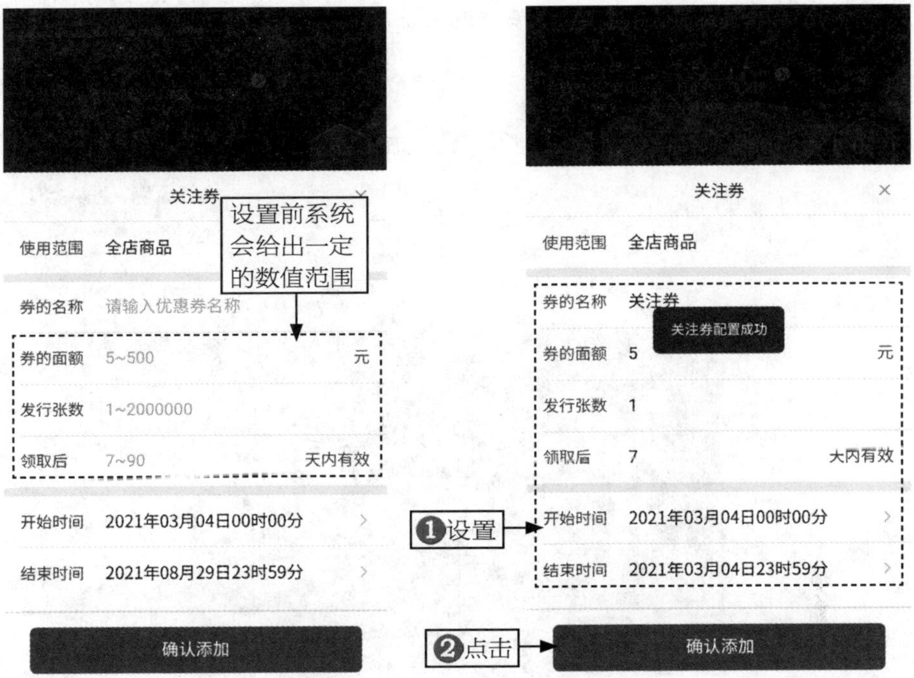

图8-54　创建店铺关注券

在拼多多平台上，关注店铺的买家复购率非常高，是商家不可错过的免费流量来源。同时，当店铺或商品被买家关注后，还可以增加权重和强化标签，提升商品的点击率，为店铺带来更多潜在的成交人群。

8.3　互动游戏：营造直播间火爆氛围

商家可以在直播间设计一些互动小游戏来增加观众的停留时长，这样才能有更多的互动、点击、加购和转化的可能，同时还能为直播间吸引大量的“铁粉”。互动游戏可以活跃直播间氛围，让观众产生信任感，从而有效吸粉和提升销售额。

8.3.1 刷屏抽奖：快速吸引观众发表评论

刷屏抽奖是一种参与门槛非常低的直播间互动玩法，主播可以设计一些刷屏评论内容，如“关注主播抢××”等，如图8-55所示。当有大量观众开始刷屏评论后，主播即可倒计时截屏，并给观众放大展示手机的截图画面，告诉观众中奖的人是谁，如图8-56所示。

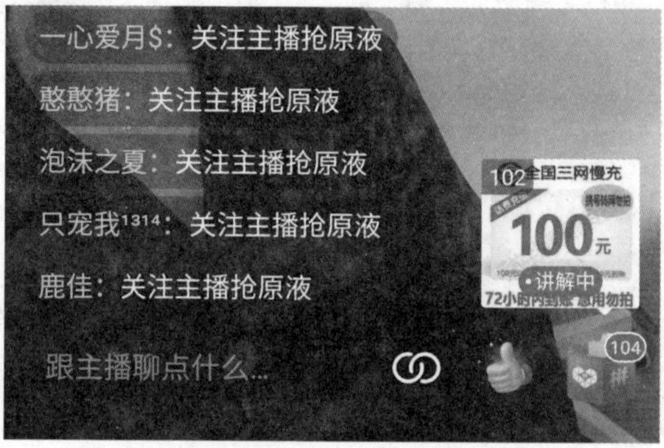

图8-55　引导观众刷屏评论

图8-56　展示刷屏抽奖结果的截图

主播在通过刷屏抽奖活跃直播间的气氛前，尽可能让更多的观众参与，这时可以引导他们评论“扣1”，提醒其他观众注意。同时，主播要不断口播即将抽奖的时间，让更多观众参与到互动游戏中来。

8.3.2　猜歌达人：让直播间变得热闹非凡

“猜歌达人”是一种直播猜歌小游戏，拥有多种风格的音乐，可以满足更多观众的需求，让观众从中感受到各式各样的乐趣。“猜歌达人”游戏的参与方式非常简单，主播在直播间发起“猜歌达人”小游戏后，可以通过自己唱或放配乐等形式将歌曲演绎出来，观众需要在限定时间内选择正确的歌名，如图8-57所示。

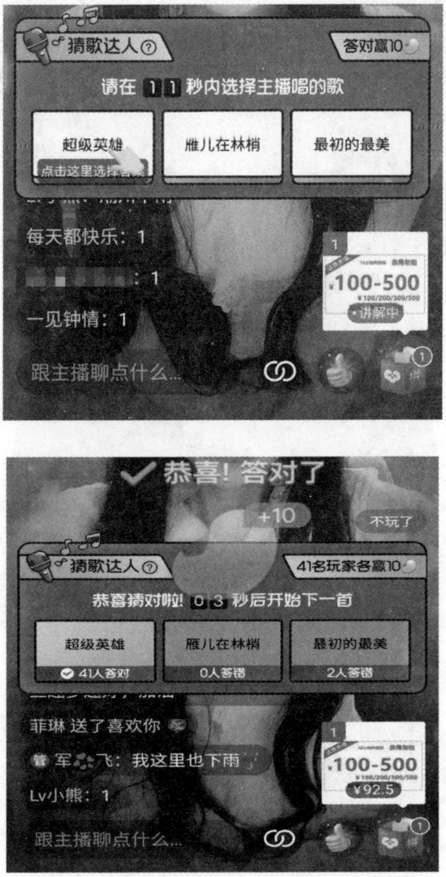

图8-57　“猜歌达人”小游戏

完成一轮“猜歌达人”小游戏后，自动进入下一首歌曲，能够吸引观众长久玩下去，增加观众在直播间的停留时长。同时，答对的观众将会获得“金豆”奖励，用于帮自己喜欢的主播进行“连麦PK”（PK源于网络游戏中的Player Killing，后引申发展为“对决”等含义)，能够激励他们持续关注主播，如图8-58所示。

图8-58　观众可以获得“金豆”奖励

第9章

带货技巧：增加粉丝下单积极性

主播在直播的过程中，最需要的就是与粉丝进行互动和沟通，用自己的说话技巧来吸引粉丝目光与获取流量，从而使商品卖出去，提高自己的带货效果。本章将介绍直播带货说话的相关技巧，帮助主播增加粉丝下单的积极性。

9.1 语言能力：打造一流的直播带货口才

出色的拼多多主播都拥有强大的语言能力，有的主播会多种语言，让直播间多姿多彩；有的主播讲段子张口就来，让直播间妙趣横生。那么，主播该如何提高语言能力、打造一流的口才呢？本节将从三个角度为主播讲解提高语言能力的方法，如表达语言能力、聊天语言能力以及销售语言能力等。

9.1.1 表达语言：提高直播节目的质量

一个人的语言表达能力在一定程度上体现了这个人的情商。对于拼多多平台上的主播来说，可以从以下几个方面来提高自己的语言表达能力：

1. 注意语句表达

在语句表达上，主播需要注意以下两点：

- 主播需要注意话语的停顿，把握好节奏。
- 主播的语言表达应该连贯，听着自然流畅。

如果主播说话不够清晰，可能会在观众接收信息时造成误解。另外，主播可以在规范用语上发展个人特色，形成个性化与规范化的统一。总体来说，主播的语言表达需要具有这些特点：规范性、分寸感、感染性和亲切感，具体分析如图9-1所示。

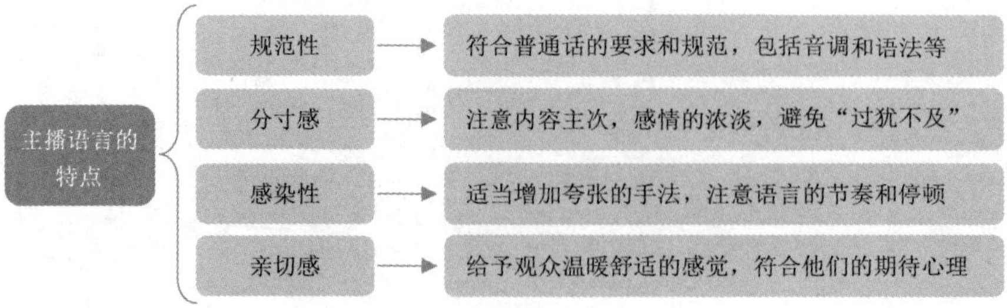

图9-1 主播语言的特点

2. 结合肢体语言

单一的话语可能不足以表达，主播可以借助动作和表情进行辅助表达，尤其是眼神的交流，其次夸张的动作可以使语言更显张力，如图9-2所示。

3. 自身知识积累

主播可以在线下注重提高自身的修养，多阅读，增加知识的积累。大量阅读可以增加一个人的逻辑能力与语言组织能力，进而帮助主播更好地进行语言表达。

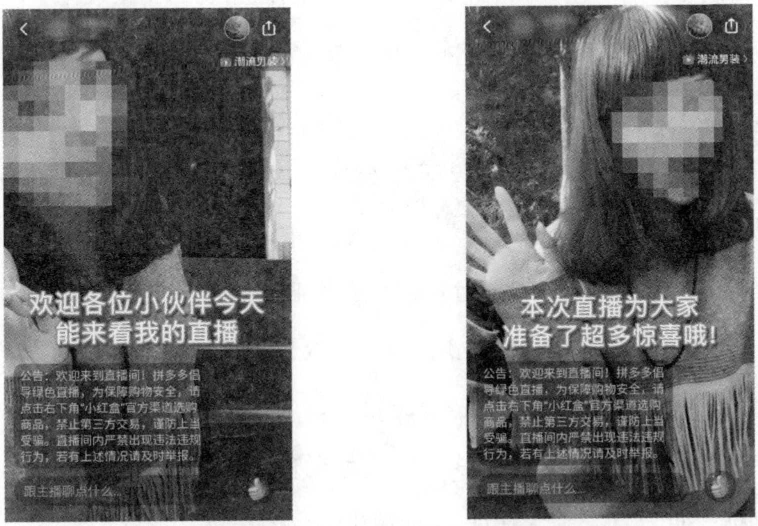

图9-2　借助动作和表情对话语进行辅助表达

4. 进行有效倾听

懂得倾听是人品好的一种体现方式，拼多多上的带货主播也要学会倾听观众的心声，了解他们的需求，才能更快地把商品卖出去。

在主播和观众交流沟通的互动过程中，虽然表面上看是主播占主导，但实际上是以观众为主。观众愿意看直播的原因在于能与自己感兴趣的人进行互动，主播要懂得了解观众关心什么、想要讨论什么话题，就一定要认真倾听观众的心声和反馈。

5. 注意把握时机

在直播带货过程中，选择正确的说话时机也是非常重要的，这也是主播语言能力高的一种体现。主播可以通过观众的评论内容来思考他们的心理状态，从而在合适的时机发表合适的言论，这样观众才会乐于接受主播推荐的产品。

9.1.2　聊天语言：让你的直播间嗨翻天

如果主播在拼多多直播间带货时不知道如何聊天，遭遇冷场怎么办？为什么有的主播能一直聊得火热？那是因为主播没有掌握正确的聊天技能。下面介绍五点直播聊天的小技巧，为主播解决直播间"冷场"的烦恼。

1. 感恩心态：随时感谢观众

俗话说得好："细节决定成败。"如果在直播过程中主播对细节不够重视，那么观众就会觉得主播有些敷衍。在这种情况下，直播间的粉丝很可能会出现快速流失的情况。相反的，如果主播对细节足够重视，观众就会觉得他是在用心直播。当观众在感受到主播的用心之后，也会更愿意关注主播和下单购物。

在直播的过程中，主播应该随时感谢观众，尤其是进行打赏的观众，还有新进入直播间的观众。除了表示感谢之外，主播还要通过认真回复观众的评论，让观众看到你对他们很重视，这也是一种转化粉丝的有效手段。

2. 换位思考：多为他人着想

面对观众进行个人建议的表达时，首先主播要站在观众的角度，进行换位思考，这样更容易了解回馈信息的观众的感受。其次，主播可以通过学习以及察言观色来提升自己的思想和阅历。此外，察言观色的前提需要心思足够细腻，主播可以细致地观察直播时以及线下互动时观众的态度，并且进行思考和总结，用心去感受观众的态度，并多为他人着想。"为他人着想"主要体现在以下几个方面，如图9-3所示。

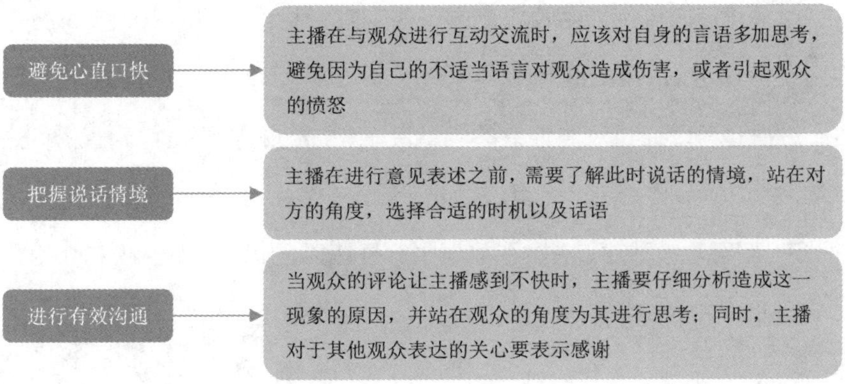

图9-3　为他人着想的体现

3. 低调直播：保持谦虚态度

主播在面对观众的夸奖或批评时，都要保持谦虚礼貌的态度，即使成为热门主播也要保持谦虚。谦虚耐心会让主播获得更多粉丝的喜爱，即使是热门的主播，保持谦虚低调也能让主播的直播生涯更加顺畅，并获得更多的“路人缘”。

4. 把握尺度：懂得适可而止

在直播聊天的过程中，主播说话的语言要注意把握好尺度，懂得适可而止。例如，主播在开玩笑的时候，注意不要过度，许多主播因为开玩笑过度而遭到封杀。因此，懂得适可而止在直播中也是非常重要的。

还有的主播为了能出名，故意蹭一些热度，或者发表一些负能量的话题来引起观众的热议，增加自身的热度。这种行为都是玩火自焚，不仅会遭到大家的唾弃，而且还可能会被平台禁播。如果在直播中，主播不小心说了错话，惹得观众愤怒，此时主播应该及时向观众道歉。

5. 幽默技巧：提升直播氛围

口才幽默风趣的主播更容易获得观众的喜爱，而且还能体现出主播个人的内涵和修养。所以，一个专业的拼多多带货主播，也必然少不了幽默技巧。在生活中，很多幽默故事就是由生活的片段和情节改编而来的。因此，幽默的第一步就是收集搞笑的段子和故事等素材，然后合理运用，先模仿再创新。

- 主播可以利用生活中收集到的一些幽默素材，将其牢记于心，做到脱口而出，这样能够快速培养自己的幽默感。
- 主播也可以通过观看他人的幽默段子和热门的“梗”，再到直播间进行模仿，或者利用故事讲述出来，让观众忍俊不禁。

很多人都喜欢听故事，主播在故事中穿插幽默的语言，则会让观众更加全神贯注，将身心都投入主播的讲述中。

9.1.3 销售语言：提高主播的转化获利能力

在拼多多直播中，主播想要赢得流量，获取观众的关注，需要把握观众心理，并且在说话时投其所好。下面介绍五种提高主播销售语言能力的方法。

1. 提出问题：直击消费者的痛点、需求点

主播在介绍产品之前，可以先利用场景化的内容，表达自身的感受和烦恼，与观众进行聊天，进而引出痛点问题，并且配合助播和场控一起保持话题的活跃度。

2. 放大问题：尽可能放大用户忽略的细节

主播在提出问题之后，还可以将细节问题尽可能全面化放大。例如，买家在购买牛仔裤时，经常会遇到褶皱、起球或褪色等问题。主播可以从观众评论中收集这些问题，然后通过直播将所有细节问题一一进行描述，突出自己的产品优势，如图9-4所示。

3. 引入产品：用产品解决前面提出的问题

主播讲述完问题之后，可以引入产品来解决问题。主播根据用户痛点需求的关注程度来排列产品卖点的优先级，全方位地展示产品信息，吸引买家。

总之，主播只有深入了解自己的产品，对产品的生产流程、材质类型和功能用途等信息了如指掌，才能在直播中将产品的真正卖点说出来。

4. 提升高度：详细地讲解产品增加附加值

引出产品之后，主播还可以从以下几个角度对产品进行讲解，如图9-5所示。

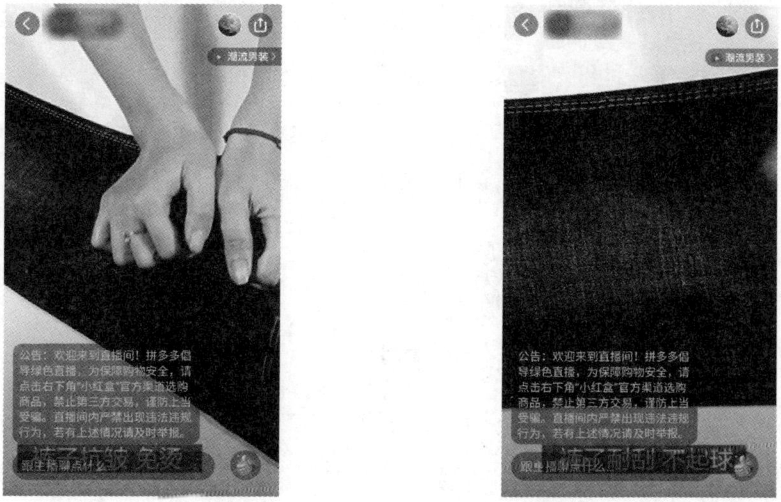

图9-4　通过直播突出产品优势

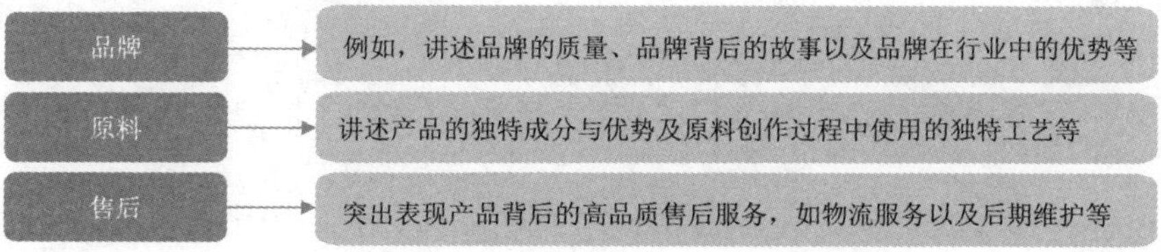

图9-5　提升产品价值的讲解角度

5. 降低门槛：击破消费者购买的心理防线

最后一个方法是降低门槛，讲完优势及提高产品价值后，主播应该提供给观众本次购买的福利，或者利用限制数量来制造紧张氛围，让观众产生消费冲动，引导他们在直播间下单。

9.2　技巧模板：让直播产品更容易卖出去

主播在直播带货过程中，除了要把产品很好地展示给观众外，还要掌握一些直播带货技巧和说话技巧，这样才可以更好地进行产品的推销，提高主播自身的带货能力，从而让主播的商业价值得到增值。

由于每一个买家的消费心理和消费关注点都是不一致的，在面对合适且有需求的产品时，仍然会由于各种细节因素，导致最后没有下单。面对这种情况，主播就需要借助一定的销售技巧和话语来突破买家最后的心理防线，促使他们完成下单行为。

本节将介绍几种拼多多直播带货的技巧和说话技巧，帮助主播提升带货技巧，让直播间的产品销量更上一层楼。

9.2.1　介绍法：把产品优点讲出来

介绍法是介于提示法和演示法之间的一种方法。主播在拼多多直播间带货时，可以用一些生动形象和有画面感的话语来介绍产品，达到劝说观众购买产品的目的。图9–6所示为介绍法的三种操作方式。

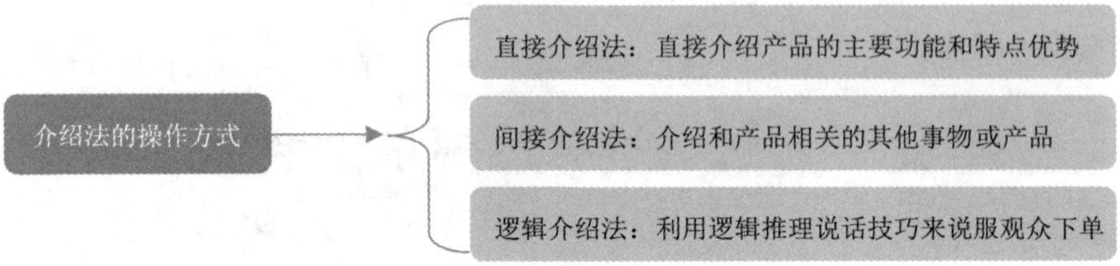

图9–6　介绍法的三种操作方式

1. 直接介绍法

直接介绍法是指主播直接向观众介绍和讲述产品的优势和特色，让观众快速了解产品的卖点。这种直播说话技巧的最大优势就是节省时间，能够直接让观众了解产品的优势，省去不必要的询问过程。

例如，对于服装产品，主播可以这样说："这款服饰的材质非常轻薄贴身，很适合夏季穿着。"这就是通过直接介绍服装的优点，指出服装的材质优势来吸引观众购买。

2. 间接介绍法

间接介绍法是指采取向观众介绍和产品本身相关、密切的其他事物来衬托介绍产品本身。

例如，如果主播想向观众介绍服装的质量，不会直接说服装的质量有多好，而是介绍服装采用的面料来源，间接表达服装的质量过硬和值得购买的意思，这就是间接介绍法。

3. 逻辑介绍法

逻辑介绍法是指主播采取逻辑推理的方式，通过层层递进的语言将产品的卖点讲出来，整个语言的前后逻辑和因果关系非常清晰，更容易让观众认同主播的观点。

例如，主播在进行服装带货时，可以向顾客说："用几杯奶茶钱就可以买到一件美美的服装，你肯定会喜欢。"这就是一种较为典型的逻辑介绍法，表现为以理服人、顺理成章，说服力很强。

9.2.2　赞美法：让观众更向往产品

赞美法是一种常见的直播带货说话技巧，这是因为每一个人都喜欢被人称赞，喜欢得到他人的赞美。在这种赞美的情景下，被赞美的人很容易情绪高涨愉悦，从而购买主播推荐的产品。

主播可以将产品能够为观众带来的改变说出来，告诉观众他们使用了产品后，会变得怎么，通过赞美的语言来为观众描述梦想，让观众对产品心生向往。下面介绍一些赞美法的相关技巧，如图9-7所示。

另外，"三明治赞美法"也是赞美法中比较被推崇的一种表达方法，其表达方式是：首先，根据对方的表现来称赞他的优点；其次，提出希望对方改变的不足之处；最后，重新肯定对方的整体表现状态。通俗的意思是：先褒奖，其次说实情，最后说一个总结的好处。

例如，当观众担心自己的身材不适合这件裙子时，主播就可以这样说："这条裙子不挑人，谁都可以穿，虽然你可能有点不适合这款裙子的版型，但是你非常适合这款裙子的风格，不如尝试一下。"

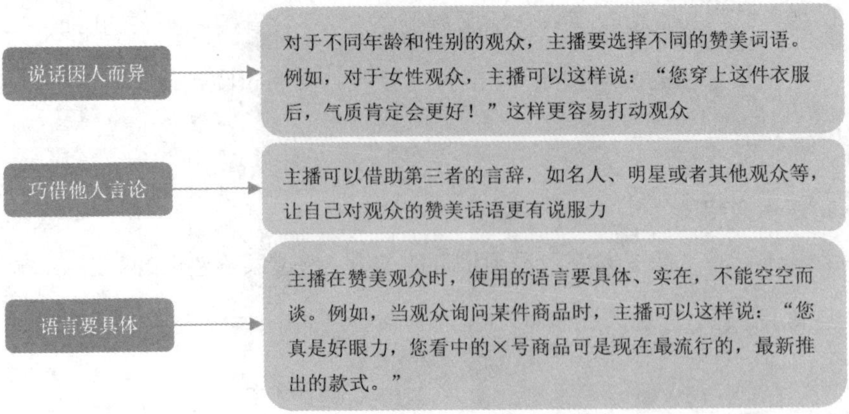

图9-7　赞美法的相关技巧

9.2.3　强调法：重要的话要说三遍

强调法，也就是需要主播不断地向观众强调这款产品是多么好，多么适合他，类似于“重要的事情说三遍”。

当主播想大力推荐一款产品时，就可以通过强调法来营造一种热烈的氛围。这样，观众在这种氛围的引导下，会不由自主地下单。强调法通常用于在直播间催单，能够让犹豫不决的观众立刻行动起来，相关技巧如图9-8所示。

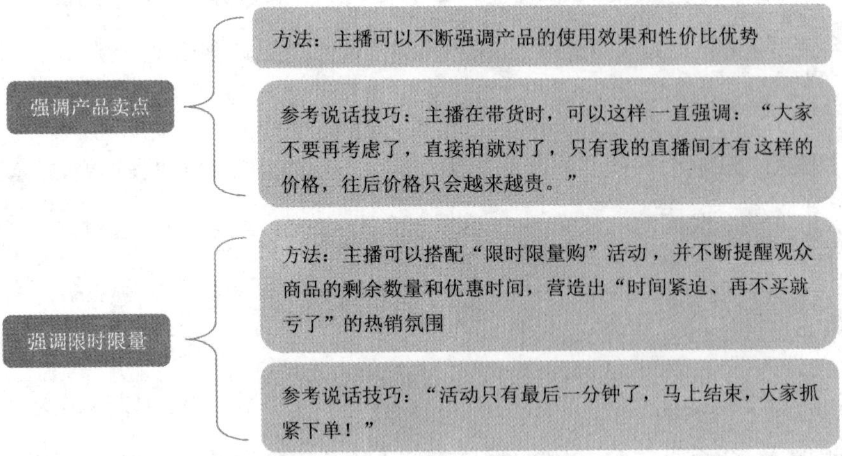

图9-8　强调法的相关技巧

9.2.4　示范法：创造真实场景模式

示范法也称示范推销法，就是要求主播把要推销的产品，通过亲自试用给顾客进行展示，从而激起观众的购买欲望。由于直播带货的局限性，使得观众无法亲自试用产品，这时就可以让主播代替他们来使用产品，让观众更直观地了解产品的使用效果。图9-9所示为示范法的操作思路。

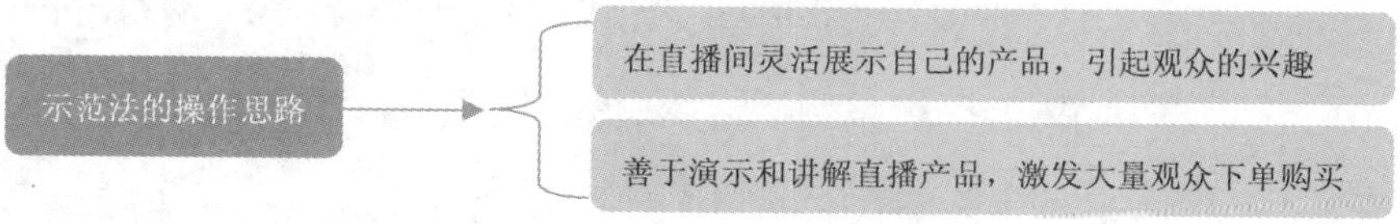

图9-9　示范法的操作思路

示范法涉及的方法和内容比较复杂，因为不管是产品陈列摆放或者当场演示，还是主播展示产品的试用、试穿或试吃等方式，都称为示范法。

示范法的主要目的就是让观众达到一种亲身感受产品优势的效果，同时通过把产品的优势尽可能地全部展示出来，吸引观众的兴趣。

例如，在下面这个卖汽车饰品的直播间中，主播通过在车内讲解饰品的外观特点和主要功能，同时还将饰品在车辆行驶中的效果展现出来，这种场景式的直播内容更容易让观众信服，如图9-10所示。

图9-10　汽车饰品直播间示例

9.2.5 限时法：直接解决顾客犹豫

限时法是指主播直接告诉观众，本场直播在举行某项优惠活动，该活动到哪一天截止，在这个活动期，观众能够得到的利益是什么。此外，主播还需要提醒观众，在活动期结束后再想购买，就要花更多的钱。

参考说话技巧："亲，这款服装，我们今天做优惠降价活动，今天就是最后一天了，您还不考虑入手一件吗？过了今天，价格就会回到原价位，和现在的价位相比，足足多了几百元呢！如果您想购买这款服装，必须尽快下单哦，机不可失，时不再来。"

主播在直播间向观众推荐产品时，就可以积极运用限时法，给他们造成紧迫感，也可以通过直播界面的公告牌和悬浮图片素材中的文案来提醒顾客。使用限时法催单时，商家还需要给直播商品开启"限时限量购"活动，这是一种通过对折扣促销的产品货量和销售时间进行限定来实现"饥饿营销"的目的，可以快速提升店铺人气和GMV。在拼多多商家后台的"店铺营销→营销工具"页面中，单击"限时限量购"按钮，进入"限时限量购"页面，单击"立即创建"按钮，如图9-11所示。

图9-11 单击"立即创建"按钮

进入“创建限时限量购”页面，如图9-12所示。商家可以设置活动类型和名称，并添加直播商品作为活动商品。创建限时限量购活动后，商家可以获得独有标签，吸引更多买家点击。

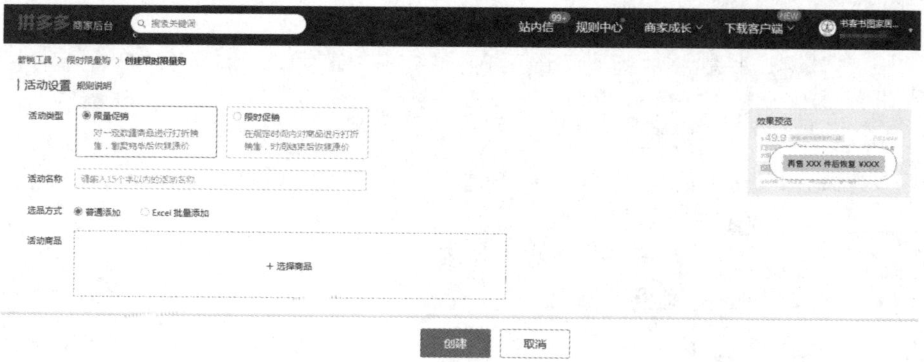

图9-12 “创建限时限量购”页面

9.3 营造氛围：构筑氛围让直播间不尬场

在拼多多平台上，直播作为一种卖货的空间，主播要通过自己的言行在整个环境氛围上营造出紧张感，给观众带来时间压力，刺激他们在直播间下单。

主播在直播带货时，必须要时刻保持高昂的精神状态，将直播当成是现场演出，这样观众也会更有沉浸感。本节将介绍一些营造直播带货氛围的相关说话技巧，帮助主播更好地去引导观众下单。

9.3.1 开场招呼：念出观众的名字

主播在开场时要记得跟观众打招呼，下面是一些常用的模板：

- “大家好，主播是新人，刚做直播不久，如果有哪些地方做得不够好，希望大家多包容，谢谢大家的支持。”
- “我是××，将在直播间给大家分享×××，而且还会每天给大家带来不同的惊喜哟，感谢大家捧场！”

- “欢迎新进来的宝宝们，来到××的直播间，支持我就加个关注吧！”
- “欢迎××进入我的直播间，××产品现在下单有优惠哦，千万不要错过了哟！”
- “××产品秒杀价还剩下最后10分钟，进来的朋友们赶快下单哈！错过了这波福利，可能要等明年这个时候了哦！”

如果进入直播间的人比较少，此时主播还可以念出每个人的名字，下面是一些常用的打招呼模板。

- “欢迎×××来到我的直播间。”
- “嗨，×××你好！”
- “哎，我们家×××来了。”
- “又看到一个老朋友，×××。”

当观众听到主播念到自己的名字时，通常会有一种亲切感，这样观众关注主播和下单购物的可能性也会增加。另外，主播也可以发动一些老粉丝去直播间跟自己聊天，带动其他观众评论互动的节奏。

9.3.2 时间压力：善用语言魅力带货

有很多人做过相关的心理学实验，发现了一个共同的特点，那就是“时间压力”的作用。

- 在用数量性信息营造出超高的时间压力环境下，消费者很容易产生冲动性的购买行为。
- 在用内容性信息营造出较低的时间压力环境下，消费者在购物时则会变得更加理性。

主播在直播带货时也可以利用“时间压力”的原理，通过自己的语言魅力营造出一种紧张状态和从众心理来降低观众的注意力，同时让他们产生压力，忍不住抢着下单。

下面介绍一些能够增加“时间压力”的带货说话技巧模板：

（1）参考说话技巧：“6号产品赶紧拍，主播之前已经卖了10万件！”

分析：用销量数据来说明该产品是爆款，同时也能辅助证明产品的质量可靠性，从而暗示观众该产品很好，值得购买。

（2）参考说话技巧：“××产品还有最后5分钟就恢复原价了，还没有抢到的朋友要抓紧下单了！”

分析：用倒计时来制造产品优惠的紧迫感和稀缺感，让观众产生“自己现在不在直播间下单，就再也买不到这么实惠的价格”的想法。

（3）参考说话技巧：“××产品主播自己一直在用，现在已经用了3个月了，效果真的非常棒！”

分析：主播通过自己的使用经历，为产品做担保，让观众对产品产生信任感，激发他们的购买欲望。需要注意的是，同类型的产品不能每个都这样说，否则就显得太假了，容易被观众看穿。

（4）参考说话技巧：“这次直播间的优惠力度真的非常大，工厂直销，全场批发，宝宝们可以多拍几套，价格非常划算，下次就没有这个价了。”

分析：主播通过反复强调优惠力度，同时抛出“工厂直销”和“批发”等字眼，会让观众觉得“商家已经没有利润可言，这是历史最低价”，吸引他们大量下单，从而提高客单价。

（5）参考说话技巧：“直播间的宝宝们注意了，××产品的库存只有最后100件了，抢完就没有了哦，现在拍能省××元，还赠送一个价值××元的小礼品，喜欢的宝宝直接拍。”

分析：主播通过产品的库存数据来暗示观众这个产品很抢手，同时还利用附赠礼品的方式来超出观众的预期价值，达到更好的催单效果。

（6）参考说话技巧：“××产品在店铺的日常价是××元，去外面买会更贵，一般要××元，现在直播间下单只需××元，所以主播在这里相当于给大家直接打了5折，价格非常划算了。”

分析：主播通过多方对比产品的价格来突出直播间的实惠，让观众放弃去其他地方比价的想法，从而在自己的直播间下单。

9.3.3 暖场互动：拉近与观众的关系

在拼多多直播中，主播也需要和观众进行你来我往的频繁互动，这样才能营造出更火热的直播氛围。

因此，主播可以利用一些互动技巧和话题，吸引观众深度参与到直播，相关技巧如图9-13所示。

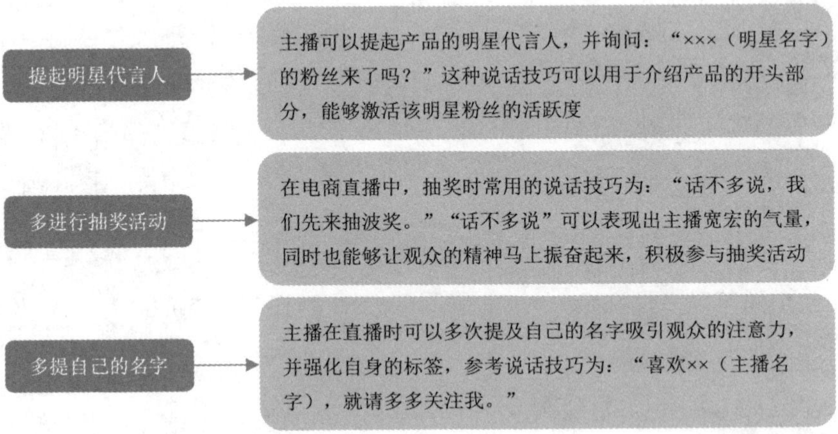

图9-13　暖场互动说话技巧

9.3.4 观众提问：积极回复引导互动

许多观众之所以会对主播进行评论，主要是因为他对于产品或直播中的相关内容有要问的问题。针对这一点，主播在策划直播脚本时应尽可能地选择一些能够引起观众讨论的内容。这样做出来的直播自然会有观众感兴趣的点，而且观众参与评论的积极性也会更高一些。

当观众对主播进行提问时，主播一定要积极做好回复，这不仅是态度问题，还是获取观众好感的一种有效手段。下面总结了一些拼多多直播间的观众常提的问题和对应的解答技巧，可以帮助主播更好地回复观众并引导他们互动。

1. 问题1：“看一下××产品”

第一个常见的提问为“看一下××产品”或“×号宝贝试一下”，观众在评论中提出需要看某个产品或款式。针对这一类型的提问，表示观众在观看直播的时候，对该产品产生了兴趣，需要主播进行讲解，所以提出了这个问题。

如果主播方便或者时间比较充裕，则马上拿出产品进行试用或试穿，同时讲解产品的功能和价格等方面的优势，并挂上产品链接引导观众去小红盒下单，如图9-14所示。

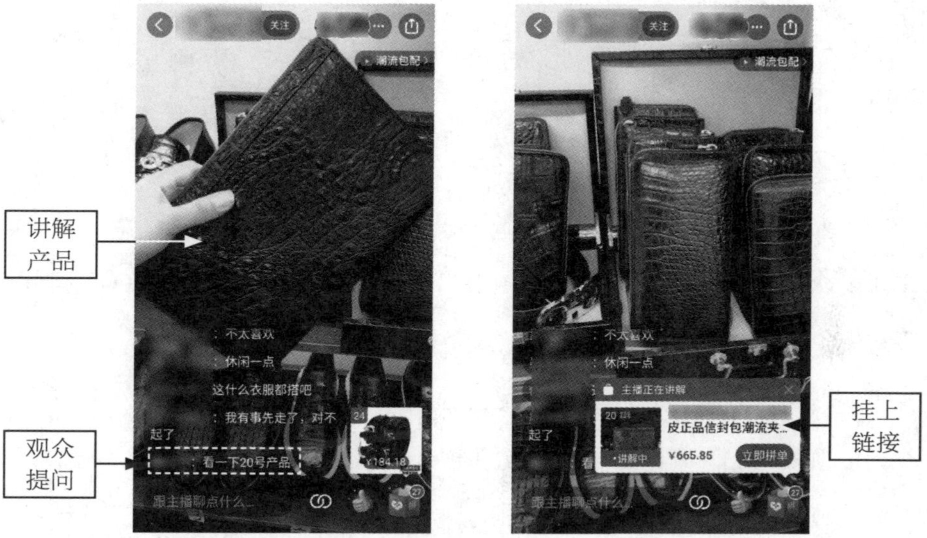

图9-14　拿出产品进行讲解并挂上产品链接引导下单

2. 问题2：“主播多高多重？”

第二个常问的问题是问主播的身高和体重，如：“主播多高多重？”在直播间中，通常会通过公告牌、文字、小黑板或悬浮图片素材来展示主播的身高与体重信息，但观众可能没有注意到这些细节，如图9-15所示。

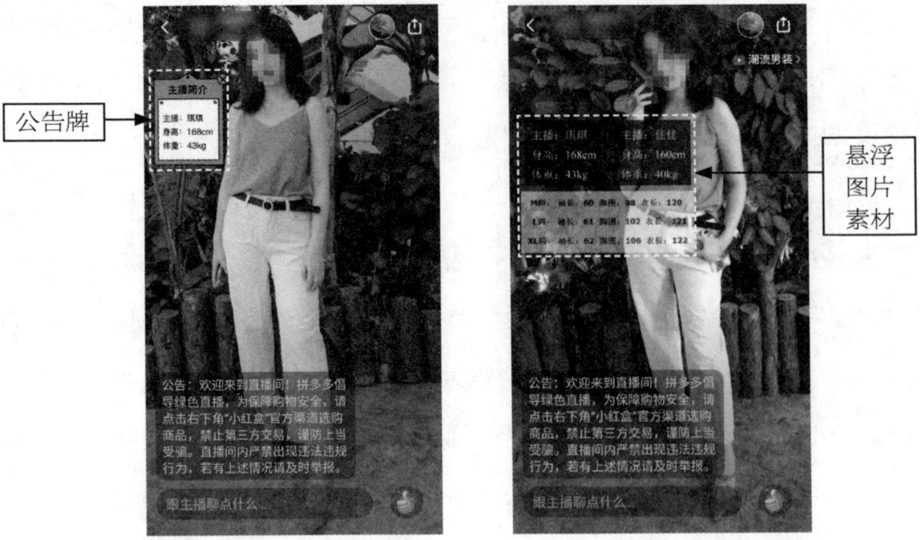

图9–15　通过公告牌或悬浮图片素材显示主播的身高与体重信息

此时，主播可以直接回复观众，提醒他们查看直播界面上的信息，有其他的问题可以继续留言。

3. 问题3："身高不高能穿吗？"

第三类问题是观众在直播间内问主播："身高不高能穿吗？"对于这类问题，主播可以让观众提供具体身高和体重信息，然后再给予合理的意见；或者询问观众平时所穿的尺码。

例如，卖连衣裙的直播间，主播可以说自己的产品是标准尺码，平时穿L码的观众，可以直接选择L码，也可以自行测量一下自身的腰围，再参考裙子详情页中的详细尺码信息来选择适合自己的尺码。

4. 问题4："主播怎么不理人"

有时候观众会问主播"为什么不理人"，或者责怪主播没有理会他。这时候主播需要安抚该观众的情绪，可以回复说没有不理，并且建议观众多刷几次评论，主播就能看见了。如果主播没有及时安抚观众，可能就会失去这个潜在客户。

5. 问题5："五号宝贝多少钱？"

最后一个问题是针对观众观看直播，但是他没有看商品的详情介绍，而提出的相关价格方面的问题。对于此类问题，主播可以引导观众在直播间领券下单，或者告诉观众关注店铺可享受优惠价。

9.3.5　卖货说话技巧：把气势和氛围做足

对于拼多多的主播来说，卖货是必须要掌握的技能。因此，主播需要掌握卖货的说话技巧来提升直播间的气势和氛围，促使观众跟随你的节奏去下单。

主播要想在直播间卖货，前提条件是直播间有足够的氛围和人气，这样才能提起观众的兴趣，让他们更愿意在直播间停留，从而增加更多成交和转化的机会。下面介绍一些主播与观众进行恰当沟通和互动的技巧，让直播间能够长久保持热度，如图9-16所示。

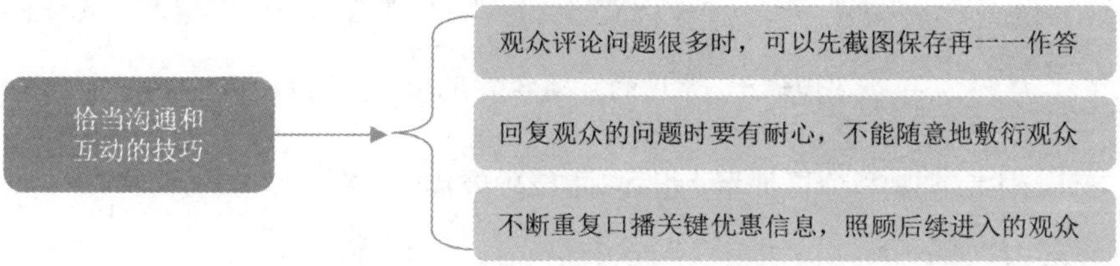

图9-16　恰当沟通和互动的技巧

当然，一般观众较多的直播间提问频率是非常高的，主播在面对大量的评论信息时，不可能一个个去回答，这样会非常累，而且还容易遗漏部分观众的问题，导致他们离开直播间。

因此，主播在开始介绍产品并卖货时，要多使用引导说话技巧，让观众根据主播的模板进行提问，这样能够统一回复大家的问题，相关案例如图9-17所示。

拼多多直播卖货说话技巧的关键在于营造一种抢购的氛围，引导观众下单。图9-18所示为一些常用的直播卖货说话技巧模板，分享给大家。

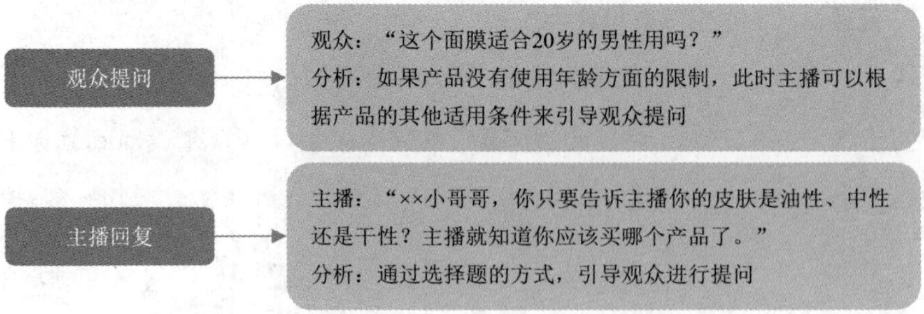

图9-17　引导说话技巧的沟通案例

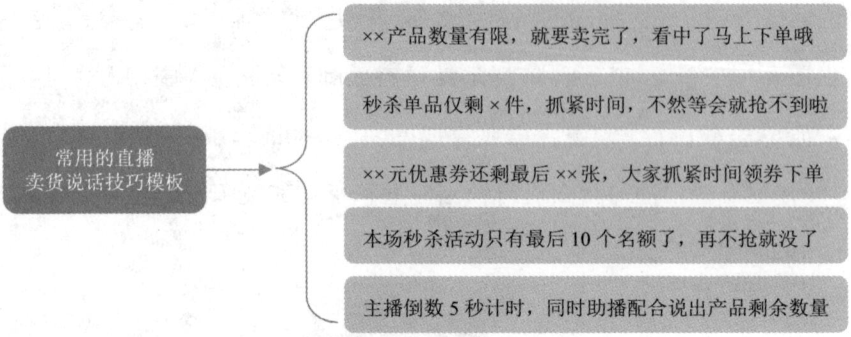

图9-18　常用的直播卖货说话技巧模板

主播需要掌握每个直播环节的说话技巧要点，根据说话技巧模板举一反三，将其变成自己专属的卖货语言，这样就能做到"以不变应万变"。

其实，直播卖货说话技巧的思路非常简单，无非就是"重复引导（关注、分享）+互动介绍（问答、场景）+促销催单（限时、限量与限购）"，主播只要熟练使用这个思路，即可轻松在直播间卖货。

第10章

销售技巧：高效促进直播间成交

主播在拼多多直播间卖货时，如何把产品销售出去，是整场直播的核心点。主播不仅需要运用说话技巧和观众进行互动、交流，同时还要通过活动和利益点来抓住观众的消费心理，从而促使他们完成最后的下单行为。

10.1　销售心得：直播间卖货的要点

在拼多多平台上，想要打动直播间观众的心，让他们愿意下单购买，主播需要先锻炼好自己的直播销售技能。本节将分享一些关于直播销售的心得体会，帮助主播更好地进行直播卖货工作。

10.1.1　转变身份：加快吸粉引流速度

直播销售是一种通过屏幕和观众交流、沟通的职业，它必须依托直播方式来让观众产生购买行为，这种买卖关系使得主播会更加注重建立和培养自己与观众之间的亲密感。

因此，主播不再是冷冰冰的形象或者单纯的推销机器，而渐渐演变成更加亲切的形象。主播会通过和观众实时的信息沟通，及时根据观众的要求来进行产品介绍，或者回答观众提出的有关问题，实时引导观众进行关注、加购和下单等操作。

正是由于主播的身份转变需求，很多主播在直播间的封面上，一般都会展现出邻家小妹或者调皮可爱等容易吸引观众好感的画面。图10-1所示为偏可爱风格的直播封面图。

图10-1　可爱风格的直播封面图示例

当主播的形象变得更加亲切和平易近人后，观众对于主播的信任和依赖会逐渐加深，也会开始寻求主播的帮助，借助主播所掌握的产品信息和相关技能，帮助自己买到更加合适的产品。

10.1.2　管好情绪：无形提高直播权重

主播在直播卖货过程中，为了提高产品的销量，会采取各种各样的方法来达到自己想要的结果。但是随着步入拼多多直播平台的主播越来越多，每一个人都在争夺流量，想要吸引粉丝、留住粉丝。

毕竟，只有拥有粉丝，才会有购买行为的出现，才可以保证直播间的正常运行。在这种需要获取粉丝流量的环境下，很多个人主播开始延长自己的直播时间，而机构也开始采用多位主播轮岗直播的方式，以此获取更多的曝光率，被平台上的更多观众看到。

这种长时间的直播对于主播来说是一件非常有挑战性的事情。因为主播在直播时，不仅需要不断地讲解产品，还要积极地调动直播间的氛围，同时还需要及时地回复观众所提出的问题，可以说是非常忙碌的，会感到极大的压力。

在这种情况下，主播就需要做好自己的情绪管理，保持良好的直播状态，使得直播间一直保持热烈的氛围，从而在无形中提升直播间的权重，获得系统给予的更多流量推荐。

1. 做好情绪管理，保持良好的直播状态

在直播中，主播经常会碰到各种类型的观众，这些观众由于自身的原因，在看待事情的角度和立场上，态度往往是截然不同的，那么就要求主播在销售产品的过程中，有针对性地去进行引导。图10-2所示为进入直播间的观众类型。

在面对自己的“铁杆粉丝”时，主播的情绪管理可以不用太苛刻，适当地和他们表达自己的烦恼，宣泄一点儿压力，反而会更好地拉近和他们之间的关系。

至于消费者类型的观众，由于他们一般是以自我需求为出发点，很少会在乎

主播的人设或其他优点，只关心商品和性价比。面对这一类型的观众，就需要主播展现出积极主动的情绪，解决他们的疑惑，同时要诚恳地介绍商品。

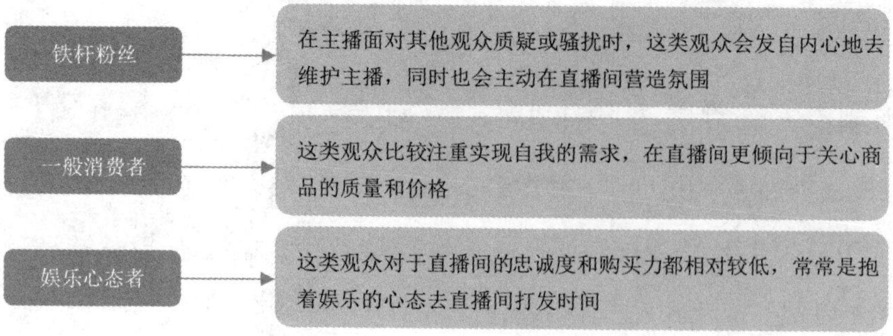

图10-2　直播间的观众类型

主播在面对娱乐心态者类型的观众时，可以聊一些他们喜欢的话题来炒热直播间的氛围。同时，主播还可以间接地插入自己销售的产品，用与产品相关的资讯内容来吸引他们关注产品。

总之，主播在直播时需要时刻展现出积极向上的状态，这样可以感染每一个进入直播间的观众，同时也利于树立起积极正面的形象。

2. 调节互动氛围，增加观众的信任和黏性

在拼多多直播间中，商家和主播除了需要充分展示产品的卖点外，还需要适当地发挥自己的个人优势，利用一些直播技巧来调节直播间的互动氛围，从而增加观众的信任和黏性，相关技巧如图10-3所示。

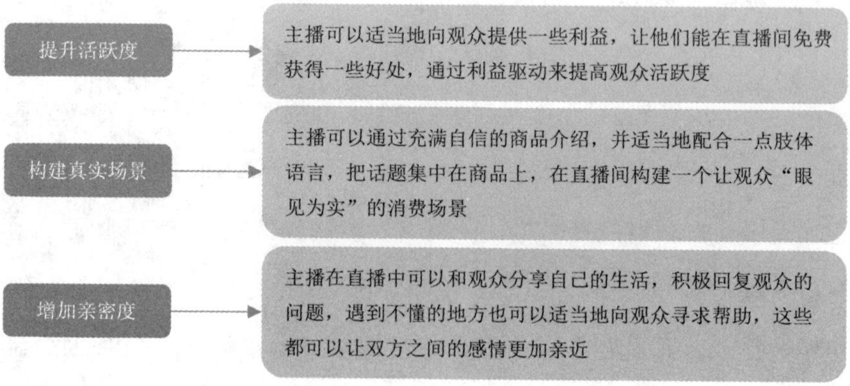

图10-3　增加观众的信任和黏性的相关技巧

10.1.3　用好方法：提升直播间销售额

直播销售是一种需要观众掏钱购买商品的模式，而主播要想让观众愿意看自己的直播，愿意在自己的直播间花钱购买商品，还愿意一直关注自己，成为忠实粉丝等，都不是一件简单的事情。

主播不可能随随便便就让观众愿意留在直播间，也不可能一味地向观众说这个产品有多么好，就可以让观众下单购买。因此，主播需要掌握合理的直播销售方法，这样才能在一定程度上留住观众，提升直播间的销售额。

1. 给观众"讲故事"，让他们感同身受

现在的直播销售行业有一点恶性竞争的苗头，为了更快地吸粉和下单，很多商家和主播都开始通过降低商品价格来争抢流量。

当观众在直播间向主播提出疑问："为什么你卖的商品价格比别人高？"面对这种情况，主播怎么解决才好？这时，主播就可以通过"讲故事"的方式，让观众感同身受，深刻理解其中的道理，从而潜移默化地打动观众的心。

那么，主播该如何"讲故事"呢？

- 主播应该从自己的亲身经历入手，增加代入感。想给观众讲一个好故事，必须要有一个吸引人的开头。如果主播直接上来就讲自己的想法，不做一点铺垫，只怕没什么人能听得下去。

- 主播可以引入问题，同时引导观众一起来分析和讨论这个问题。这个问题最好能和观众的实际生活或消费需求联系起来，使观众觉得这些和自己有密切关系，不认真看直播的话，很可能会造成自己的利益受损。

2. 把故事"演出来"，让观众产生共鸣

除了直接"讲故事"外，主播还可以声情并茂地把故事"演出来"，这样更容易让观众产生共鸣。

同时，主播在发表自己的观点时，最好加上一些和观众日常生活贴近的有类比性的例子，将其放到自己的故事情节中，这样更能让观众在对事例产生共鸣后，也会对主播的观点表示认可。

3. 不断强调你的人设，让观众对你信服

人设，一直是吸引粉丝的法宝，当主播树立起自己的人设后，需要不断地向观众去强调自己的人设，更重要的是让观众相信自己的人设。

想让观众对自己的人设产生信服，主播可以在直播的时候，通过肢体语言向观众表现出自己的性格与形象。此外，打造人设还有一个更简单的方法，就是由主播自己大声“说”出来。

例如，主播可以在直播间向观众说：“我要成为在直播榜上排名前多少的主播。”这样的话语，可以让观众产生一种感受“这种充满斗志和信心的人就是我想成为的那种人”，或者“这个主播就是我向往成为的那种人，我要向他学习，和他一起成长、进步”，让观众感觉支持这个主播，就是在支持自己。

4. 灌输个人价值观，让观众产生崇拜感

一个优秀的主播应该自己可以控制整场直播间的节奏，让观众跟随自己的节奏走，但是更优秀的主播，会向观众灌输自己的价值观。

主播通过一系列的价值观输送，可以向观众表明一个信息，那就是：“你可以说我卖的商品贵，但是你会明白它为什么那么贵，它贵是因为它值得，并且从性价比的角度来看，它甚至是超值的。”

10.1.4　选对主播：让商品转化率爆发

直播销售主播这个职业，实际就是一个优秀的推销员，而作为一个直播商品推销员，最关键的是可以获得流量，从而让直播间商品的转化率可以爆发。如果不能提高直播间的转化率，就算主播每天夜以继日地直播，也很难得到满意的结果。

主播需要对自己的商品足够专业化，了解自己在卖什么，掌握商品的相关信息，这样自己在直播过程中，才不会出现无话可说的局面。同时，主播还要学会认识自己的粉丝，最好记住他们的喜好，从而有针对性地向他们推荐产品。

在拼多多平台上，很多商家并没有直播经验，因此在直播带货时的效果并不好，此时即可考虑寻找高流量的优质带货主播进行合作，让合适的人做合适的事。寻找主播资源的渠道主要包括三种：孵化网红主播的机构、各大直播平台的达人主播以及利用多多进宝设置推广计划。

下面重点介绍利用多多进宝设置推广计划来寻找直播主播的方法：

（1）进入拼多多商家后台的“多多进宝→推广设置→单品推广”页面，包括“我要上榜单”“新品起量助力”和“爆品持续曝光”等推广场景。以“我要上榜单”推广场景为例，❶在下方的推荐商品列表中选中相应的商品；❷单击“创建推广计划并获取资源位”按钮，快速进行推广；❸也可以单击“更多商品创建推广计划”按钮，选择其他的商品进行推广，如图10-4所示。

图10-4　单击“更多商品创建推广计划”按钮

（2）进入“新建商品推广→添加商品”页面，❶在下方的列表框中选中相应的商品，也可以在搜索框中输入商品ID进行查询，选择要推广的商品；❷单击“下一步”按钮，如图10-5所示。

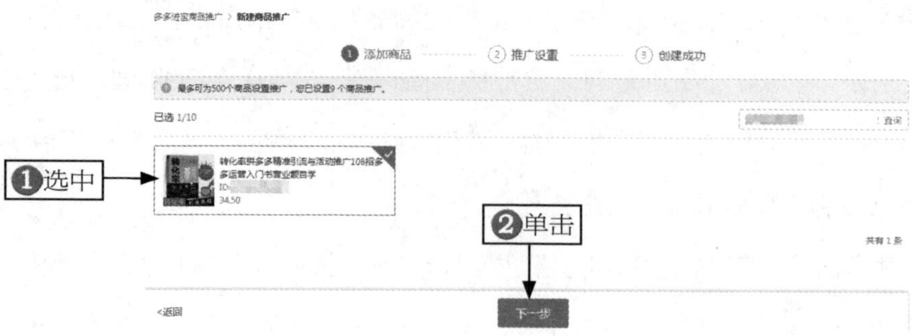

图10-5　单击“下一步”按钮

（3）进入“推广设置”页面，❶设置单个商品的基础佣金比率和优惠券；❷单击“确认”按钮，即可创建多多进宝推广活动，如图10-6所示。添加优惠券能让商品对买家更有吸引力，能大幅度提升商品购买率。

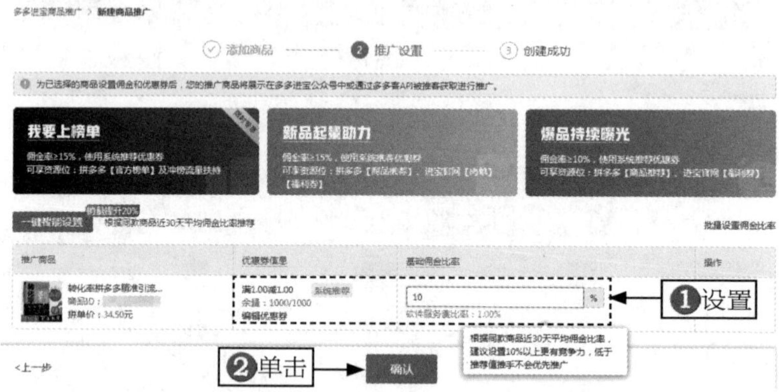

图10-6　单击“确认”按钮

商家在多多进宝中设置直播商品的推广计划后，主播看到该推广计划时，如果觉得佣金比率合适，即可直接添加到自己的直播间去推广商品。当主播通过直播卖出商家设置的推广商品后，商家可以根据后台数据情况跟主播结算佣金。

10.1.5　选对产品：增加观众的满意度

直播带货中产品的好坏会影响观众的购买意愿，主播可以从以下几点来选择带货的产品。

1. 选择高质量的产品

直播带货中不能出现“假货”“三无产品”等伪劣产品，这属于欺骗消费者的行为，平台会给予严厉惩罚，因此主播一定要本着对消费者负责的原则进行直播。

观众在主播的直播间进行下单，必然是信任主播，主播选择优质的产品，既能加深观众的信任感，又能提高产品的复购率。因此，主播在直播产品的选择上，可以从以下几点出发，如图10-7所示。

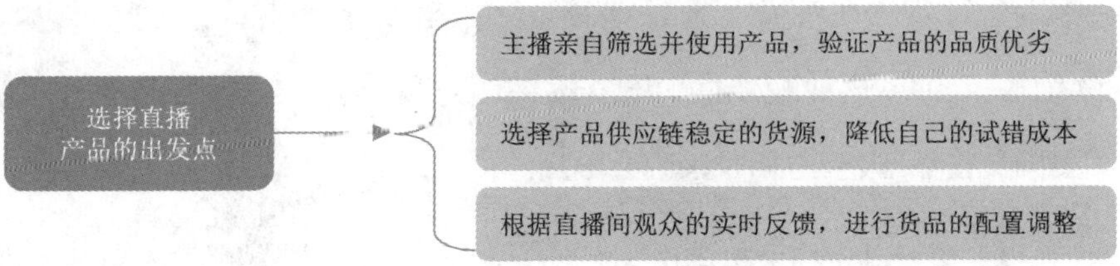

图10-7　选择直播产品的出发点

2. 选择与主播人设相匹配的产品

如果是网红或者明星进行直播带货，在产品的选择上：

首先选择符合自身人设的品牌。例如，作为一个吃货，那么主播选择的产品一定是美食；作为一个健身博主，则主播选择的产品是运动服饰、健身器材或者代餐产品等；作为一个美妆博主，则主播选择的产品一定是美妆品牌。

其次，产品要符合主播人设的性格。例如，某明星要进行直播带货，这个明星的人设是“鬼马精灵，外形轻巧”，那么其所进行直播带货的产品，品牌调性可以是有活力、明快、个性、时尚或者新潮等风格的产品；如果主播是认真且外表严谨的人设，那么他所选择的产品可以是更侧重于高品质，具有优质服务的可靠产品，也可以是具有创新的科技产品。

3. 选择一组可配套使用的产品

主播可以选择一些能够搭配销售的产品，进行“组合套装”出售，还可以利用“打折”“赠品”的方式，吸引买家观看直播并下单。

观众在拼多多平台上购买产品的时候，通常会对同类产品进行对比，如果主播单纯利用降价或者低价的方式，可能会让观众对这些低价产品的质量产生担忧。

但是，如果主播利用搭配销售产品的优惠方式或者赠品的方式，既不会让观众对产品品质产生怀疑，也能在同类产品中体现出一定的性价比，从而让观众内心产生"买到就是赚到"的想法。

例如，在服装产品的直播间中，主播可以选择一组已搭配好的服装进行组合销售，既可以让观众在观看直播时，因为觉得搭配好看而下单，还能让观众省去搭配的烦恼。因此，这种服装搭配的直播销售方式，对于不会进行搭配的用户来说，既省时又省心，吸引力相对来说会更高。

4. 选择一组产品进行故事创作

主播在筛选产品的同时，利用产品进行创意构思，加上场景化的故事，创作出有趣的直播带货脚本，让观众在观看直播的过程中产生好奇心，并进行购买。

故事的创作可以是某一类产品的巧妙利用，介绍这个产品并非平时所具有的功效，在原有的基础功能上进行创新，满足用户痛点的同时，为用户带来更多痒点和爽点。另外，直播的创意构思也可以是多个产品之间的妙用，或者是产品与产品之间的主题故事讲解等。

10.2 带货技巧：用价值促进转化率

作为拼多多平台上的电商主播，每个人都能够吸引大量的粉丝关注，都能成为带货达人。但是，主播如果要想激发用户的购买行为，关键是：主播能让用户察觉到产品给他带来的价值。

本节将从用户的角度入手，介绍通过抓住用户的痛点、痒点与爽点等方法来解决直播销售过程中的关键问题——提升转化率。

10.2.1　解决痛点：满足用户的基础需求

痛点，就是用户急需解决的问题，如果没有解决这个痛点，他就会很痛苦。用户为了解决自己的痛点，一定会主动地寻求解决办法。研究显示，每个人在面对自己的痛点时，是最有行动效率的。

大部分观众进入直播间，表明他在一定程度上对直播间是有需求的，即使当时的购买欲望不强烈，但是主播完全可以通过抓住用户的痛点，让购买欲望不强烈的观众也产生下单行为。

当主播在提出痛点时需要注意，只有与观众的“基础需求”有关的问题，才能算是他们真正的痛点。“基础需求”是一个人最根本和最核心的需求，如果这个需求没有解决，人的痛苦会非常明显。

例如，在下面这个卖保鲜膜产品的拼多多直播间中，主播通过场景展示该产品“适用于各种类型盘子”的特点，解决家庭主妇的“基础需求”，帮助她们更好地解决储存食品这个痛点，如图10-8所示。

图10-8　卖保鲜膜产品的直播间示例

主播在寻找和放大用户的痛点时，让观众产生解决痛点的想法后，慢慢地引入自己想要推销的产品，给观众提供一个解决痛点的方案。在这种情况下，很多人都会被主播提供的方案吸引住。毕竟用户痛点出来了，观众一旦察觉到痛点的存在，第一反应就是消除这个痛点。

主播要先在直播间中营造出观众对产品的需求氛围，然后再去展示要推销的产品。在这种情况下，观众的注意力会更加强烈、集中，同时他们的心情甚至会有些急切，希望可以快点解决自己的痛点。

例如，在下面这个卖泡澡桶产品的拼多多直播间中，主播通过演示产品的使用场景和收纳技巧，不仅解决了观众“泡澡”的基本痛点需求，而且还给观众提供了一些享受品味生活的沐浴方案，为他们带来了更多的价值，如图10-9所示。

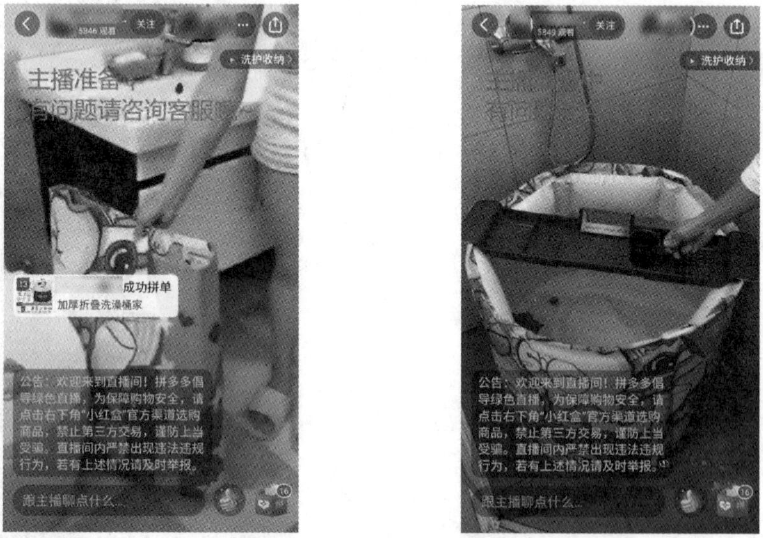

图10-9　卖泡澡桶产品的直播间示例

通过这种价值的传递，让观众对产品产生更大的兴趣。当观众对产品有进一步了解的欲望后，这时主播就需要和他们建立起信任关系。主播在直播间与观众聊一些产品的相关知识和技能，或者提供一些专业的使用建议，增加观众对自己的信任。

总之，痛点就是通过对人性的挖掘，全面解析产品和市场；痛点就是正中用户的下怀，使他们对产品和服务产生渴望和需求。痛点就潜藏在用户的身上，需要商家和主播去探索和发现。“击中要害”是把握痛点的关键所在，因此主播要从用户的角度出发进行直播带货，并多花点时间去研究找准痛点。

10.2.2　打造痒点：实现用户的美好梦想

痒点，就是满足虚拟的自我形象。打造痒点，也就是主播在推销产品时，帮助观众营造美好的梦想，满足他们内心的渴望，使他们产生实现梦想的欲望和行动力，这种欲望会极大地刺激他们的消费心理。

例如，在下面这个卖茶壶产品的拼多多直播间中，如图10-10所示。主播通过演示产品能够耐高温和便于携带的特点，解决观众外出喝水的基本痛点。同时，该产品还具有智能显示温度的功能，这就是一个让观众向往美好生活方式的痒点，让他们的心里变得痒痒的，希望自己也能拥有一个这样的产品。

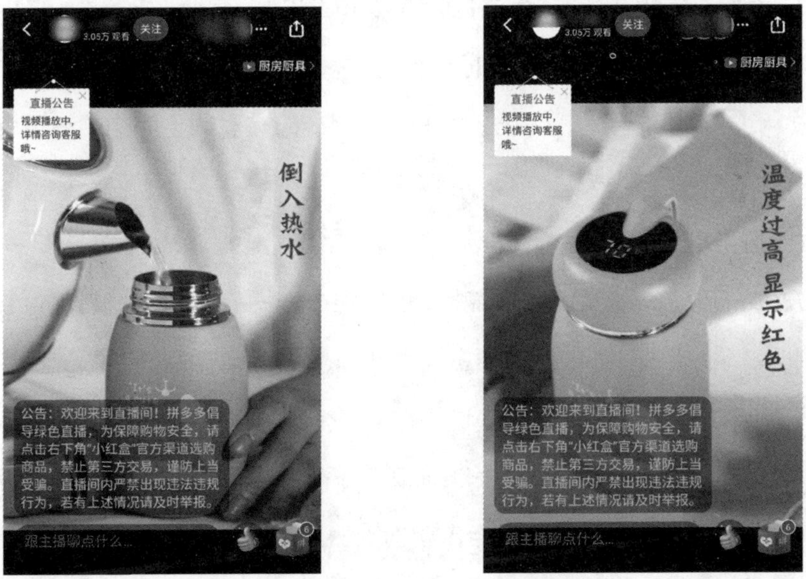

图10-10　卖茶壶产品的直播间示例

再如，主播在直播间介绍一本拼多多的书籍时，其中的产品介绍文案为“从0

做到……1 000万”，这也是一种制造痒点的方法，如图10-11所示。

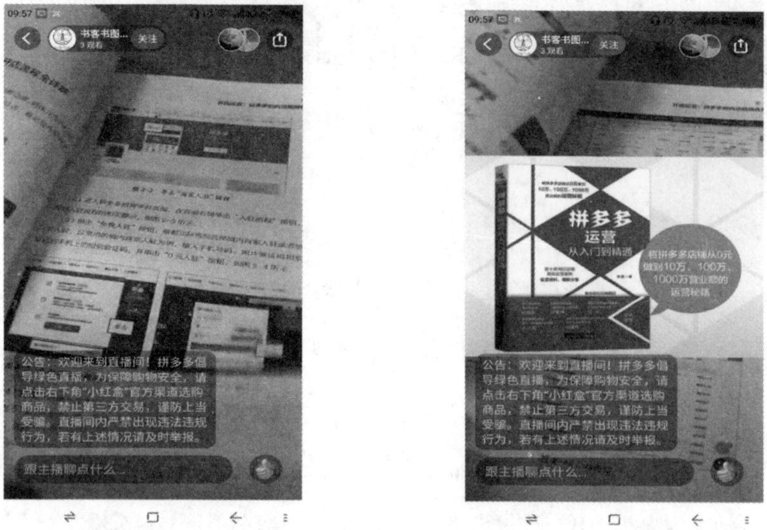

图10-11　卖书籍产品的直播间示例

10.2.3　提供爽点：满足用户即刻的需求

爽点，是指用户由于某个即时产生的需求被满足后，就会产生非常爽的感觉。爽点和痛点的区别在于，痛点是硬性的需求，而爽点则是即刻的满足感，能够让用户觉得很痛快。

对于拼多多的主播来说，想要成功把产品销售出去，就需要站在用户的角度来思考产品的价值。这是因为在直播间中，观众作为信息的接受者，他自己很难直接发现产品的价值，此时就需要主播主动去帮助观众发现产品的价值。

而爽点对于直播间的观众来说，就是一个很好的价值点。例如，在下面这个卖文具产品的拼多多直播间中，主播展示了多款削笔器产品，其中手摇削笔器可以满足削铅笔的基本需求，而全自动削笔器则无须手摇，削铅笔更加轻松，如图10-12所示。这就是通过抓住观众难受的爽点，即时性地满足了他们的需求。

当主播触达更多的用户群体，满足观众和粉丝的不同爽点需求后，自然可以提高直播间商品的转化率，成为直播带货高手。

> ◆ **专家提醒：**
>
> 痛点、痒点与爽点都是一种用户欲望的表现，而主播要做的就是在直播间通过产品的价值点，满足用户的这些欲望，这也是直播带货的破局之道。

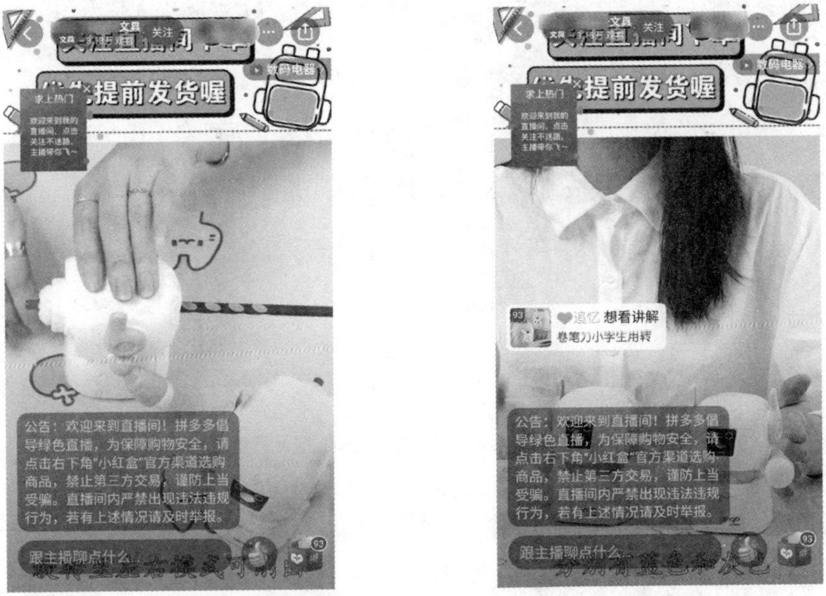

图10–12　卖削铅笔器的直播间示例

10.3　促单技巧：让观众快速下单

很多商家或主播看到别人的直播间中爆款多、销量好，难免会心生羡慕。其实，只要你用对方法，也可以打造出自己的爆款产品。本节从直播前和直播中两个方面入手，介绍直播带货常用的促单技巧，让观众快速下单。

> ◆ **专家提醒：**
>
> 爆款是所有商家追求的产品，显而易见，其主要特点就是非常火爆，具体表现为流量高、转化率高、销量高。不过，爆款通常并不是店铺的主要利润来源，因为大部分爆款都是性价比较高的产品，这些产品的价格相对来说较低，因此利润空间也非常有限。

10.3.1 种草推广：让直播间的人气爆棚

商家或主播除了直接通过直播来带货外，也可以利用多多直播的短视频功能，在直播前进行“种草”推广，为直播间带来更高的人气，同时也可以直接提升下单率。下面介绍拍摄“种草”短视频的具体方法。

（1）在拼多多App的“直播”频道中点击“我要直播”按钮，进入“开直播”准备界面，点击“拍视频”按钮进入其界面，如图10-13所示。

（2）点击“特效”按钮，在弹出的窗口中选择“星空”画面特效，如图10-14所示。

图10-13　点击“拍视频”按钮

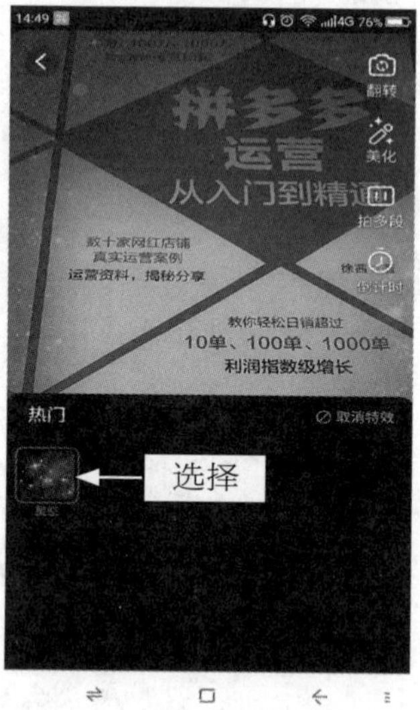

图10-14　选择“星空”画面特效

（3）点击“拍多段”按钮，即可开启分段拍摄功能，同时功能按钮的名称变为“关多段”，如图10-15所示。

（4）点击“拍摄”按钮，即可开始拍摄短视频，如图10-16所示。

（5）拍完后进入编辑界面，点击“音乐”按钮，如图10-17所示。

（6）进入“音乐”界面，选择相应的背景音乐并确认，如图10-18所示。

图10-15　开启分段拍摄功能

图10-16　拍摄短视频

图10-17　点击“音乐”按钮

图10-18　选择相应的背景音乐

(7) 在编辑界面中点击“剪切”按钮，进入“剪切”界面，对拍摄的视频画面进行裁剪，如图10-19所示。

(8) 在编辑界面点击“贴纸”按钮，进入“贴纸”界面，可以添加一些有趣的贴纸图案或文案，如图10-20所示。

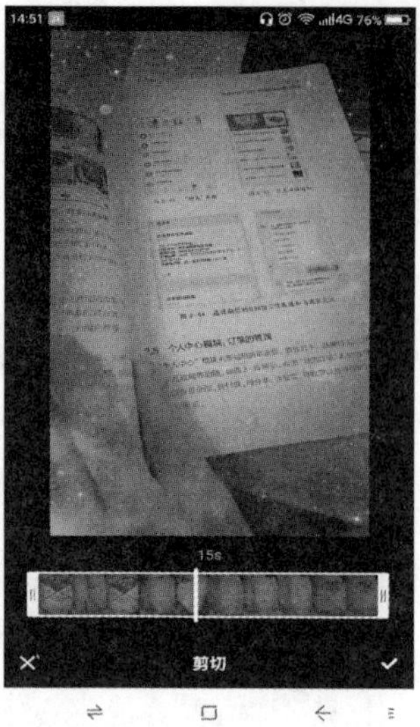

图10-19 “剪切”界面

图10-20 “贴纸”界面

（9）在编辑界面中点击“带货”按钮，选择要带货的商品，点击“下一步”按钮，进入“已选商品”界面，点击“确认”按钮，如图10-21所示。

（10）即可添加带货商品，同时“带货”功能按钮上会显示红色的商品数量提醒，如图10-22所示。

图10-21 点击“确认”按钮

图10-22 添加带货商品

另外，拼多多App还具有“魔法视频”拍摄功能，在“开直播”界面切换至“魔法视频”拍摄模式，选择相应的模板后点击“开始”按钮，即可开始拍摄短视频，如图10-23所示。

图10-23　拍摄“魔法视频”

“种草”是直播带货中的重要内容，是勾起用户购买欲望的主要方法。通过短视频“种草”与直播带货的组合方式，可以加速用户的决策速度与提高转化效率，从而产生更高的经济效益。

10.3.2　红包营销：引导成交与支付转化

拼多多直播间最常用的营销方式就是发红包和优惠券，很多直播间会同时出现“多币”红包、现金红包或者超级红包，分别如图10-24~图10-26所示。相比于没有红包和优惠券的直播间，放置红包和优惠券的直播间用户停留时间更长，商品转化率也会更高。

图10-24 “多币”红包

图10-25 现金红包

图10-26 超级红包

红包营销在直播的各个时段都可以使用，但不同的直播时段要使用不同的营销策略，具体如图10-27所示。

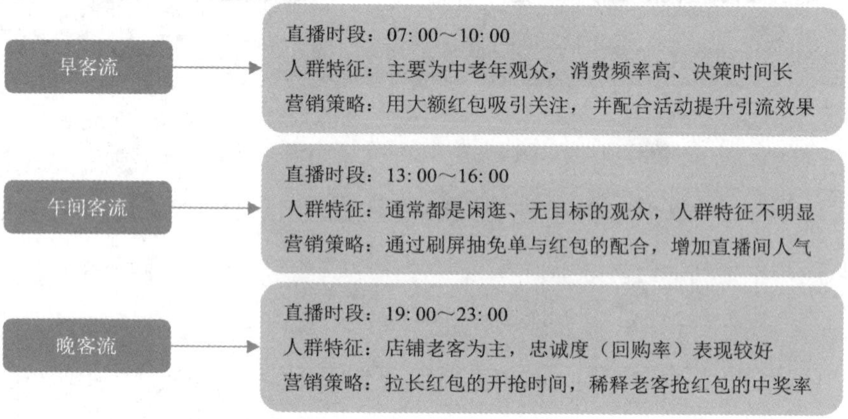

图10-27 不同直播时段的红包营销策略